조현오
도전과 혁신

Copyright ⓒ 2012, 조현오
이 책은 한국경제신문 한경BP가 발행한 것으로
본사의 허락없이 이 책의 일부 또는
전체를 복사하거나 전재하는 행위를 금합니다.

조현오
도전과 혁신

조현오 지음

한국경제신문

혁신은 만남 | 조현오 경찰청장과 이제석광고연구소 대표인 이제석의 만남은 그 자체가 새로운 도전이었다. 보수적인 경찰조직의 수뇌와 세계적으로 유명한 광고 천재는 어느 누구도 생각지 못했던 소통의 창구를 마련했다.

경찰은 24시간 잠들지 않습니다 | 밤에도 불이 꺼지지 않는 경찰서의 창문을 보며 생각했다. 우리가 발을 뻗고 자는 동안, 지금도 경찰들은 밤잠 설쳐가며 범인과 씨름을 하고 있겠구나. 밤새도록 두 눈을 부릅뜬 올빼미처럼. ⓒ 이제석 광고연구소

만약 하루만 경찰들이 사라진다면? | 하루라도 경찰이 없다면, 흉악범들은 기분 좋게 활짝 웃을 것이다. 그 어디에서도 우린 보호받을 수 없을 것이다. 비판은 필요하지만, 그것이 이유 없는 비난이 되는 일은 없어야 하지 않을까? ⓒ이제석 광고연구소

현상수배

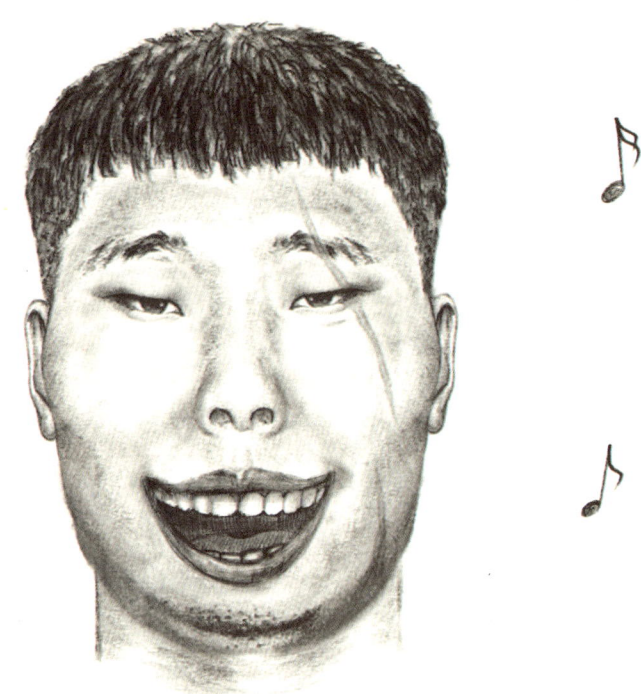

인상착의 : 190cm의 건장한 체격, 이마와 볼에 흉터, 경상도 사투리.
경기도 일대 주택가에서 하루평균 수 십여명의 여성들을 상대로
대낮에 강도와 강간을 일삼고 있음.

■ 신고처 : 없음.

만약, 하루만 경찰들이 사라진다면?

안심하십시요. 경찰은 연중무휴로 여러분들의 안전을 지켜드립니다.

경찰서는 술집이 아닙니다. TV 광고 30초 버전

늦은 밤, 한 남자가 술에 취해 비틀비틀 걷고 있다.

화려한 네온사인 사이로 언뜻 낯익은 술집 간판이 보인다.

비틀거리는 몸을 겨우 가누고 술집 문을 열고 들어간다.

마담 어딨어?
마담 얼굴이 뭐 그따위야?
사장 나오라 그래!

행패를 부리기 시작한다.

여보세요!
(큰소리로 누군가가 꾸짖듯이 버럭 소리를 지른다.)

정신을 차리고 보니 아뿔싸! 이곳은 경찰서 안.
살벌한 표정의 경찰이 잔뜩 노려보고 있다.

취객은 무척 부끄러운 듯 머리를 긁는다.

Na: 경찰서는 술집이 아닙니다.

주취자들의 업무방해가 근절될 수 있도록
우리 모두의 각별한 관심과 협조가 필요합니다.

지구대에서 일을 하던 서성영 순경이 직접 낸 아이디어. 지구대에서 근무하는 고단한 경찰들의 마음을 한 순경이 제보하였고, 이를 이제석 광고연구소측에 의뢰하여 만들어졌다. 실제로 신문 및 잡지 광고로 집행되었다.

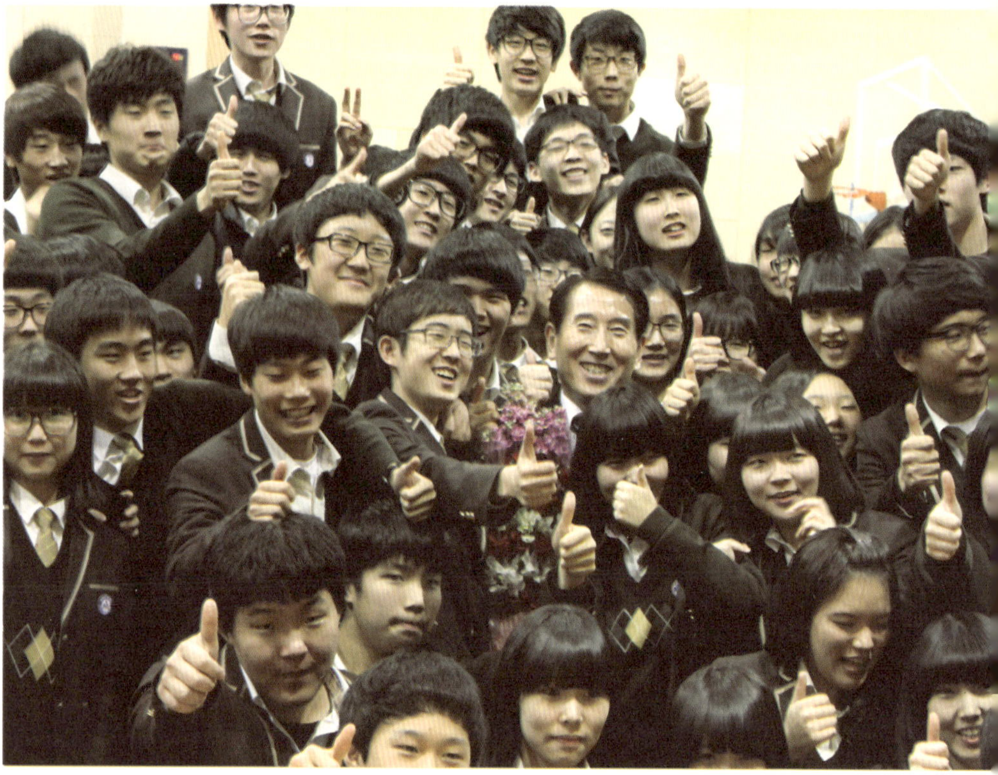

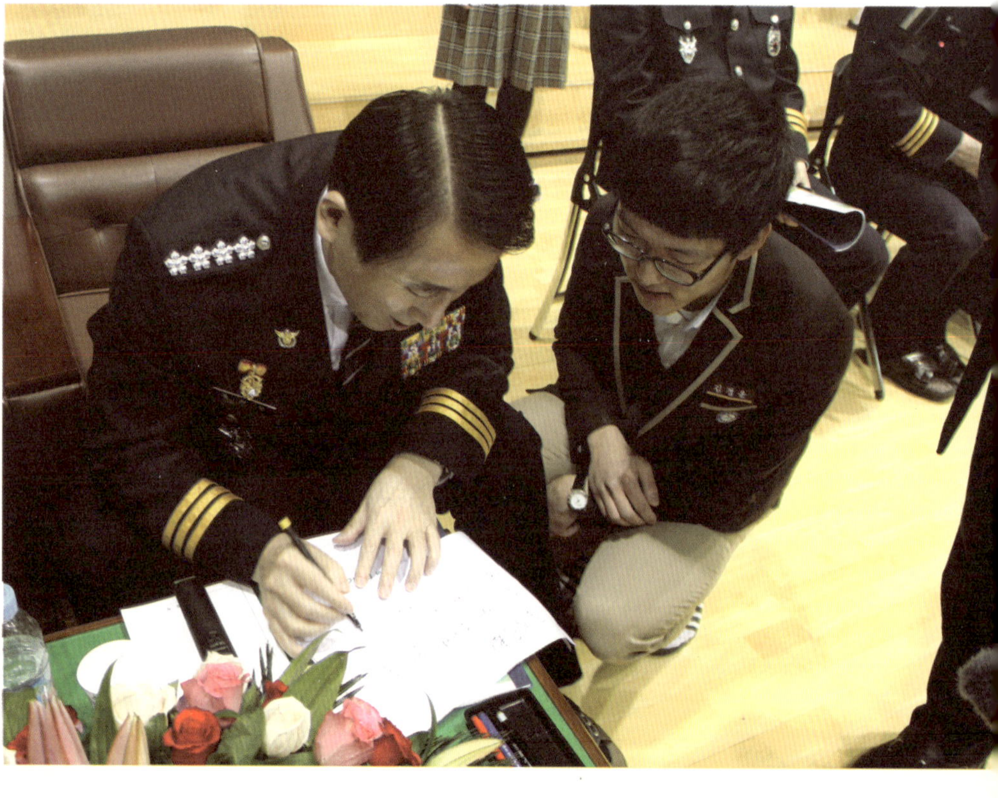

빵셔틀운행금지 | 어떻게 해야 학교폭력의 현주소와 심각성에 대한 관심을 이끌어낼 수 있을까? '빵셔틀운행금지'는 그런 고민에서 나온 아이디어다. 어른들이 잘 모르고 있는 그들만의 세계, 이제는 행동이 필요할 때다. ⓒ이제석 광고연구소

|프|롤|로|그|

"이 모든 책임을 지고 제가 물러나겠습니다"

2012년 4월 9일 경찰청 기자회견장, 나는 마지막 부분에 악센트를 주어 '수원 살인사건'과 관련한 대국민 사과문을 읽어나갔다. 기자들의 웅성거리는 소리가 더 커졌다. 여기저기에서 카메라 플래시가 터졌다. 그 짧은 찰나, 22년간 경찰인으로 걸어왔던 길들이 머릿속에 주마등처럼 스쳐 지나갔다.

내 로망이던 경찰생활을 이렇게 마감하는구나!

2012년 4월은 그야말로 경찰에게 잔인한 달이었다. 수원 살인사건에 대한 경찰의 대응은 비난받아 마땅했다. 입이 열 개라도 할 말이 없었다. 그 사건으로 경찰에 대한 신뢰가 한순간에 곤두박질쳤다. 경찰은 마치 공공의 적처럼 인식되고 있었다. 그리고 나는 그 조직의 수장으로서 중도하차하게 되었다. 이제 어느 정도 시간이 지나면서 우리 사회도 평상심을 되찾은 것 같다. 과연 우리 대한민국 경찰이 그렇게 무능하고 부패한 집단일까?

수원 사건 하나로 그동안 경찰이 변화와 개혁을 위해 기울인 노력이 물거품이 되는 것 같아 안타까운 마음이다. 그래서 나는 경찰의 변화된 모습과 그 여정을 국민들에게 알리려 한다. 대한민국 경찰이 어떻게 변화하려 몸부림쳤는지 세상에 조용히, 하지만 널리 알리고 싶다. 이것이 경찰청장을 지낸 내가 사랑하는 후배들에게 줄 수 있는 조그만 선물일 것이다.

  이 책에는 지난 몇 년간 우리 경찰이 변화하는 모습이 고스란히 담겨 있다. 그리고 어려운 가정환경 속에서 꿈을 위해 노력하는 청소년들에게 들려주고 싶은 희망의 메시지도 담겨 있다. 어린 시절 나는 초등학교를 졸업하고 주물공장 공원 생활을 2년간 한 뒤 중학교에 입학했다. 가난한 집안 형편 때문이었다. 그 시절, 오가면서 집 근처의 동래경찰서에 근무하는 제복 경찰관들을 종종 보았다. 그 모습이 그렇게 멋져 보일 수 없었다. 그때부터 제복을 입는 군인이나 경찰이 되고 싶었다. 특히나 어려운 사람을 위해 봉사할 수 있는 경찰은 얼마나 좋은가. 그야말로 가난한 소년의 작은 꿈이었다.

  대학을 졸업하고 외무고시에 합격한 후 외교관으로 공직생활을 시작했다. 당시나 지금이나 외교관은 선망 받는 직업이었다. 하지만 외교관의 삶은 내가 진정으로 원하는 길이 아니었다. 남에게 보여주기 위해 내 인생을 살 수는 없지 않은가. 마음속 한구석에 여전히 남아 있는 경찰에 대한 꿈을 버릴 수 없었다. 마침내 서른여섯에 늦깎이로 경찰 제복을 입었다. 너무 행복했다.

초임지인 부산에서의 일이었다. 한 직원이 초등학교에 다니는 아들의 〈가정환경조사서〉 부모직업란에 구체적으로 적으라는 안내말에도 불구하고 '경찰관'이 아닌 '공무원'이라 적는 모습을 보았다. 나는 궁금한 생각이 들어 물었다.

"구체적으로 적으라 되어 있으니 '경찰공무원'이라 적고, 또 '금정경찰서 보안과에 근무한다'고 적어야지 왜 그냥 공무원으로 적는 거예요?"

그의 대답은 너무 충격적이었다.

"경찰관이라 적으면 아들이 학교에서 친구들에게 따돌림을 당할까 싶어서입니다."

1945년 광복 직후가 아니라 1990년대 초반의 이야기다. 순간 나는 경찰의 이미지를 확 바꾸고 싶었다. 경찰이란 이유만으로 국민들에게서 사랑을 받고 싶었다. 경찰청장이 아닌 파출소 순경이 거리를 돌아다녀도 국민들이 따뜻한 눈빛으로 맞이해주는, 그런 세상을 만들고 싶었다.

경찰서장이 되고 지방청장이 되고 힘난한 과정을 거쳐 경찰청장이 되면서 불합리한 관행과 인식, 그리고 법과 제도를 하나씩 바꾸어 나갔다. 잘못된 것을 바로 세우고 상식이 통하는 법과 제도를 만들고자 했다. 경찰개혁은 그 이상도 그 이하도 아니었다.

경찰 내부적으로 인사정의를 실현하고, 부패 비리를 근절하기 위해 팔을 걷고 나섰다. 파면과 해임을 많이 시킨다는 뜻의 '조파면', '해파리'라는 별명도 얻었다. 룸살롱 황제와 연루된 '범죄 경찰관'을 뿌리 뽑기 위해 때로는 검찰의 손을 빌리기도 했다. 인권 침해기관이 아닌 인권 보호기관으로 거듭나기 위해 전국 방방곡곡을 돌아다녔다.

상식이 통하고 정의가 살아있는 법과 제도를 만들기 위해 때로는 내 자리를 걸고 투쟁했다. 57년간 한 번도 바뀌지 않은 '수사권 관련 형사소송법 조문'에 경찰의 수사 주체성을 확보하기 위해 전체 경찰과 함께 힘을 모았다. 언론은 국민들이 불안해한다고 비판했고 검찰 역시 그런 나를 싫어했다. 그러나 그것이 진정 국민을 위하고 검찰을 위하는 길이라 믿었다. 부산 동의대에서 시위를 진압하다 불에 타죽은 경찰관의 넋을 위로하기 위해 나름대로 노력을 기울였다.

우리 사회의 폭력문화도 뿌리 뽑고 싶었다. 집회와 시위 현장에서 불법폭력 시위를 확 줄이고, 서민을 등치는 조직폭력에 대해서는 경찰특공대를 투입해 소탕했다. 고질적인 전·의경 구타와 가혹행위를 근절했다. 학교폭력 체감 안전도가 획기적으로 개선되어 불가능하다고 여겨졌던 학교폭력 문제는 이제 90년대 중반 이전 수준으로 정상화되었다.

비록 22년의 길지 않은 세월이지만 돌이켜보면 어느 누구에게 뒤지지 않는 열정을 경찰에 바쳤다고 자부한다. 특히 경찰청장으로 재직한 1년 8개월은 경찰제복을 처음 입던 순간의 초심으로 돌아가 정말 열심히 배우고 일했다. 이제 무거운 짐을 내려놓고 사랑하는 이웃들과 동료들에게 가슴깊이 묻어놓았던 이야기를 풀어놓을 수 있을 것 같다.

대한민국 경찰은 창설 67년을 맞았다. 사람으로 치면 고희(古稀)를 눈앞에 두고 있는 것이다. 질곡 많은 역사의 소용돌이에서 경찰은 온갖 궂은일을 도맡으며 공공의 안녕과 질서유지를 위해 뛰고 있다. 치안 수준은 세계 최고임에도 불구하고 일부 무성의하고 불친절한 업무 행태, 부패에 찌든 모습 등으로 제대로 된 평가를 받지 못하고 있다. 경찰은 이제 과거의 경찰이 아니다. 경찰이 제대로 일할 수 있는 여건을 만들어주면 그 혜택은 모두 국가와 국민에게 반드시 돌아간다.

별에 다다를 수 없는 것은 불행이 아니며 오히려 불행한 것은 목표로 삼는 별을 갖고 있지 않은 것이다. 우리 경찰은 빛나는 별을 분명히 갖고 있다. 우리 경찰이 빛나는 별에 이르는 순간은 멀지 않았다. 그동안 행복한 경찰청장을 만들어준 동료들, 우리 경찰을 아끼고 사랑하며 아낌없는 조언을 해주신 국민 여러분, 그리고 오늘 이 순간까지 묵묵히 나를 이해하고 지지해준 아내와 딸, 아들에게 감사드린다. 또한 부족함이 많은 원고임에도 출판을 결정해주신 한국경제신문에게도 지면을 통해 감사드린다.

2012년 6월, 신록이 푸르른 어느 날

조 현 오

| 차 | 례 |

● 프롤로그 "이 모든 책임을 지고 제가 물러나겠습니다" 016

| 제1부 |
주물공장에서
경찰청장까지

| 탄 깨는 아이 026
| 너무 멋져 보인 친구들 교복 030
| 외교관의 길을 버리고 경찰로 035
| 우리 아빠 직업은 '공무원' 037
| 경찰의 꽃, 총경이 되다 040
| 경찰청 3회 연속 국장 043
| 부산경찰청장의 호된 신고식 051
| 국제도시 부산은 교통이 중요 054
| 조직폭력, 더 이상은 못 참아 060
| 밤의 황태자 이경백 구속 067
| 조현오는 조폭과 의형제다? 074
| 서울 G20 정상회의 성공적인 뒷받침 077
| 양천경찰서 가혹수사 사건 084
| 경찰청장 못될 뻔한 인사청문회 088
| 미약한 시작, 창대를 꿈꾸다 101
| 흔들리며 피는 꽃처럼 109
| 오늘은 아프지만, 내일은 웃겠습니다 114

| 제2부 |
치열했던 경찰개혁 이야기

| 경찰개혁 시동, 위기를 기회로 | 128
| 인사청탁하면 큰일난다 | 136
| 투명한 인사 프로세스를 위하여 | 147
| 영화 〈투캅스〉, 그 후 | 153
| 사람이 가장 우선이다 | 161
| 그 유명한 성과주의 이야기 | 166
| 서울경찰이 유독 힘들어 한 이유 | 172
| 청장을 보지 말고, 국민을 보라 | 178
| 의경 되려면 얼마나 기다려야 하나요 | 184
| 우리도 이제 법질서 선진국이다 | 192
| 평택의 여름, 쌍용차 파업 77일 | 198
| 3D에서 매력 있는 직업으로 | 217
| 5분을 위한 5시간의 기다림 | 225
| 보이지 않는 자산, 경찰문화 개선 | 230

| 제3부 |
경찰이 가야 할 또 다른 길

| 학교폭력, 이제는 멈춰야 할 때 | 240
| 사회갈등 조정과 경찰의 역할 | 253
| 경찰의 정체성과 주체성에 대해 | 262
| 57년만의 형소법 제196조 개정 | 268
| 경찰과 검찰, 그 기원과 역사 | 289
| 수사권 조정이 밥그릇 싸움이라고? | 295
| 형사사법의 선진화를 위해 | 298

● 에필로그 "조현오, 오해와 진실" 304

| 제1부 |

주물공장에서
경찰청장까지

탄 깨는 아이

늦은 봄이지만 날씨는 차가웠다. 아버지와 어머니, 형과 누나, 그리고 나는 연탄불이 꺼진 차가운 방바닥에 이불을 덮어 쓰고 추위와 배고픔을 견디고 있었다. 죽 한 그릇 못 먹은 지 벌써 이틀. 그렇게 여섯 끼를 굶었다. 다리라도 쭉 뻗으려 했지만 책상에 걸릴 만큼 방이 비좁았다. 힘이 없어 움직이기도 싫었다. 정신도 차츰 아득해지는 것 같았다. 이렇게 굶어 죽는가보다 생각했다. 요즘처럼 영양 상태가 좋으면 이틀 굶어도 힘들지 않겠지만 영양실조 상태에서는 생사의 기로에 설 만큼 무척 힘들었다.

그 순간 문 밖에서 자전거를 끌고 오는 누군가의 발자국 소리가 들렸다. 누구일까? 이번에도 빚쟁이라면, 이제 더 이상 도망갈 힘도 없다. 이윽고 드르륵 문이 열렸다. 다행히 며칠 전에 찾아온 빚쟁이는 아니었다.

천사처럼 찾아온 그분은 어머니의 이종사촌의 아들, 나에게는 6촌 형님이었다. 나는 정신이 몽롱한 가운데 그 형님이 자전거에 싣고 온 물건을 바라보았다. 쌀 한 가마니와 양동이였다. 몸을 비틀거리며 인사를 하고는 가까이 다가가 가져온 물건들을 뒤적였다. 양동이 속에 들어 있는 것은 다름 아닌 김치였다. 이제 살았구나!

기쁜 마음에 벌떡 일어나 물동이를 들었다. 밥을 짓기 위해서는 물이 필요했다. 우리 집은 산동네에 있었기에 수돗물이 공급되지 않았다. 언덕 아래에 있는 우물에서 물을 길어오기 위해 집을 나섰다. 이

틀을 굶은 탓에 다리가 후들거렸다. 우물은 집에서 50여 미터 밖에 떨어져 있지 않았다. 평소 같으면 단숨에 뛰어갔다 올 그 길을, 담벼락을 잡고 몇 번을 쉬다말다 하면서 물을 길어왔다.

나는 부산 동래에서 3남5녀 중 막내로 태어났다. 아버지와 어머니가 스테인리스 주물공장을 했기에 초등학교 3학년까지는 꽤 유복하게 지냈다. 학교에서 환경미화를 할 때면 아버지가 교실에 커튼을 달아주기도 했다. 초등학교 4학년 때 아버지의 사업이 망하면서 공장도 팔리고 집도 팔려 조그만 방 두 칸에 열 식구가 우글거리며 살게 되었다. KBS TV의 개그콘서트에 나오는 〈풀하우스〉라는 코너가 딱 우리 집 모습이었다.

나는 어린 마음에 좁은 초가집에 세 들어 사는 것이 얼마나 창피했던지 학교가 끝나면 친구들을 피해 나 홀로 집으로 돌아오곤 했다. 친구들이 모두 집으로 돌아간 뒤 가장 늦게 혼자 터덜터덜 오거나, 아니면 친구들보다 먼저 쏜살같이 뛰어오곤 했다. 특히 여름철 뛰어서 집으로 돌아와 대문을 꽝 잠그고 아무도 안 봤다는 안도의 한숨을 내쉬면 온몸이 땀으로 범벅이 되었다. 그러나 집으로 돌아와서도 마음 편한 날이 없었다. 빚쟁이들이 매일처럼 부모님을 들볶았다. 그런 집에 가기 싫어 가방을 학교 앞 구멍가게에 맡겨놓고 친구들과 어울려 밤늦게까지 돌아다녔다. 학교를 하도 많이 빼먹어 출석일수 때문에 문제가 될 정도였다.

초등학교 졸업 후에는 집안 형편이 더욱 어려워졌다. 그때 우리 집은 동래읍성(城)의 인생문 근처 산동네로 이사를 갔다. '인생문(人生門)'은 '사람을 살린 문'이라는 뜻이다. 임진왜란 시기에 동래읍성이 왜군에게 점령당했을 때 그곳으로 도망가면 살 수 있다 하여 그 이름을 얻었다 한다. 우리 형편에 중학교 진학은 꿈도 못 꿀 정도였다. 그래서 나는 주물공장에 취직해 공원으로 일하겠다고 부모님께 말했다. 아버지와 어머니도 막노동을 했다. 그때 내 나이 13살 때였다. 중학교에 진학해 한참 공부할 나이였다.

그 시대나 지금이나 자신은 배우지 못했어도 자식만큼은 제대로 가르치려는 것이 부모들의 마음이다. 나의 부모님도 그랬다. 못 배운 것이 한이었던 어머니는 막내아들이 학교 대신 공장에 가겠다는 말에 그저 눈물만 흘리셨다. 아버지는 담배만 뻑뻑 피우셨다. 부모님의 그 안타까운 마음을 어떻게 글로 표현할 수 있을까?

내가 다닌 주물공장은 '스뎅 식기'를 만드는 곳이었다. 그 시절엔 스테인리스를 일본식으로 '스뎅'이라 불렀다. 스테인리스 식기는 일본말로 '기리빠시'라는 쇳조각을 녹여 만든 쇳물을 부어 주물을 만드는 것이었다. 공장은 하루 종일 석탄 매연으로 매캐한 데다 위험한 곳이었다. 한번은 강판을 자르고 남은 날카로운 쇠꼬챙이를 잘못 밟아 오른발을 관통했다. 병원에 갈 돈이 없어 담배꽁초를 상처 구멍에 넣어 지혈을 시켰다. 지금 생각해보면 참으로 무모하고 어리석기 짝이 없는 치료법이었다.

그곳에서 내가 하는 일은 하루 종일 석탄을 깨고 망치질을 하는 것이었다. 주인은 나를 '탄 깨는 아이'라 불렀다. 하루에 13~14시간을 일했다. 13살 어린 소년에게 그 일은 고달픈 중노동이었다. 그렇게 하루 종일 석탄을 깨고 집으로 돌아오면 코에서 새카만 석탄가루가 코피에 섞여 흘러내렸다. 그렇게 일해서 일당 120원을 받았다. 다른 아이들은 80원을 받았으나 주인아저씨는 내가 일을 잘한다며 40원을 더 준 것이었다. 몇 개월 지난 뒤에는 130원으로 올려주었다. 그렇게 2년을 스뎅 식기를 만드는 주물공장에서 보냈다.

어린 나이에 2년간의 힘든 노동은 나의 인생에 값진 보너스를 주었다. 일찍 일어나는 습관과 강인한 체력 그리고 역경을 이겨내는 불굴의 투혼(鬪魂)을 얻은 것이었다. 그런 습관은 먼 훗날 경찰청장이 되어서까지 이어졌다. 청장 시절에도 거의 매일 새벽 5시 이전에 일어났다. 어떤 날은 새벽 3시에 일어나 책을 읽기도 했다. 그러다보니 1주일에 두 권 정도의 책을 읽을 수 있었다. 중요 현안이 있어 바쁠 때는 예외였지만 최소한 1주일에 한 권의 책을 읽었다. 6시 30분경이 되면 독서를 끝내고 하루 일과를 본격적으로 시작했다.

경찰청에 출근하면 곧바로 청사 헬스장으로 직행해 약 40분 정도 땀을 흠뻑 흘릴 때까지 운동을 했다. 샤워를 하고나면 기분이 상쾌했다. 2011년에는 직원들과 똑같은 방식으로 체력검정을 했다. 팔굽혀 펴기는 1분에 63회, 윗몸일으키기는 60회를 했으며, 손의 악력은 52를 기록해 모두 1등급 판정을 받았다. 그때 내 나이가 56살이었다. 경찰청 체력 판정기준에 의하면 55세 이상의 1등급은 팔굽혀펴기 28회, 윗몸일으키기 34회 이상, 악력은 48 이상이다.

너무 멋져 보인 친구들 교복

다시 주물공장으로 돌아와서, 어느 날 공장에서 일을 마치고 나오는데 교복을 입고 거리를 오가는 중학생들을 보았다. 말할 것도 없이 그들이 무척 부러웠다. 사춘기 소년이던 나는 그 또래 아이들이 대개 그렇듯 교복 입은 여학생과 이야기 한번 해보는 것이 소원이었다. 그러다가 큰형의 도움으로 드디어 다른 아이들처럼 중학교를 다닐 수 있게 되었다. 부산 동해중학교였다. 큰형은 대학에 다니다 군에 갔으나 제대 후 복학하지 못하고 배를 타서 기관장이 되었다. 큰형이 힘든 뱃일을 해서 모아준 돈이 큰 보탬이 된 것이다.

초등학교 졸업 후 2년의 공백 끝에 중학교에 입학하니 감회가 새로웠다. 까까머리에 검정색 중학교 교복을 입고는 거울 앞에 서서 몇 번이나 거수경례를 했다. 중학교에 2년 늦게 입학했기에 그동안 못했던 공부 한을 풀기라도 하듯 열심히 공부했다. 2학년 때부터는 한 달에 한 번씩 치는 월말고사에서 도맡아 전교 1등을 했다.

하지만 가난은 여전했다. 도시락을 싸갈 형편도 되지 않았다. 점심시간이 되면 뒷산에 올라 이리저리 거닐다가 5교시가 시작될 즈음 슬그머니 교실로 들어갔다. 막내아들이 점심을 굶는 게 안타까웠던 어머니는 묘안을 짜냈다. 동해중학교를 가기 위해서는 조그만 산등성이 2개를 넘어야 했다. 내가 도시락을 싸가지 못하는 날이면 어머니는 미리 약속을 하셨다.

"어떻게 해서든지 쌀을 구해볼테니, 이따가 점심 무렵에 철탑 아래로 오려무나."

어머니는 오전 내내 동동걸음을 쳐서 어떻게 해서든지 쌀을 구했다. 그 쌀로 점심밥을 지어 산등성이 철탑 밑으로 가져오시는 것이다. 나는 오전수업이 끝나면 부리나케 철탑 아래로 달려가 어머니를 만나 도시락을 받아오곤 했다. 그 방법이 좋기는 했지만 어머니의 고생이 이만저만이 아니었다. 어머니와 나는 시계가 없고, 대충 짐작으로 시간을 맞추다보니 어머니가 한 시간도 넘게 기다리는 날도 많았다.

어머니는 초등학교 문 앞에도 못 가신 분이었다. 그럼에도 나의 가치관 형성에 가장 많은 영향을 끼쳤다. 어머니는 자식들에게 매우 헌신적이며 가치관이 긍정적이고 건실하신 분이셨다. 일례로 밀가루를 배급받기 위해 줄을 설 때는 "절대 새치기하지 마라"고 엄명하셨다. 산동네라 해도 길에 휴지를 버리거나 침을 뱉지 못하게 하셨다. 휴지는 호주머니에 꼭 넣었다가 집에 있는 쓰레기통에 버려야 했다. 특히 거짓말을 매우 싫어하셨다. 내가 지방경찰청장과 경찰청장 자리에 있을 때 직원들의 잘못된 행동보다 거짓말을 더 엄하게 처벌한 것은 모두 어머니의 영향이다. 어린 시절 혹독한 가난을 체험했지만 경찰 생활 22년 동안 부패비리에 연루되지 않은 것은 어머니의 건강한 가치관이 가장 큰 몫을 한 덕이었다.

아버지는 초등학교 3학년까지 다니다 중퇴하셨지만 매우 영리한 분이었다. 아버지가 초등학교를 그만두겠다고 하니 담임선생님이 집에까지 찾아와 "이렇게 공부 잘하는 학생을 왜 학교에 못 다니게 하느냐"라며 할아버지를 설득했다 한다. 그럼에도 아버지 역시 집안 형편이 너무 어려워 더 이상 학업을 이어가지 못했다.

나는 중학교를 다니면서 가난의 굴곡에서 벗어날 수 있는 유일한 방법은 공부밖에 없다고 생각했다. 부모님의 헌신적 지원을 받으며 중학교 3년 동안 이를 악물고 공부했다. 그 덕분에 당시 명문이던 부산고등학교에 합격할 수 있었다. 고등학교를 졸업한 후에는 육군사관학교를 목표로 세웠다. 그러나 시력이 나빠져 포기하고 경찰대학으로 목표를 바꿨다. 당시 경찰대학은 지금처럼 4년제 정규대학이 아니라 1년짜리 간부후보생 교육 과정이었다.

어릴 적 집 근처에 동래경찰서가 있었다. 그곳을 오가는 경찰관들의 제복은 너무 멋져보였고 나에게는 커다란 포부였다. 어릴 때부터 경찰이 되는 것은 육사에 들어가는 만큼이나 커다란 꿈이었다. 그러나 경찰대학의 간부후보생 입학 자격이 '군필'임을 알게 되었다. 하는 수 없이 일반대학으로 진로를 바꿔 고려대 정치외교학과에 입학했다. 형제자매 중 대학을 졸업한 사람은 내가 유일했다. 대학에 입학해서는 고대민족이념연구회라는 이념서클에 가입한 경험도 있었다. 유인물도 뿌리고 도서관에서 일장연설도 하는 등 몇 개월 동안

열심히 활동했다. 그러다 하숙집 아주머니가 부산 집에 알리는 바람에 한바탕 난리가 나기도 했다.

아내는 대학 시절에 만났다. 3학년 때 하숙방을 함께 쓰던 후배가 영문과 '퀸카'를 소개해 주겠다며 개강파티에 초대했다. 개강파티는 고팅(고고장 미팅)으로 진행됐는데 다행인지 불행인지 퀸카는 나오지 않았고, 퀸카 대신 나온 영문과 여학생이 지금의 아내였다. 아내는 그때나 지금이나 나에게 평생의 퀸카다. 나와 아내는 늘 함께 다녔다. 내가 도서관에 미리 두 자리를 맡아놓고 함께 공부를 했다. 나는 안암동 학교 앞에서 하숙했지만 아내는 집이 화곡동이라 멀어서 도서관 자리를 잡기 어려웠기 때문이었다. 내가 대학원에 다닐 때는 아내가 도시락을 싸들고 와서 영양보충을 해주었다. 테니스를 배우거나 산책을 할 때도 함께 다녔다. 심지어 결혼 후 담배를 사러 잠시 밖에 나갈 때도 손을 잡고 다녔다.

결혼 후 30년이 되는 지금까지 아내는 늘 내 옆에서 나를 응원해주고 있다. 어머니가 병상에 누워 한 달간 사경을 헤맬 때 아내는 24시간 곁을 떠나지 않고 간병을 했다. 아내는 시어머니를 '엄마'라 불렀다. 어머니도 마지막에 운명하실 때 다른 사람보다 '미진네'를 먼저 찾았다. 미진이는 나의 딸이다. 돌이켜보면 지금까지 살면서 내가 한 선택 중에 가장 잘한 것은 바로 아내를 만난 일이다. 그 다음은 경찰을 선택한 것이다.

외교관의 길을 버리고 경찰로

대학 졸업 후인 1981년 외무고시에 합격했다. 8년 반 정도 외무 공무원 생활을 하면서도 경찰에 대한 미련을 버리지 못했다. 1990년에 경찰이 됐지만 실제로는 1985년부터 경찰이 되기 위해 부단히 노력했다. 1984년 외무고시 1년 선임인 허준영(12대 경찰청장) 선배가 경찰이 되었을 때 그렇게 부러울 수가 없었다. 1985년에 경찰 외무고시 출신자 채용 계획이 없는지 사방으로 알아보고 다녔지만 허사였다. 당시 치안본부 인사부서에서 근무한 고교 선배가 "유력한 후원자 없이는 채용되지 않으니까 포기하라"는 말을 듣고는 어쩔 수 없이 경찰의 꿈을 접고 영국 케임브리지 대학으로 유학길에 올랐다. 영국 유학 중에 가장 인상 깊었던 것은 영국 사람들이 신사의 나라답게 거짓말을 싫어하고 정직을 최고의 덕목으로 삼는 모습이었다. 그들에게 가장 큰 욕은 '너는 거짓말쟁이다' 였다.

일례로 집을 새로 얻으려면 전에 살던 집주인이 추천서를 써주는 관행이 있었다. 그 추천서에 잔디를 어떻게 관리한다든지, 집세는 꼬박꼬박 잘 내는지 등을 정확하게 기록한다. 그러면 새 주인은 그 말을 대부분 믿는다. 하지만 거짓말이라는 것이 밝혀지면 지울 수 없는 큰 낙인이 찍힌다. 또 일상생활에서는 법질서를 매우 중시한다. 승용차가 횡단보도를 조금만 침범해도 평상시에는 점잖고 친절한 사람들이 모두 손가락질을 하고 소리를 지른다.

유학을 마치고 외무부로 복귀했으나 마음속에는 경찰에 대한 로망이 여전히 남아 있었다. 경찰이 되기 위해 안절부절못하고 아등바등 애쓰는 꿈을 꾸기도 했다. 그러던 차에 1990년 외무부 동기가 "경찰에서 외무고시 출신자를 뽑는다"고 알려주었다. 그러면서 "아직도 경찰이 되고 싶은 꿈이 있느냐?"고 물었다. 나는 잠시의 망설임도 없이 지원하겠다고 대답했다. 외교관 10년차의 경력을 버리고 경찰이 되겠다 하니 친구들은 모두 의외로 생각했다.

물론 가족들의 반대는 엄청났다. 심지어 어머니는 "경찰에게는 딸도 시집을 안 보낸다는데 경찰이 웬 말이냐"며 반대했다. 아내는 어머니와의 긴 시간 밀담 끝에 "경찰로 가면 이혼하겠다"는 엄포도 놓으면서 1주일 동안 잠도 자지 않고 밤을 새면서 말렸다. 그 시절에는 그 정도로 경찰에 대한 인식이 부정적이었다. 그러나 나는 외교관 생활을 미련 없이 버리고 새 길을 택하기로 흔쾌히 결정했다. 그리하여 시험을 거쳐 드디어 꿈에 그리던 경찰 제복을 입을 수 있었다.

경찰이 되고 싶은 욕망이 그처럼 강했던 이유는 어릴 때부터 제복에 대한 동경이 남달랐던 때문이다. 더불어 자기자신의 이익이 아니라 남을 위해 봉사하고 희생할 수 있는 경찰관의 삶이 참으로 보람된 길이라고 생각했기 때문이었다. 어렵게 들어왔기에 그만큼 경찰 업무에 대한 애착은 강했다. 어머니와 아내 등 가족들도 결국은 내 경찰생활의 누구보다도 든든한 지원군이 되어주었다. 그때 내가 떠올린 시는 로버트 프로스트의 '가지 않은 길'이었으며 지금도 종종 이 시를 마음속으로 읊곤 한다.

숲 속에 두 갈래 길이 있었습니다
나는 사람이 적게 간 길을 택했습니다
그리고 그것 때문에 모든 것이 달라졌습니다

우리 아빠 직업은 '공무원'

1990년 인천에 위치한 경찰종합학교에서 교육을 받고 경정으로 임용된 후 부산 금정경찰서 보안과장으로 첫 발령을 받았다. 보안과장은 파출소 외근업무와 불법 업소 단속을 총괄 관리하는 자리였다. 이후 방범과장으로 명칭이 바뀌었다가 현재는 생활안전과장이라 불리고 있다. 입직 초기에 정말 열심히 일했다. 내 스스로는 고시 출신이라는 생각을 전혀 하지 않았음에도 직원들은 "우리 과장이 고시 출신"이라며 지나칠 정도로 대우를 해주었다. 민망하기도 하면서 멋쩍기도 했다. 한편으로는 과분할 정도로 대우해주는 경찰조직과 동료들을 위해서라도 최선을 다하겠다고 다짐하고 맹세했다.

서글픈 일도 있었다. 머리말에서도 이야기했듯이, 함께 근무하던 보안지도계(현재 생활질서계) 직원이 초등학생 아들의 〈가정환경조사서〉를 쓰는 모습을 본 것이다. 그가 부모직업란에 '공무원'이라 적는 것을 보고는 묻지 않을 수 없었다.

"구체적으로 적으라 되어 있으니 '경찰공무원'이라 적고, 또 '금정경찰서 보안과에 근무한다'고 적어야지 왜 그냥 공무원으로 적는 거예요?"

그 대답은 이미 앞에서 들려주었다. 아버지가 경찰이라 하면 학교에서 따돌림을 당한다는 것이었다. 그 말을 듣고 나는 굉장히 큰 충격을 받았다. 내가 그렇게도 간절히 되고 싶어 했던 '경찰'이라는 직업이 이렇게 보잘 것 없는 평가를 받고 있었나? 보안과 직원들이 20명 정도 되었는데 그중 몇 사람은 진정한 사명감과 책임감, 희생정신으로 똘똘 뭉친 훌륭한 경찰관이었다. 나보다 계급은 낮았으나 존경스런 마음이 들 정도였다. 아! 이런 사람들이 있기 때문에 우리 사회가 이렇게 버티고 있구나 하는 안도감과 위안이 들었다. 그럴 수만 있으면 국민들로부터 제대로 된 평가와 인정을 받는 경찰을 만들고 싶다는 각오를 그때 처음으로 갖게 되었다.

초임 보직으로 보안과장도 의미가 있었지만 범인을 잡는 형사과장이 하고 싶었다. 시경국장(지금의 지방경찰청장)이 "원하는 보직으로 발령을 내줄 테니 지금 한창 추진 중인 범죄와의 전쟁에서 좋은 성과를 내라"고 독려했다. 나름대로 최선을 다한 끝에 부산 시내 보안과장 중 최상위권의 성과를 거두었다. 그러나 보직은 희망대로 되지 않았고 1991년 말에 부산 동부서 대공과장으로 발령이 났다. 큰 실망감을 맛보았다. 형사과장을 하려면 자격 요건을 갖추는 것이 필요하다고 생각해 서울 수사연수소에 '수사지휘과정' 24주 교육을 신청해 다니기도 했다. 그런데 그곳에서 "형사과장 발령을 받으려면 빽을 쓰지 않으면 매우 어렵다"는 이야기를 들었다. 실망과 함께 분노를 느꼈다. 이런 인사풍토는 꼭 바뀌어야 한다고 생각했다.

우여곡절 끝에 1993년 부산 동부서 형사과장으로 발령이 났다. 형사과장을 할 때는 조폭을 검거하기 위해 권총을 휴대하고 형사들과 함께 밤새 잠복을 하는 등 정말 열심히 일했다. 형사들의 동기부여를 위해 나름대로 '성과주의'도 추진했다. 수사비 절반은 인원에 비례해 지급하고 나머지 절반은 성과에 따라 형사반 별로 차등 배분하는 방식이었다.

형사과장 시절 느꼈던 것이지만 그때나 지금이나 형사들은 1년 내내 실적에 대한 부담을 안고 일한다. 강력사건이 발생하면 열흘이고 한 달이고 집에 못 들어가는 일이 다반사다. 근무수당은커녕 수사 활동비가 모자라 개인 돈을 털어 수사하는 일도 부지기수다. 부패비리가 없는 게 오히려 비정상적이라는 말이 나올 만한 상황이다. 부정공무원인 양 온갖 욕을 듣고 손가락질 받으면서도 다들 묵묵히 한계를 느낄 때까지 일하는 사람들이 바로 형사들이다. 형사들에게는 가정도 없었다. 가족과 함께 주말 나들이를 한다는 것은 그야말로 사치 중의 사치였다. 그러면서도 범인을 검거하지 못하는 것에 대한 죄책감까지 가지고 있다. 이러한 형사들 덕분에 우리 사회의 치안이 이만큼이라도 평온하게 유지되고 있다는 생각에 숙연함마저 느낀다.

경찰의 꽃, 총경이 되다

부산 동부서 형사과장을 마치고 1995년 경찰청 교육과 고시계장으로 발령이 났다. 경찰청 승진시험 부정사건이 발생한 직후라 고시계 인적쇄신을 할 때 내가 발탁되었다. 경찰청 기획부서에서 고시, 채용 전반에 걸친 문제뿐만 아니라 계장급 실무자로서 경찰청 근무를 경험할 수 있는 좋은 기회였다. 경찰청 근무 후 청와대 치안비서관실에서 파견근무를 했고, 1997년 경찰의 꽃이라 불리는 총경 승진후보가 되었다. 후보자 신분으로 구로경찰서 경비과장, 경남지방경찰청 경비과장 직무대리를 거쳐 정식으로 총경에 임용되었다. 1998년 6월 30일의 일이다.

1998년 7월, 첫 경찰서장으로 울산 남부경찰서장으로 발령이 났다. 공단과 룸살롱이 넘쳐나는 곳으로 경남에서 사고가 났다 하면 울산 남부경찰서일 정도로 경찰관 비리가 심한 지역이었다. 초임 서장으로 1급서인 울산 남부서는 힘든 지역이지만 전병용 경남지방경찰청장께서 나를 강력히 천거했다. 부임신고를 할 때 "가서 확 잡으라"는 주문도 있고 해서 단단히 다짐하고 부임했던 기억이 지금도 생생하다. 막상 취임해보니 검찰에 구속되거나 수사망을 피해 도망가 있는 직원 6명이 징계도 받지 않은 상태로 방치돼 있었다. 곧바로 이들을 징계해 파면·해임하고 무너진 기강을 바로 세우는 일에 진력을 다했다.

그 시절 나는 새벽까지 순시를 하며 직원들의 근무기강을 잡았다.

결과는 경이로운 실적으로 나타났다. 부임 직전 1년 동안 120명이던 음주음전 교통사고 사망자가 70명으로 줄었고, 경남청에서 운영하는 검문소 25개 중 울산남부서 관할 3개 검문소가 경남 전체에서 검거 실적 1, 2, 3위를 차지했다. 지방에서 경찰서장은 울산남부서장 외에 사천경찰서장까지 두 번을 역임했다.

 2002년 1월 경찰청 사이버테러대응센터장으로 1년간 근무했다. 2003년 4월에는 서울 종암경찰서장으로 발령이 나 2004년 7월까지 근무했다. 내심 치안 수요가 많은 경찰서에서 근무하길 기대했기에 다소 실망스러웠으나 많은 추억을 만든 곳이었다. 그 무렵에 경찰서 직원들과 등산을 많이 다녔다. 북한산 등 서울 지역 산은 물론 용감하게도 경기·강원·전남까지 등산을 다녔다. 토요일 근무를 하던 때라 토요일 점심식사를 구내식당에서 간단히 마치고 오후 1시가 되면 산으로 바로 출발했다. 어지간히 대단한 배짱이 아니면 서울 시내 경찰서장으로서 멀리 등산을 다닌다는 것이 상상하기 힘든 시절이었다. 그러나 특별한 치안 상황도 없이 무작정 경찰서를 지키느니 오히려 직원들과 산행을 하면서 팀워크를 다지는 것이 훨씬 더 보람 있는 일이라 생각했다. 사실 종암경찰서는 서울에서도 치안 수요가 그리 많지 않고, 치안 상태도 전국 어느 경찰서와 견주더라도 안정된 상태를 유지하고 있었다. 많은 인원이 휴일에 불필요하게 근무할 필요가 없었다.

경찰청 3회 연속 국장

종암경찰서장을 마치고 경찰청 외사3과장으로 근무하던 때인 2005년 1월 경무관으로 승진했다. 경찰청장은 허준영 청장이었는데, 나를 경무관으로 승진시키고는 곧바로 경찰 외사업무를 관장하는 외사관리관으로 보임했다. 외무고시 출신 경찰청장이 외무고시 출신을 외사관리관으로 발령 낸 것이다. 경찰 외사파트를 새롭게 변화시키라는 의미 아니었을까? 외사관리관으로 부임한 후 경무관급의 외사관리관 '실'을 치안감급의 '국' 단위 부서로 승격시키는 것이 무엇보다 중요하다고 생각했다.

그리하여 외사관리관으로 있는 동안 지속적으로 행정자치부(現 행정안전부)와 기획예산처(現 기획재정부) 관계자들을 만나 필요성을 설명하고 설득했다. 덕분에 내가 외사관리관을 마칠 때인 2006년 초에 '외사국'으로 승격할 수 있었다.

외사관리관 때 외사업무 역량강화를 위해 참 많은 노력을 기울였다. 서울, 부산, 인천, 경기 지역의 경찰서에 분산되어 있던 외사인력을 지방청 외사분실에 상당수 끌어모아 집중역량을 강화했다. 이는 현재 각 지방경찰청에서 활약 중인 국제범죄수사대의 기틀이 되었다. 국제범죄수사대는 내가 경기경찰청장으로 근무하던 때인 2009년 8월, 20여 명 규모의 지방경찰청 외사인력에 경기 지역 경찰서 외사인력 46명을 합쳐 전국 최초로 만든 수사대다. 경기 지역에 외사치안 수요가 많음에도 외사경찰관은 총 127명뿐이었다. 그것도 35개 경찰서에 분산되어 적은 곳은 1명, 많은 곳이라고 해봐야 고작 5명에 불과했다. 이런 체제로는 조직화되어 있는 외국인 범죄에 대응하기가 매우 어려웠다. 이에 적은 인력이나마 경기 지역을 4개 권역으로 묶어 외사인력을 집중시켰다.

서울경찰청장에 부임한 후 2010년 2월, 서울 시내 경찰서 외사인력 78명을 지방청으로 흡수해 총 118명 규모의 국제범죄수사대 5개 팀을 창설했다. 서울경찰청 직할로 국제범죄수사대를 만들겠다고 하자 경찰청을 포함한 일부 간부들의 반대가 심했다. 청 단위 기획부서를 줄여 경찰서를 보강하는 추세였는데 거꾸로 경찰서를 줄이고 지방청을 대폭 보강하는 것은 바람직하지 않다는 주장들이었다. 하지만 갈수록 광역화·조직화·지능화되어 가는 외국인 범죄에 대응하기 위해서는 몇몇 경찰서에 소수를 분산시켜 놓는 것보다 국제범죄수사대가 꼭 필요하다는 신념으로 밀어붙였다.

서울경찰청 내 국제범죄수사대는 창설 후 1개월여 동안 전문화 교육과 사무실 정비를 마치고 본격적인 수사 활동에 들어갔다. 그 성과는 기대 이상이었다. 2010년 3월부터 UN 외교관을 사칭한 국제 금융사기 조직원 2명을 구속하는가 하면 위조 엔화와 달러를 유통한 브로커와 살인혐의 인터폴 수배자, 마약을 상습 복용한 LA 한인 갱단원 7명 등 중요 범인들을 연일 검거했다.

국제범죄수사대를 창설한 지 석 달 만에 외국인 범죄 검거 인원은 무려 581명에 이르렀다. 전년 같은 기간과 비교해 419%나 증가한 수치였다. 여권 위·변조범은 1,111% 늘어난 109명이고 마약류 밀반입 사범은 214%가 늘었다. 한 명도 없었던 외화 위·변조범은 5명이나 검거했다. 경찰청장에 취임하고는 외국인 치안수요가 늘고 있는 부산, 인천, 대구, 울산, 충북, 경남, 제주경찰청에 국제범죄수사대를 확대 설치했다. 현재도 각 지방경찰청의 국제범죄수사대는 우리나라에 뿌리를 내리려 시도하는 외국인 폭력배 등 외국인 범죄에 수사역량을 모으고 있다. 2011년에도 전국적으로 외국인 폭력범 검거가 24% 증가하는 등 맹활약을 펼치고 있다.

2005년 외사관리관으로 근무하면서 제일 기억에 남고 보람 있었던 일은 해외 경찰주재관을 대폭 증원한 일이다. 해외교민과 여행객 증가로 인해 재외국민 사건이 2005년의 경우 7,284건 발생했는데 2003년 5,632건에 비해 29%나 급속도로 증가한 상황이었다. 하지만 재외국민 안전과 국제공조 수사를 담당하는 경찰주재관은 11개국 20명에 불과했다. 경찰주재관이 파견되지 않은 지역의 해외공관에서는 일반 외교관들이 해당국 경찰을 접촉하며 교민안전 업무를 담당했다. 그러다보니 전문성도 떨어지고 치안정보 교류도 미흡해 제대로 된 교민과 여행객의 안전 확보가 어려운 상황이었다.

경무관으로 승진해 외사관리관으로 부임한 후 외교관 시절 개인적인 인연이 있었던 반기문 외교장관을 인사차 찾아갔다. 허준영 경찰청장 지시도 있던 터라 경찰주재관 증원을 요청했다. 교민·여행객 담당업무를 경찰주재관에게 맡기면 교민과 여행객들은 보다 나은 영사 서비스를 받을 수 있으며, 외교부는 이들로부터 '욕을 안 먹어도' 되고, 특히 교민·여행객 담당업무를 기피하는 외교관들로서도 좋지 않겠느냐고 설득했다. 반기문 장관도 같은 생각이었다. 오히려 한 걸음 더 나아가 "영사 분야는 아웃소싱 개념으로 접근하겠다"고까지 했다. 장관 역시 오랜 외교관 생활 동안 국민과 외교부를 위해 무엇이 최선책인가를 고민해왔음을 피부로 느낄 수 있었다.

생각 같아서는 전 해외공관에 경찰주재관을 파견하는 것이 바람직하다. 그러나 장관의 지원이 있더라도 주재관 1명을 늘리는 일은 보통 어려운 문제가 아니었다. 외교부뿐 아니라 공무원 정원을 담당하는 행정안전부와 예산을 담당하는 기획재정부를 모두 설득해야 가능한 일이었다. 몇 달에 걸쳐 관련 부처를 설득한 끝에 2005년 8월, 획기적으로 경찰주재관 31명을 증원하는 데 성공했다. 11개 국가 18개 공관 20명에 불과한 경찰주재관을 31명이나 늘려 25개국 42개 공관 51명으로 대폭 증원했다. 증원 대상 공관도 영국, 독일, 시드니, 스페인, 뉴질랜드, 밴쿠버 등 선진 국가뿐만 아니라 베트남, 인도, 캄보디아, 우즈베키스탄, 남아공, 케냐 등 교민들이 많이 찾는 개발 국가도 포함시켰다.

그때 증원된 지역의 공관에는 오늘날도 유능하고 헌신적인 경찰주재관들이 교민들의 안전을 위해 뛰고 있다. 친분 있는 공관장들과 해외를 방문한 국회의원 등 많은 분들이 경찰주재관들의 역할에 크게 만족하니 여간 다행스럽지 않다. 해외공관에서 근무하다 보면 교민들이 범죄 피해나 사고를 당했다는 신고가 24시간 접수된다. 그때마다 교민안전을 담당하는 경찰영사가 밤이고 낮이고 출동해서 그 나라 경찰과 긴밀히 협조해 일을 처리한다. 말은 쉽지만 실제로는 무척 힘든 업무다. 경찰영사가 나가 있지 않은 공관에서는 일반 외교관들이 경찰업무를 대신해 사안을 처리할 수밖에 없다.

경찰영사는 그 나라 경찰과의 협력도 쉽지 않고 다른 업무에 비해 궂은일이라 외교관들 사이에서도 기피하는 보직이다. 그래서 나는 수시로 외교부 지인들에게 강조하곤 했다. "왜 그렇게 힘든 경찰영사 업무를 외교부가 짊어지고 가려 하느냐? 과감하게 경찰주재관을 늘려 외교관의 부담도 덜고, 무엇보다도 교민과 여행객들의 안전에 전문성 있게 대처해야 한다."

2010년 경찰청장으로 취임한 뒤에도 곧바로 경찰주재관 추가증원을 추진했다. 50명 정도의 증원을 원했으나 관계 부처와의 배정 협의가 녹록치 않아 기대만큼 많이 증원하지는 못했다. 하지만 어려운 여건에서도 최종적으로 2011년 12명을 증원한 것은 적지 않은 성과였다. 외교통상부도 경찰주재관이 필요하다는 점에 공감은 하면서도 확보된 외교관 정원을 내놓기가 현실적으로 어려웠다. 또 행정안전부나 기획재정부 등 관련 부처와의 협의과정도 녹록치 않아 경찰주재관을 마음먹은 대로 늘릴 수 없으니 안타까운 일이었다. 경찰주재관을 늘리는 것은 경찰조직의 파이를 키우는 '경찰만을 위한 조치'가 아니다. 갈수록 늘어나는 재외 거주 교민들과 여행객들의 안전을 위한 필수 선택이다.

2006년 2월 경찰청 감사관으로 발령 났다. 경찰청 감사관은 전국 15만(당시) 경찰조직의 부정부패와 비리를 감찰하고, 업무 전반의 적정성을 감사해야 하는 중요한 자리였다. 거대한 조직의 구성원들을 올바른 방향으로 이끌기 위해서는 지시에 의한 타율보다 자발적인 동참이 필요했다. 감찰이 전담하는 비위통제에서 전 직원이 참여하는 시스템으로 전환하는 것이 무엇보다 중요했다. 이를 위해 내가 직접 전국을 순회하는 '일선 경찰관과의 토론회'도 개최하고, 각 경찰관서 지휘관들의 청렴서약과 수기집 발간 등 여러 분야에서 노력했다. 하지만 거대 조직이 한 방향으로 가는 전체적 분위기를 이끌어내는 것은, 특히 참모 입장에서 많은 어려움이 있었다.

감사관으로 부임해보니 직원들은 한 사람 한 사람 모두 우수하고 충성스러웠다. 지금도 그 믿음에는 변함이 없다. 하지만 수십 년 동안 일선 직원들에게 비친 감찰의 모습은 권위적이고 고압적인 모습으로 공감을 받지 못하는 수준이었다. 물론 감찰관의 일원으로 상사와 경찰조직을 위해 충직하게 일하는 많은 감찰 직원들로서는 "우리는 이렇게 반듯하게 일하는데 왜 욕을 하느냐?"고 불만을 가질 수 있다. 그러나 일선 직원들의 공감을 받지 못한다면 무슨 소용이 있겠는가? 현장에서 신뢰받지 못하는 감찰 활동은 지휘부 및 조직 전체에 대한 불만을 야기하고, 결국 냉소주의의 확산과 치안서비스의 질 저하로 이어질 뿐이다.

나는 공감 받는 감찰 활동을 하자는 취지에서 감찰요원 워크숍과 현장경찰관들이 함께 하는 합동토론회를 개최하고, 징계양정(懲戒量定)을 합리화하는 방안을 시행해 공정하고 합리적인 감찰 활동이 되도록 많은 노력을 기울였다. 그러나 업무 특성상 누구나 공감하는 감찰은 현실적으로 매우 어려운 이야기였다. 어쨌거나 감사관 시절 체득한 시행착오와 많은 고민들은 경찰청장이 되고 나서 풍부한 모티브와 영감으로 작용했다. 경찰청장 취임 직후부터 줄곧 현장으로부터 공감 받는 감찰 활동을 주문하고 감찰 패러다임을 획기적으로 바꾸려 노력한 이유가 이러했다.

경찰청장이 된 후 조직 신뢰를 저하시키는 부패비리에 대해서는 엄정한 잣대를 적용해야 했지만 묵묵히 성실히 일하는 현장 직원들에게는 '직원 위에 군림하는 감찰'이라는 불만이 사라지도록 노력했다. 실제 현장 직원들의 여론을 들어 고압적인 행태를 보이는 감찰요원들은 과감한 인적쇄신을 단행했다. 그 결과 전체 감찰관 1,208명 중 26%에 달하는 314명을 교체했다. 나는 이를 위해 "감찰이 한 달을 쉬는 한이 있더라도 현장 직원들을 힘들게 하거나 근무 분위기를 위축시켜서는 안 된다"고 여러 차례 강조했다.

대통령 해외순방이나 명절 전후에 의례적으로 하던 특별감찰활동을 폐지하고, 업무 수행 중 발생한 가벼운 과실은 과감히 면책해 감찰 활동에 대한 일선 경찰관들의 수용성을 높였다. 2010년 10월 전남 나주서에서 기이한 사건이 발생했다. 신고를 받고 출동한 파출소 경찰관이 현장에서 의식이 없이 쓰러져 있는 할머니를 발견했다. 약한 맥박을 사망한 것으로 잘못 판단해 변사사건으로 보고하고 2시간 동안 방치했다. 그런데 할머니가 의식을 회복해 모든 사람들이 화들짝 놀란 사건이었다. 전남경찰청은 업무소홀 책임으로 현장 출동자와 감독자를 징계 처분하고 문책인사를 하려 했다. 그러나 사건에 대한 자세한 사항을 보고받은 나의 생각은 달랐다. 현장 조치를 제대로 하지 못한 것은 잘못이었으나 의사가 아닌 이상 업무 수행 과정에서 일어날 수 있는 실수로 판단했다. 그리하여 징계하지 말 것을 지시했다.

2011년 2월에는 경기 의정부경찰서 가능지구대에서 40대 남자가 어머니를 식칼로 찔러 죽인 사건이 발생했다. 세상에 어느 경찰관인들 자식이 어머니를 칼로 찌르리라고 생각이나 했겠는가? 이러한 예측 불가성이 있음에도 중징계를 한다면 옳지 않다는 판단에 관리 소홀에 대한 주의 조치만 내렸다. 이러한 조치들은 현장 근무자들의 일하는 분위기를 조성한다는 점에서 많은 호응을 얻었다. 경찰청장이 된 후 이처럼 감찰문화를 획기적으로 업그레이드시키고 현장 직원들의 공감을 이끌어내는 다양한 노력을 펼쳤다. 덕분에 감찰에 대한 인식이 많이 바뀌었다. 특히 원경환 감찰과장의 헌신적인 노력 덕분에 감찰 활동에 대한 만족도가 2011년 하반기에 83.9점으로 전년 38.5점에 비해 무려 118%나 향상되었다.

나는 지방경찰청장과 경찰청장 재임 때 직원들로부터 '해파리', '조파면' 같은 부정적인 별명을 얻었다. 해임과 파면을 많이 시킨다는 비아냥이다. 부정부패 척결과 엄정한 법집행을 지속적으로 강조하다보니 징계, 인사조치 등 일련의 조치들이 가혹하다는 평을 받은 것은 사실이다. 하지만 느끼는 것과 실제는 조금 다르다. 서울경찰청장 때는 파면·해임 건수가 전년 동기에 비해 67%, 경찰청장 때는 40%가 감소했다. 부정적 별명이 붙은 이유는 아마도 금품수수 같은 비리사건이 발생했을 때 가혹하리만큼 엄정하게 대처했기 때문이 아닌가 싶다. 신상필벌을 확실하게 하는 것이 궁극적으로는 직원들을 보호하는 길이다. 우리 사회의 정의를 실현하고 국가와 국민을 제대로 섬기려면, 깨끗한 경찰이 되는 것이 가장 우선적이다.

감사관을 마치고 2007년 초 치안감으로 승진했다. 치안감 첫 보직은 경찰청 경비국장이었다. 경비국장은 집회시위 관리를 총괄하고 경호, 대테러 업무까지 관장해야 하는 중요한 자리다. 나로서는 3회 연속 경찰청 국장급 발령이었다. 다른 간부들은 지방청 청·차장이나 교육기관 같은 다소 여유로운 자리로 발령이 나 재충전 후에 다시 경찰청으로 돌아오곤 했다. 그런데 나는 3년 연속으로 외사, 감사에 이어 경비국장까지 맡게 된 것이다. 몸이 힘들다고 진담반 농담반으로 푸념도 했지만 이때의 경험은 경찰의 각 기능을 제대로 이해하고 거시적인 안목을 키울 수 있는 아주 좋은 기회가 되었다.

부산경찰청장의 호된 신고식

경찰청 경비국장 근무를 마치고 2008년 3월 7일 부산경찰청장으로 부임했다. 고향인 부산에서의 근무는 경찰생활에서의 마지막 도전일 터였다. 그런 생각에서 부산을 더욱 안전하고 살기 좋은 도시로 만들겠다고 다짐했다. 그런데 부산에 돌아온 기쁨이 채 가시기도 전에 호된 신고식을 치르게 되었다. 3월 10일 출입기자들과의 오찬에서 했던 말이 A신문에서 왜곡 보도되면서 벌어진 일이었다.

지방청 홍보담당관실 B 경정의 총경 승진 추천을 요구하는 기자들에게 "부산은 총경 승진인사가 굉장히 적체되어 있어 2001년 경정으로 승진한 사람은 승진이 어렵다"고 말했다. 그러자 기자들이 "노무현 정부 때는 2003년 승진자도 총경 승진했는데 1년이 지난 지금, 2001년 승진자가 연도 때문에 안 된다는 것이 말이 되느냐, 빽이 없어서 안 되느냐? 누구 빽이면 되겠느냐?"고 항의했다. 나는 "청탁한다고 해서 안 되는 것이 되겠느냐"며 원칙에 따른 인사를 강조했다.

그러자 기자들 중 누군가 "그러지 말고 솔직하게 말해 달라. 이상득, 이재오면 되지 않겠느냐"고 재차 질문했다. 그래서 나는 "이상득 국회부의장, 이재오 최고위원이라 해도 안 되는 것은 안 된다. 이 두 분이 전국 경찰인사에서 오직 경정 한 사람만 부탁하면 모를까, 일면식도 없는 사람을 위해 그게 가능하겠느냐? 안 된다"고 대답했다.

그런데 다음날 이상한 사건이 터졌다. A신문에서 '고위직 승진 원하면 이재오·이상득에 줄 대라'는 제목을 달고 기사를 쓴 것이다. 마치 내가 "승진을 하려면 줄을 대라"고 권한 것이 된 것이다. 이에 대해 민주당과 자유선진당은 부대변인 논평까지 내놨다. 나는 A신문에 강력히 문제를 제기했고, 결국 3월 21일자로 반론문을 게재하면서 사건은 일단락되었다. 어쨌거나 나로서는 그리 유쾌하지 않은 신고식이었다.

부산경찰청장을 지내는 1년 동안 크고 작은 일들이 참 많았다. 큰 보람과 희열을 느낄 때도 많았지만 두 번 다시 생각하기 싫은 순간도 있었다. 2008년 5월 중순에는 서울 청담동에서 발생한 현금 수송차량 탈취 사건의 범인이 부산에 잠입하면서 일대 소란이 벌어졌다. 택시를 타고 도주하던 탈취범이 운전기사의 휴대전화를 빌려 내연녀에게 "부산으로 내려가고 있다"고 전화를 한 것이었다. 곧바로 부산과 연결된 고속도로 주요 지점에 경찰관들을 비상배치하고 검문체제에 들어갔다.

다음날 새벽, 고속도로 순찰대 직원이 신대구~부산 고속도로 대동 요금소에서 택시를 발견했다. 하지만 택시기사가 "승객이 요금소 도착 직전에 내렸다"고 말해서 탈취범이 내렸다는 곳을 집중 수색했다. 그러나 범인을 발견하지 못했다. 사실은 택시기사가 거짓말을 한 것이었다. 범인은 운전기사에게 "사기 혐의로 수배중인데, 트렁크에 숨게 해달라"고 부탁해 트렁크에 숨어 있었다. 검문 경찰관이 트렁크도 열어보지 않고 택시를 그냥 보내는 바람에 범인을 눈앞에서 놓쳐버린 것이다. 언론에서도 '눈앞에서 놓친 현금 탈취범', '허술한 검문', '알고도 놓쳐' 등의 비난 보도가 쏟아졌다.

뼈아픈 실수는 일단 뒤로 하고 탈취범이 부산에 잠입해 있다는 가정 하에 검거를 위한 검문검색 활동을 실시했다. 그러나 결국 검거에 실패했다. 탈취범은 나중에 서울에서 붙잡혔다. 조사결과 탈취범은 부산의 고급 호텔에서 하루를 묵은 후 원룸을 얻어 열흘이나 머물러 있었다. 부산 지역에서 검문이 강화되자 서울로 올라가 고급 호텔에만 묵으면서 탈취했던 현금 2억 6천여만 원 가운데 2천4백여만 원만 남기고 2억 원 넘게 탕진한 상태였다. 초기에 충분히 검거할 수 있었음에도 눈앞에서 놓쳐 수많은 경찰력을 낭비한 것은 분하고도 안타까운 일이었다.

화창한 날씨가 한창이던 6월 5일 오후에는 부산 경찰특공대 소속 전성우 경사가 투신자살 기도자를 구조하려다 14m 아래로 함께 떨어져 숨지는 가슴 아픈 사고가 발생했다. 부산 사하구 신평동에 살던 박영철(26세·가명)은 헤어지자는 여자친구를 의식을 잃을 때까지 마구 폭행했다. 그리고는 자신이 살던 4층 빌라 옥상으로 올라가 "여자친구의 부모를 만나게 해주지 않으면 뛰어 내리겠다"며 5시간 넘게 경찰과 대치했다. 현장에 도착한 전 경사는 박 씨를 설득하고 나섰으나, 결국 그를 붙잡으려 하다가 함께 추락하고 말았다. 만일의 경우에 대비해 건물 아래에 매트리스를 준비했으나 불행하게도 두 사람은 매트리스를 벗어난 지점에 추락하고 말았다. 두 사람은 병원으로 후송되었지만 모두 사망했다.

전 경사는 2005년 APEC 정상회의 때 주요 인사 경호유공으로 경찰청장 표창을 받는 등 뛰어난 특공대원이었다. 또 학생들을 위한 특공전술 시범에도 누구보다 앞장선 훌륭한 경찰관이었다. 영결식에 참석한 6살 딸 지연이의 천진난만한 모습을 보며 가슴이 북받치고 눈물을 참을 수 없어 조사(弔辭)도 제대로 읽지 못했다. 참석한 동료들 모두 뜨거운 눈물을 주체할 수 없이 흘렸다.

국제도시 부산은 교통이 중요

부산은 국제도시라는 명성에 걸맞게 각종 국제행사도 많았다. 9월에는 각국의 전통 스포츠 축제인 2008 부산 '세계사회체육대회'가 사직체육관, BEXCO 등 부산 전역에서 개최되었다. 국제올림픽위원회(IOC) 위원, 국제경기연맹 관계자와 선수 등 역대 최다인 1만여 명이 참가한 행사였다. 대테러 예방 활동에 중점을 둔 가운데, 회의장·숙소·경기장 등에 대한 안전유지 및 주변 범죄예방 활동에 만전을 기했다. IOC 포럼에 참가하는 각국 중요 인사 경호와 국제행사에 따르는 돌발 사고에 대비하기 위해 외사경찰 활동도 강화했다. 행사는 성공적으로 치러졌고, 이를 뒷받침한 경찰의 노력은 높은 평가를 받았다.

연이어 열린 '국제관함식'도 12개국 50여 척의 함정이 참가하고 함정 공개 행사에 3만여 명의 시민이 방문하는 등 규모면에서 '세계사회체육대회' 못지않은 대형 행사였다. 1만 1천여 명의 젊은 장병들이 한 장소에 모인다는 점에도 특히 주의를 기울일 필요가 있었다. 외출하는 각국 장병들에 대해 규제나 단속보다는 편하게 즐기고 갈 수 있는 안전문제에 특히 신경 썼다. 혈기왕성한 병사들끼리 생길지 모르는 충돌에 대비해 경찰관을 충분히 배치했다. 경찰의 지나친 대응이 외교문제화되지 않도록 외사과장을 상주시키며 현장 상황을 관리하도록 했다.

2008년 10월 초에는 프로야구팀 롯데 자이언츠가 준플레이오프에 진출해 온 부산이 야구 열기에 휩싸였다. 나를 비롯한 부산경찰 모두가 함께 기뻐했다. 다만, 8년 만에 부산에서 열리는 포스트시즌 경기인지라 경기 결과에 따라 흥분한 관중들이 돌발행동을 할 수도 있는 상황이었다. 수익자 부담 원칙에 따라 롯데구단 측에 충분한 용역경비원을 확보해 질서를 유지토록 하고, 야구장 내·외곽에 충분한 경찰관을 배치해 안전사고에 대비했다. 롯데 자이언츠가 아쉽게 탈락했지만 부산 시민들의 성숙한 시민의식에 힘입어 큰 불상사 없이 행사가 마무리되었다.

'교통질서 확립'을 위한 노력도 기억에 생생히 남아 있다. 교통문제에 대한 부산 시민들의 요구는 시민들을 대상으로 한 치안만족도 조사에서도 극명하게 나타났다. 부산 시민들이 경찰에게 가장 크게 바라는 것 중의 하나가 '출퇴근길 교통관리'였던 것이다. 출퇴근길 교통소통 위주로 교통경찰, 기동대 등 가용 인력을 최대한 동원해 가시적인 교통 근무활동을 펼치고, 교통질서를 개선하기 위한 단속활동도 병행해 나갔다.

부산은 표지판, 차선 신호가 불규칙해 외지인이 혼란을 겪는 일이 많은 도시였다. 그래서 교통기능 관리자들이 직접 차를 몰고 시내를 일주하면서 시민의 입장에서 불편 사항을 점검토록 했다. 단순 신고만으로 개최되던 봄철 마라톤행사 등을 서울 등 다른 도시의 사례를 참조해 시민 불편이 최소화되도록 합리적으로 조정했다. 그 외의 모든 교통행정을 시민 편의 위주로 하나하나 고쳐나갔다. 시민편의 위주 교통행정의 대표적인 사례는 3월 말 녹산산업단지 진입로의 교통소통 개선이었다. 녹산산업단지 진입로는 교통정체가 심한 부산에서도 특히 극심한 정체로 몸살을 앓는 지역이었다.

평상시에도 산업단지 근로자 2만 4천여 명의 차량이 도로를 점령

하다시피 했고, 향후 명지주거단지나 화전산업단지 등이 완공될 경우 통행량의 폭발적인 증가가 우려되었다. 물류소통 차질까지 크게 우려되어 부산 상공회의소가 소통 대책을 건의하는 등 심각한 상황이었다. 이에 따라 좌회전 전용차로 신설과 보행자 신호시스템 설치를 골자로 한 개선책을 내놓았다. 이후 다행히도 통행 속도가 약 14% 개선되는 효과가 나타났다. '시민이 필요로 하는 것을 해주는 것이 개혁'이라는 지휘 지침에 정확히 부합하는 사례였다.

또 주요 교차로를 중심으로 교통안전 시설을 대폭적으로 개선했다. 2008년 8월 중순 '사상 시외버스 터미널 앞 도로를 택시들이 점령했다'는 지역 언론의 보도가 있었다. 확인 결과 보도 내용이 사실과 다른 측면도 많았으나 시민들이 불편을 느끼는 부분도 발견되어 즉시 개선토록 했다. '부산역 앞 횡단보도 설치 논란'도 시민편의 교통행정의 좋은 사례다. 상권 축소를 우려한 부산역 지하상가 상인들이 횡단보도 설치를 적극 반대하고 있었다. 상인들의 주장도 충분히 이해가 가지만 부산역을 통행하는 하루 3만여 명 시민들의 이용도와 편의를 최우선적으로 고려해야 했다. 횡단보도 설치 이후 시민들의 호응이 이어졌다.

이를 계기로 상권이나 기득권 보호보다 시민편의를 우선적으로 고려하는 원칙을 세워나갔다. 더불어 보행자 편의와 교통소통과의 조화를 감안해 교통행정을 점검해 나갔다. 점검 과정에서 구포시장 입구의 횡단보도 설치가 논란이 되었다. 횡단보도를 설치해 달라는 시민들의 민원이 빗발쳤음에도 심의위원회에서 2차례 부결된 사실이 드러났다. 시민들의 요구와 심의위원회의 결정이 다르게 나타나는 원인이 무엇인지 찾아보기 위해 직접 현장에 가서 확인했다. 그 결과 설치를 하지 못할 이유가 전혀 없었으므로 재심의를 거쳐 횡단보도 설치를 지시했다.

사하구 동아대 진입로 앞에는 육교가 있었다. 그러나 무단횡단으로 인한 교통사고의 위험이 있으므로 육교를 철거하고 횡단보도를 설치해 달라는 민원이 자주 제기되었다. 현장조사와 교통안전시설 심의위원회를 거쳐 횡단보도 설치를 결정하자 시민들이 적극 환영했다. 구덕로 자갈치시장 횡단보도 역시 지하상인회의 반대가 있었으나 전체 이용자의 편의를 생각해 횡단보도를 설치했다. 또 해운대역 인근 승당 삼거리에 좌회전 포켓을 설치하는 등 시민편의를 위한 교통시설 개선을 연말까지 계속 이어나갔다.

교통사고를 줄이기 위한 범시민운동도 추진했다. 이를 위해 사고를 유발하는 행위에 대한 단속활동 외에도 '방향 지시등 켜기' 캠페인을 벌였다. 이는 1993년 미국 뉴욕시 경찰청장이었던 브래튼이 '깨진 유리창 이론'을 도입해 아주 사소한 부분이지만 간과하기 쉬운 기초질서부터 바로잡음으로써 살인, 강도 등 강력범죄를 획기적으로 줄인 사례를 참고한 것이다. 가장 먼저 부산의 범시민운동으로 제안한 것이 방향 지시등 켜기였다. 지시등 켜기는 매우 쉬운 일이지만 잘 지켜지지 않는 것이었다. 이러한 기초질서를 바로잡아 교통질서 전반에 나비효과로 파급되길 기대한 것이다. 부임 초부터 교통질서 확립을 위한 계도·단속과 사고 다발지점에 대한 시설 개선을 통해 2008년 교통사고 사망자가 전년 대비 11.9%(33명)나 감소했다. 적극적인 노력으로 소중한 목숨을 구할 수 있었다는 점에서 뿌듯한 결과였다.

전체적으로 사망사고가 감소했으나 2008년 10월 발생한 사상구 덕포동 대덕여고 앞 사망사건은 가장 가슴 아픈 사건이었다. 10월 29일 밤, 대덕여고 앞에서 비탈길을 내려오던 승합차가 학생들을 덮치는 사고가 발생했다. 이로 인해 여고생 3명이 숨지고 20여 명이 부상당한 것이다. 사고의 직접 원인은 차량의 브레이크 파열이었지만 열악한 도로 환경이 근본적 문제였다. 사고 장소는 20°의 가파른 경사로였고 한쪽 길옆으로는 5m 이상의 낭떠러지였다. 자동차 두 대가 교차하면 비켜서기에도 버거운 좁은 길이었다. 이 때문에 7월에는 택시 제동장치가 고장 나면서 운전기사와 승객이 크게 다쳤다. 8월 4일에도 학생 20명을 태운 마을버스가 뒤로 미끄러지며 20명이 중경상을 입는 등 크고 작은 사고가 끊이지 않았다.

하지만 도로가 학교재단 소유의 사도로(私道路)라는 것이 문제였다. 그런 이유로 구청 등 관계기관들이 안전시설 설치에 소극적이었던 것이다. 그 사고를 계기로 경찰이 중심이 되어 나섰다. 먼저 시청과 시교육청 합동으로 10월 30일부터 사흘 동안 부산시내 1,026개 각 급 학교의 통학로에 대한 긴급조사를 벌였다. 34개 중·고교의 통학로가 보행자 교통사고로 인한 위험이 높은 것으로 조사되었다.

이에 따라 과속·미끄럼 방지시설과 안전 가드레일을 설치하는 등 위험한 통학로 개선사업에 시청 협조를 받아 30억 원의 예산을 투입했다.

 부산지역치안협의회가 적극적으로 참여해 협력치안의 중요성을 일깨워 준 부산시, 교육청, YWCA 등 기관·단체의 관계자들, 아침저녁으로 거리에서 봉사활동에 적극 나서준 모범운전자들과 녹색어머니 회원 등 많은 분들의 노력과 애정을 잊을 수 없다. 그분들의 헌신적인 도움으로 부족한 경찰력을 그나마 메울 수 있었다.

조직폭력, 더 이상은 못 참아

영화 〈친구〉, 〈범죄와의 전쟁〉 등을 비롯한 여러 영화의 소재가 된 도시. 국제도시라는 명성과 함께 '조폭도시'라는 오명을 함께 가지고 있는 부산. 부산경찰청장 부임 당시부터 조직폭력을 철저하게 소탕하겠다는 의지를 가지고 있었다. 부산 지역은 2006년 1월 발생한 영락공원 장례식장 집단 폭력사건의 피의자 62명 중 49명이 출소함에 따라 칠성파와 反칠성파의 세력다툼으로 인한 보복 살인과 폭력행사 가능성이 커진 시점이었다. 더불어 칠성파의 한 행동대원이 사행성 오락기를 유통시켜 25억 원의 부당이득을 취하다 검거되는 사건도 있었다.

하루는 부산의 한 언론인으로부터 이런 얘기를 들었다. 서면의 L호텔 사우나에서 목욕을 하는데 덩치가 산만한 젊은 사람이 섬뜩한 문신을 하고 있어 눈길을 끌었다. 그런데 그 남자가 거동이 불편한 노인을 지극정성으로 씻기고 수건으로 몸 구석구석을 깨끗하게 닦고, 드라이어로 온 몸을 말려주고 있어 의아하게 생각되었단다. 알고 보니 그 노인이 칠성파 두목 이강환이더라는 것이었다. 외국인들도 많이 투숙하는 부산의 대표적인 호텔 사우나에서 조폭들이 마음껏 문신을 드러내고 활개를 치는 현실. 선량한 시민들이 조폭을 두려워하며 시설 이용을 기피해서는 안 될 일이었다.

광역수사대에 지시해서 더 이상 그 호텔에 조폭들이 나타나지 못하게 했다. 이후 이강환은 L호텔에 모습을 나타내지 않다가 몇 달 후

해운대 P호텔 사우나에 다시 드나든다는 이야기가 들렸다. 또다시 출입금지 조치를 취했다. 조그마한 동네 목욕탕이라 해도 온몸에 문신을 한 조폭은 얼씬도 못하도록 했다.

7월 초에는 부산 어린이대공원 정문 앞 대로에서 부전파, 서면파 조직원 등 조직폭력배 20여 명이 야구방망이, 쇠파이프 등을 휘두르며 패싸움을 벌이는 사건이 발생했다. 오락실 수익금 상납을 놓고 벌인 다툼이었다. 3월부터 민생침해 조직폭력배의 대대적인 단속에 나서던 차에 또다시 조직폭력 사건이 발생한 것이다. 조폭 근절 의지를 대내외에 확실히 알릴 필요가 있다고 판단했다. 나는 직접 기자간담회를 열고 "난동 현장이나 검거 과정에서 경찰관에게 흉기를 들고 저항하는 조폭들에 대해서는 총을 사용하겠다"고 밝히고 광역수사대장을 전담팀장으로 임명해 수사에 착수했다. 총 28명을 검거하고 13명을 구속시켜 조직폭력배 단속의 본보기로 삼았다. 조폭과 연결된 오락실과 안마시술소, 각종 유흥업소에 대한 수사도 강화했다. 이들의 자금줄을 끊는 한편 윗선과 배후세력까지 파고들어 조폭을 완전히 근절하기 위해 노력했다.

조폭들의 불법행위에 대한 철저한 수사와 더불어 범죄 분위기를 사전에 제압하고 범죄의 싹을 초기에 자르기 위해 24개 파 387명에 대한 1:1 감시를 대폭 강화했다. 9월 말에는 일본인 관광객과 섞여 야쿠자들이 부산에 대거 입국했는데, 입국부터 출국까지 1:1로 밀착 감시해 국내로 발을 뻗치지 못하도록 했다. 10월로 접어들면서 조폭의 활동이 잠잠해졌다. 민생침해 조직폭력배 연간 단속 실적을 봐도 조직폭력배 19개 파 688명 등 773명을 검거해 그중 203명을 구속하는 등 부산경찰이 전국 1위를 달성했다. 완벽에 가까울 정도로 조폭 관리가 잘 이루어진 데는 광역수사대의 공이 컸다. 겁 없이 흉기 들고 설치는 조폭들에게는 총을 쏴서라도 검거하라는 지시에 따라 광역수사대를 중심으로 강력하고 신속한 조폭 단속이 이루어진 것이다.

얼마 지나지 않아 단속이 워낙 심해 조폭 조직들의 자금줄이 말랐다는 이야기도 들렸다. 그리하여 자금 확보를 위해 아기 돌잔치, 노모 회갑연, 고희연을 수시로 열고 서울의 연예인까지 강제 동원하는 일이 많아졌다. 이에 대응해 조직폭력배 참석이 예상되는 결혼식, 고희연, 장례식 등 각종 행사에는 광역수사대와 경찰특공대를 투입했다. 경찰특공대는 소총까지 휴대하고 축·조의금 접수대에 바짝 붙어 서서 참석한 사람들을 일일이 확인했다. 자발적으로 왔는지, 축의금은 얼마를 냈는지, 강요에 의해 낸 것인지 등을 개별적으로 조사했다. 그러다보니 조폭 관련 행사도 대폭 줄고, 한다 하더라도 참석자가 얼마 없었다.

자금줄이 마르자 조폭들의 동원 수당이 10만원에서 5만원, 3만원, 1만원으로 떨어지고 나중에는 못 줄 지경이 되었다. 그러자 일부 행동대원들은 건설현장 인부로 일자리를 찾아 떠났다는 이야기까지 들렸다. 그나마 체면 때문에 부산, 양산, 김해 등에서 일하지 않고 저 멀리 경북이나 호남지역 건설현장, 심지어 바다의 양식장으로 가서 생계활동을 한다는 이야기도 들려왔다. 휴대폰 사용료를 제대로 못 내 휴대폰이 정지되는 조폭들이 있다는 소리도 들렸다. 하지만 부산이 조폭도시라는 오명을 씻어내기 위해서는 아직 가야 할 길이 멀다.

부산에서의 조폭근절책은 이후 서울경찰청장 재임 시에도 효과를 증명했다. 서울경찰청장 때인 2010년 5월 14일, 영등포 지역 폭력조직인 중앙동파·시장파·남부동파·북부동파 등 4개 파 조직원들이 2009년 10월 여의도의 한 고급 연회장에서 중앙동파 조직원 어머니

의 칠순잔치를 빙자해 회합을 열었다는 기사가 신문에 보도되었다. 이 자리에서 '앞으로 단합해 행동하겠다'는 방침을 밝혔다는 것이다. 부산에서의 경험을 되살릴 차례였다. 내가 있는 한 더 이상 서울에서 조직폭력배들이 활개를 치는 것은 용납할 수 없었다.

그러던 중 강남의 C 호텔에서 원로 조직폭력배인 이거두(가명)의 고희연 행사가 열리고, 이 자리에 부산 칠성파 두목 이강환 등 중요 조폭이 참석한다는 동향이 보고되었다. 호텔 연회장 380석을 예약했으며 평소 친분이 있는 조폭들과 친인척, 일반 지인 800여 명을 대상으로 초청장을 배부했다는 것이었다. 나는 즉시 서울경찰청 폭력계와 강남서에 지시를 내렸다. 주요 조직 간의 연계를 끊기 위해 초청장을 받은 주요 조폭들에게 행사에 참석하지 말도록 경고하고, 고희연 당사자 가족에게도 친인척과 일반 지인들만 초청할 것을 권했다. 또한 당일 행사장 주변에는 광역수사대, 경찰관 기동대, 경찰특공대 등 145명 정도를 배치해 검문검색을 하고 현장 채증과 우발 상황에 대비토록 했다.

　이 조치에 겁을 먹은 주요 조직의 두목급 전원이 행사에 불참했다. 대부분의 하객들도 축의금만 전달한 뒤 귀가했다. 결국 폭력배들의 세력 과시나 폭력조직 간의 연계 시도 등 특이 동향 없이 행사가 종료되었다. 이 쾌거는 KBS 9시 뉴스에 '폭력조직 두목 칠순잔치에 경찰 비상'이라는 제목으로 방송되었다.

　경찰청장 재임 때인 2011년 8월에는 도로공사와 협조해 고속도로 휴게소 내에 난립되어 있던 노점상을 전격 철거했다. 이들 무허가 노점상들이 생계형이 아니라 폭력조직과 연계한 기업형 영업이라는 비난 여론이 커졌기 때문이었다. 전국 고속도로 휴게소 163개소 내에 328개 무허가 노점상이 난립해 있었는데 자릿세 징수와 호객행위 등 각종 불법행위로 민원이 계속되는 상황이었다. 점포 당 월수입이 200~1,600만원, 권리금은 4천~1억 원 가량이며 조직폭력배들이 노점상들에게 판매 물건을 독점 공급해 사실상 자릿세를 징수한다는 첩보가 계속 올라왔다.

　경찰청은 2011년 3월부터 강력한 단속 의지를 표명했다. 노점상 주요 간부들의 '자릿세 및 보호비' 명목 금품갈취 혐의에 대한 수사에 착수하고, 도로공사·휴게소 사업자·노점상연합회 3자 합의를 통한 문제해결 분위기를 조성해 2011년 7월 22일 노점 철거에 전격적인 합의를 이루었다. 노점상들의 생계유지를 위해 휴게소 내에 잡화코너를 신설해 노점상을 판매원으로 고용하는 조건으로 노점을 자진 철거토록 한 것이다.

　조직폭력에 대한 강력한 조치와 성과의 이면에는 아쉬웠던 순간도 있었다. 2011년 10월 21일 경찰의 날 밤이었다. 인천 길병원 장례식장 앞 노상에서 조직폭력배 130여 명의 유혈 폭력사건이 벌어지고,

폭력배 1명이 칼에 찔려 중상을 입는 사건이 발생한 것이다. 112신고가 5번이나 접수되고 장례식장 앞이 아수라장으로 변해 시민들이 극도로 불안해하는 상황이었다. 그런데 출동한 지역경찰과 강력 형사팀들이 몇 시간이나 조폭들의 대치 상황을 방치하고, 자기들끼리 싸운 상황이라며 단순해산 조치 정도로 허위 보고를 했다. 그러는 와중에 경찰이 출동해 있는 상태에서 폭력배 1명이 칼에 찔리는 일까지 벌어진 것이다.

경찰서와 인천지방경찰청 간부들은 즉각적인 상부 보고나 인력지원 조치도 하지 않았다. 심지어 나조차 칼부림이 있었다는 사실을 TV 뉴스를 보고 알았을 정도였다. 이런 경찰들을 두고 어떻게 국민들이 '불법 앞에 당당한 경찰', '국가와 국민을 위한 경찰'이라는 믿음을 갖겠는가? 출동 경찰관들은 폭력배가 너무 많아 대응하지 못했다는 변명을 했다고 한다. 그런 경찰관들을 어떻게 국민들이 신뢰하겠는가? 조폭이 130명이고 경찰 순찰차가 1~2대, 강력형사가 겨우 1개 팀이라 해도 총기를 사용해서라도 제압했어야 했다. 경찰이 무력한 모습을 보이는 것은 경찰이기를 스스로 포기하고 존재 가치를 부정하는 행동으로밖에 보이지 않았다. 나는 서장을 즉시 직위해제했다. 또 보고체계와 지휘책임을 물어 인천지방경찰청과 경찰청 수사국까지도 감찰 조사하게 했다. 물론 출동한 관련 경찰관들도 엄중 문책했다.

그리고 곧바로 조폭과의 전쟁을 선포했다. 조폭에게는 인권을 굳이 내세우지 않겠다고 선언했다. 후에 비난을 받는다 해도 적어도 조폭에 대해서는 총을 과감히 사용하라고 지시했다. 문신한 조폭이 사우나와 목욕탕에 나타나거나, 공공장소에서 깍두기 머리들이 90도 경례를 하면서 선량한 시민들을 불안케 하는 행위를 철저히 단속하게 했다. 안 되면 경범죄로라도 처벌하라고 지시했다. 경찰 관리 대상인 조직폭력배 5,400여 명에 대해서는 생계수단이 무엇인지 등 철저히 추적할 것을 지시했다. 서민의 돈을 뜯어먹는 조폭은 없는지, 유흥업소 물품공급이 협박에 의한 것은 아닌지 등을 낱낱이 조사토록 했다. 또한 건설 시행사나 건설회사 등으로 진출한 기업형 조폭도 기업 활동 중에 위력을 과시하는 일은 없는지 철저히 파헤치라고 지시했다.

 인천 사건을 계기로 경찰이 그동안 가져왔던 형사법적 사고의 틀을 깨야 된다는 점을 다시 한번 절감했다. 형사법적 사고는 한마디로 "불법행위가 있어야 경찰이 개입한다"는 것이다. 그러나 인천 조폭사건에서 보듯 경찰업무는 불법이 발생하기 전에 미리 사전적으로 위험을 제거하는 역할이 더욱 중요하다. 경찰이 출동해 조폭이 100명 정도 모인 것을 확인했다면 폭력 등 불법행위가 발생하기 전에 해산 등 적절한 조치를 취해야 한다. 시민들이 불안하지 않도록 말이다. 평소에도 강조한 사항이지만, 인천 조폭사건을 계기로 경찰이 하루 빨리 형사법적 사고의 틀을 깨고 더 적극적으로 노력할 것을 주문했다. 국민을 불안에 빠뜨리는 위해요소를 사전에 제거하는 것이 경찰의 임무라는 것을 다시 한번 강조한 것이다.

밤의 황태자 이경백 구속

지방경찰청장과 경찰청장 재임 시절, 경찰관들이 성매매·불법오락실·조폭 관계자와는 물 한 잔도 같이 마시지 못하게 했다. 부패비리를 막기 위해서였다. 단속 대상이 되는 대형업소 업주의 계좌 추적과 통신 내역을 조사해 공무상 정당한 사유 없이 관계자를 접촉한 것이 확인되면 파면·해임 등 중징계를 내리겠다고 경고했다. 2010년 서울경찰청장 부임 이후에도 이 시책을 강력 추진했다. 경찰청장에 취임해서는 전국에 확대했다. 업주와 전화 한 통 했다고 해서 부패경찰이라고 할 수는 없겠지만 이러한 강력 조치는 자정 분위기를 만드는 데 상당한 효과를 발휘했다. 걸려오는 전화를 받지 않으려 전화번호를 바꾸는 직원들도 많았다. 이 제도들의 시행으로 2006~2010년 연평균 83.2건씩 불거졌던 금품수수 비리 사건이 크게 줄었다. 발생 시점 기준으로 경찰청장 재임 때인 2011년에는 전국적으로 금품수수 비리가 13건밖에 발생하지 않았다. 특히 2011년 9월 24일 이후 내가 사임한 2012년 4월 30일까지 7개월이 넘도록 단 한 건의 금품수수 비리도 발생하지 않는 기적이 일어났다.

서울경찰청장 재임 때인 2010년 2월 말, 강남경찰서 역삼지구대 관내 불법오락실을 신고한 신고자를 업주 측에서 폭행한 사건이 발생했다. 이는 신고 사항이 경찰에 의해 유출되었을 개연성이 아주 높은 사안이었다. 지방청 폭력계로 하여금 사건의 진상을 수사케 했다. 수사 결과는 참으로 놀라웠다. 불법오락실 업주가 2009년 8월 한 번

단속된 후 역삼지구대 경찰관 6명을 포섭해 112신고 정보를 미리 알려주는 대가로 매월 수백만 원을 준 것이 확인되었다. 뇌물 수수액이 크고 112신고 사실을 유출한 행위가 확인된 경찰관 4명을 즉각 구속했다. 불법오락실 업주의 통신 내역을 추적해 업주와 전화통화를 한 직원 25명을 밝혀냈다. 이 중 접촉금지 지시를 한 1월 12일 이후에 통화를 한 직원도 9명에 달했다. 철저한 감찰조사를 통해 총 15명을 징계했다. 이 조치에 전화 한 통 하는 것이 무슨 죄냐, 통화한 것 자체가 범죄와 직접적으로 연결되는 것이 아닌데 너무 심한 것 아니냐는 불만도 많았다. 그러나 대상 업소와의 유착관계를 뿌리 뽑는 기회가 될 것이라고 응원하는 목소리도 컸다.

  불법오락실 사건이 막 종료될 즈음 세상을 떠들썩하게 했던 소위 '룸살롱 황제 이경백 사건'의 단서가 포착되었다. 2010년 2월 서초경찰서가 가출 여고생 장인희(가명) 양을 수사하는 과정에서 '룸살롱의 실제 업주인 이경백이 장 양에게 성매매를 강요했다'는 사실이 확인된 것이다. 인터넷 구인 사이트에 취업시켜주겠다고 여고생을 유인해 강남구 논현동의 북창동식 불법유흥업소에서 손님들을 상대로 유사성행위 및 성행위를 알선하고 강요한 사건이었다.

이경백은 2000년부터 강남과 북창동에서 여러 개의 유흥업소를 운영하며 불법영업을 해왔던 인물이었다. 그는 평소 판사와 검사는 물론 경찰, 국세청 등에 든든한 인맥이 있음을 은연중에 과시했고, 실제로 단 한 차례도 입건되거나 처벌받은 적이 없는 인물이었다. 업계에서는 "이경백은 비호 공무원이 있어 절대로 처벌받는 일이 없을 것"이라는 소문이 파다했다. 그리하여 '밤의 황태자'라는 별명을 얻었다. 그는 대한민국에서 어느 기관에서도 자기를 건드리지 못한다고 공공연하게 떠들고 다녔다.

2012년 3월 2일 서초경찰서는 이경백을 긴급체포하고 검찰에 긴급체포 승인 건의를 올렸다. 현행 형사소송법상 경찰이 피의자를 긴급체포하면 검사에게 사후 승인 요청을 해야 한다. 그러나 검찰은 승인하지 않았다. 이어 신청한 압수·수색 영장, 통신 영장 등도 모두 검찰에 의해 기각되었다. 수사 간부들은 이구동성으로 이런 일은 처음 겪는 일이라며 황당해했다. 경찰 내부에서는 수사 의지가 꺾일 상황이라고 우려했고, 이번에도 이경백은 빠져나갈 것이라는 소문이 무성했다.

서초경찰서장으로부터 관련 내용을 보고받은 나는 사건을 서울청 형사과 폭력계에서 직접 수사토록 즉시 조치했다. 통상 성매매 관련 사건은 생활안전과 여성청소년계에서 담당했지만 이번 사건은 달랐다. 2007년 경찰청 특수수사과에서도 수사를 하다가 실체를 밝히지 못한 전력이 있기 때문이었다. 나는 수사를 담당한 황운하 형사과장에게 "강력한 수사 의지를 가지고 이번에는 반드시 이경백을 구속시키고 그와 통화한 경찰관 등 비호세력을 발본색원하라"고 엄명했다.

서울청 형사과 수사팀은 우선 이경백이 실업주임을 증명한 이후 관련 비호세력을 찾아내는 것을 목표로 수사를 진행했다. 이경백은 그간 이른바 '바지사장'을 내세우는 한편 회계사, 세무사 등을 고용해 업소 수익금의 추적을 어렵게 했다. 또 검사 출신 변호사를 집사처럼 활용하며 법망을 빠져나갔다. 2005년 사설카지노 개장 혐의를 받았을 때도 검찰에 바지사장을 보내 대신 처벌받게 한 일이 있었다.

이후 3개월의 강도 높은 수사를 전개한 경찰수사팀은 73개의 계좌추적, 장부수사 등으로 이경백이 13개 성매매업소를 운영하는 실제 업주라는 사실을 밝혀냈다. 뿐만 아니라 불법 유흥업소를 통해 성매매, 유사성행위 알선으로 5년간 약 3,600억 원의 소득을 얻고, 42억 6천만 원 상당의 조세를 포탈한 혐의까지 밝혀냈다. 이경백은 서울경찰청에서 3회 소환조사를 받았다. 대부분 혐의를 부인했으나 2010년 6월 24일 법원은 이경백에 대해 성매매 알선과 조세포탈 혐의로 구속영장을 발부했다. 그럼에도 이경백은 "경찰이 아무리 영장을 신청해도 검찰이 재지휘하면 소용없는 것 아니냐"며 수사팀을 조롱했다. 또 고위 판·검사 출신 변호사 4명이 참여한 영장실질심사에서도 자신은 절대 구속되지 않을 것이라고 호언장담했다. 심지어 경찰수사팀을 음해하는 허위 내용의 고소장을 검찰에 제출하며 수사 방해를 시도했다.

그는 검찰로 송치된 이후에도 비호세력 등에 대해 철저히 함구하다가 2010년 9월 7일 금보석(1억 5천만 원)으로 석방되었다. 이후 12월 30일 공판에 불출석해 지명수배가 내려졌다. 경찰은 다시 끈질긴 노력으로 2011년 7월 7일 체포해 법정에 세웠다. 그리고 11월 28일, 제1심에서 징역 3년 6월과 벌금 30억 원을 선고 받았다.

그 다음 수사팀은 이경백의 비호세력을 찾아내기 위해 팔을 걷었다. 우선 통화 내역을 조사해 이경백과 통화한 경찰관 69명을 밝혀냈다. 이경백이 장기간 13개의 유흥업소를 운영하면서 한 번도 실업주로 입건되지 않은 데는 경찰관 등 단속 공무원과의 유착 없이는 불가능할 터였다. 69명 중에는 이경백과 1년간 400회 이상 통화를 한 경찰관도 있었다. 자기 부모와 그렇게 자주 통화를 했으면 효자 소리를 들었을 것이다. 69명 중 다른 지방청에 근무하는 6명을 제외하고 63명에 대한 감찰조사를 벌였다. 통화 횟수, 관련자와의 관계를 고려해 6명을 파면·해임하는 등 총 40명을 징계했다.

그러나 아쉽게도 이경백의 비호세력을 명확하게 밝혀내지는 못했다. 뇌물수사의 특성상 통장거래가 확인되지 않으면 제공자의 진술이 결정적이다. 그러나 이경백은 본인이 유흥업소 업주라는 것 자체를 부인하며 철저하게 비호세력에 대해 함구했다. 또 철저하게 현금을 사용하는 등 공무원과의 거래 내역이 쉽게 드러나지 않았다. 유착된 직원들이 대포폰을 사용할 정도로 지능적이었고, 이경백도 몸통을 보호하기 위해 경찰관 유착 의혹에 대해 일체 진술하지 않는 등 수사상 한계가 컸다. 결국 유착관계를 완전히 밝혀내지 못했다. 단언컨대 누가 수사를 했어도 그 이상 잘해낼 수 없었으리라 생각한다. 그동안 밤의 황태자로 불리며 교묘한 방법으로 국가기관의 법집행을 피해 그를 치밀한 수사로 구속한 자체는 높이 평가받을 일이라 자평하고 싶다.

그런데 비호세력을 일절 진술하지 않았던 이경백이 2년이나 지난 2012년 3월 '비호세력 리스트(일명 이경백 리스트)'를 언급하기 시작했다. 수감 중이던 그가 30억 원 벌금에 상당한 부담을 느끼고 내연녀를 통해 유착 경찰관들을 접촉했으나 별 도움을 받지 못해 배신감을 느꼈다는 이야기가 들려왔다. 수감생활이 길어질 것이 예상되는 상황에서 이경백은 자신을 그렇게 만든 경찰에 앙심을 품었을 것이고, 중형선고에 따라 사실상 재기가 불가능할 것으로 판단하고 자포자기의 심경 변화로 검찰 수사에 협조를 하기로 마음을 바꾼 것이었다. 이경백 리스트를 확보한 검찰은 대대적으로 수사에 착수했다. 관련 기사가 연일 언론에 크게 보도되었다. 그동안의 반부패 노력과 성과에 찬물을 끼얹는 부패 경찰관 언론보도에 나를 포함한 전체 경찰이 분노했다. 게다가 일부 언론은 서울경찰청의 2년 전 이경백 수사가 부실했으며 비호 세력을 들춰내려는 의지와 노력도 없었던 것처럼 보도했다. 하지만 앞에서 말했듯이 2010년 서울경찰청의 수사는 잘못되거나 부실한 감찰이 아니었다. 조사결과 아쉬운 부분은 없지 않지만 불법퇴폐업소 10여 곳을 운영하면서도 10여 년간 단 한 번도 처벌받지 않고 법망을 교묘히 빠져 나갔던 이경백을 경찰이 직접 수사해 구속시켰던 것이다.

2012년 3월에는 밀양경찰서 정재욱 경위가 박인수(가명) 검사를 '모욕 등의 혐의'로 고소한 사건이 사회 이슈가 되었다. 검찰이 이경백 리스트를 대대적으로 수사한다고 하자 일부 언론에서는 이를 두고 검찰과 경찰의 또 다른 갈등 양상으로 보도했다. 일부 직원들은 이경백 리스트에 검찰 등 여러 국가기관 직원들도 포함되어 있는데 왜 경찰만 수사를 하느냐며 불만을 표출했다. 그러나 내 생각은 달랐다. 이런 기회에 부패비리 경찰관을 조직에서 모두 솎아낸다면, 당장은 아플지 모르지만 길게 보면 경찰이 청렴한 조직으로 다시 태어날 수 있는 아주 좋은 기회가 될 터였다.

2011년 국민권익위원회 조사결과에 따르면 금품수수를 하는 부패 직원은 10만 경찰 중 약 0.2%에 해당하는 200명 정도다. 그런 극소수의 범죄꾼 경찰 때문에 성실하고 청렴하게 근무하는 99.8%의 직원들이 도매금으로 비판을 받아야 하는가? 그런 직원들은 검찰의 손을 빌어서라도 반드시 도려내야 한다고 생각했다.

그래서 나는 이경백 리스트에 대한 검찰 수사에 적극 협조하겠다고 밝혔다. 필요하다면 서울경찰청 감찰조사결과와 통화기록 내역도 모두 검찰에 제공하겠다고 했다. 이런 내용이 언론에 보도된 이후 검찰은 관련 자료 제출을 요구했고, 나는 약속대로 제출하게 했다. 검찰은 경찰 제공 자료와 자체 보강수사를 토대로 경찰에서 찾아내지 못한 비리 경찰관들을 구속시켰다. 이경백 사건과 관련해 검찰 수사에 최대한 협조하는 한편, 경찰청에 반부패 TF를 구성해 부패비리를 완전히 도려내는 계기로 삼았다.

수년 전에 발생한 비위가 이경백의 진술에 의해 밝혀진 것이 2012년 3월이지만 언론에 워낙 크게 보도되어 마치 전체 경찰관이 요즈음도 부패에 찌들어 있는 것처럼 비춰지고 있어 안타까웠다. 이는 발생 시점을 간과한 '착시현상'이라 할 수 있다. 이경백 사건은 경찰이 과거의 부패에 대한 자정 의지를 가지고 선도적으로 수사를 벌인 사건이었다. 그런 경찰을 무턱대고 비난한다면 앞으로 어떤 기관이 제 살을 도려내는 아픔을 감수하고 자정 노력을 벌이겠는가? 과거의 잘못은 비난받아야 마땅하지만 덮어놓고 지나치게 비난만 하는 것은 바람직하지 않다. 자칫 다른 국가기관으로 하여금 '괜히 경찰처럼 자정 노력을 하다 도리어 비난만 받는다'라는 인식을 심어주지 않을까 우려되기 때문이다.

또한 부패비리에 대해 일부 직원들이 "왜 검찰이 경찰만 수사를 하느냐"며 검찰과의 형평성을 주장했으나 지금 그런 주장은 사라지고 없다. 서울경찰청장, 경찰청장 당시 '자정 드라이브'를 걸 때마다 반발하던 분위기와는 판이하게 달랐다. 이제는 모든 경찰관이 "이 기회에 부패비리를 완전히 뿌리 뽑아야 한다"는 각오로 똘똘 뭉쳐 있는 것이다. 숲을 평가할 때 나무도 보고 숲 전체도 봐야 한다. 전체적으로 건강한 숲임에도 불구하고 나무 몇 그루가 썩었다고 병든 숲이라고 평가하는 것은 합리적인 평가가 아니다.

조현오는 조폭과 의형제다?

2010년 2월과 3월, 강남서 역삼지구대 불법오락실 유착사건과 성매매 업주 이경백에 대한 수사 감찰을 강도 높게 진행할 때 일선에서는 비리 근절 노력의 필요성을 공감하고 긍정적으로 평가하는 분위기가 대부분이었다. 물론 사안의 경중을 따지지 않고 무작위로 징계하려 한다는 일부 불만 여론도 많았다. 특히 업주와 전화통화를 한 사실이 적발되어 감찰조사를 받았던 경찰관들의 불만은 예상보다 컸다.

2010년 3월 초순 "조현오 서울청장이 조폭과 아주 막역한 사이다"라는 소문이 시중에 돌고 있다는 이야기를 전해 들었다. 소문 내용은 아주 구체적이었다. 강남에 있는 D 한우전문 식당 업주 나구식(가명)이라는 자가 국내 최대 조직폭력단 '범서방파'의 행동대장 출신이며 조현오 청장과 의형제를 맺어 막역한 사이로 지낸다는 그럴듯한 내용이었다. 심지어 내가 나구식이라는 자에게 10억 원을 투자했고 월 2,500만 원의 배당금을 받고 있다는 악의적인 소문도 있었다.

이 소문이 사실이라면 한마디로 청장에 대한 불신과 불만 여론이 극에 달할 수밖에 없는 상황이었다. 그러나 사실무근이었다. 나는 나구식이라는 자를 전혀 알지 못했고 단 1분 1초라도 같은 자리에 있어본 적도 없었다. 누군가가 만들어낸 아주 악의적인 음해임이 분명했다. 나 자신만 깨끗하면 문제가 없다고 무시하면 그만이겠지만, 벌써 이 악성 유언비어는 마치 사실인 양 일선 경찰관들에게 퍼지고 있었다. 더불어 경찰청을 거쳐 상부 기관에도 정보보고가 되고 있었다. 더 이상 묵과할 수 없다고 판단한 나는 서울경찰청 수사부에 유언비어 진상을 철저히 조사할 것을 지시했다.

이 사건은 서울경찰청 수사과 수사2계에 배당되었다. 수사진은 일차적으로 유언비어 당사자인 나구식을 참고인으로 불러 조사했다. 그는 당연히 조현오 청장과 일면식도 없다고 진술했다. 또 단 1통의 전화통화도 한 사실이 없다면서 자신의 통화 내역을 자진 제출했다. 의형제라면 적어도 몇 차례는 통화한 내역이 나올 것 아닌가? 나구식의 통화 내역만으로는 사실이 확인되지 않자 담당 수사진은 확실성을 기하기 위해 내 비서가 개설해준 개인 휴대전화의 통화내역을 점검했으면 좋겠다고 건의했다. 처음에는 '나와 의형제라는 나구식의 전화만 점검하면 되었지 청장 전화까지 점검한다니 이게 무슨 경우인가?' 라는 생각도 들었다. 그러나 수사진의 건의도 일리가 있다고 판단되어 통화내역서 제출동의서에 서명했다. 내 휴대전화 통화내역 점검 결과도 당연히 문제가 없었다. 이후에 나는 개인전화를 폐지시켜버렸.

여러 경로의 철저한 조사를 통해 담당 수사진은 나와 조폭 행동대장 출신 나구식이 의형제라는 사실은 전혀 사실무근일 뿐만 아니라 일면식도 없는 사이임을 확인했다. 하지만 악성 유언비어를 만들어 퍼트린 사람은 찾아내지 못했다. 아쉬웠지만 그 정도로 끝낼 수밖에 없었다. 이 헛소문 사건은 2010년 3월 26일 수사 책임자인 서울경찰청 수사부장이 기자실에서 관련 내용을 브리핑하고 일단락되었다.

'조폭 의형제설' 외에도 강남 성매매 유흥업주 이경백과 내가 유착되어 있다는 음해성 유언비어도 있었다. 더불어 내가 서울경찰청장을 할 때 비서실장이던 정경감이 이경백과 수십 차례 통화를 한 사실이 있으나 청장이 다른 직원들만 징계하고 비서실장은 눈감아 주었다는 악의적인 내용도 유포되었다.

밤의 황태자로 불리며 교묘한 방법으로 국가기관의 법집행을 피해온 이경백을 장장 4개월에 걸친 치밀한 수사 끝에 구속했건만 이런 유착설이라니! 일고의 가치도 없는 악성 유언비어일 뿐이었다. 비서실장 정경감도 형사과, 감찰에서 통화 내역 등 철저한 조사결과 사실이 아님이 밝혀졌다. 그럼에도 불구하고 간간히 같은 내용들이 리바이벌되었다. 2010년 8월 경찰청장에 내정된 후 열린 인사청문회 자리에서도 야당의 B 국회의원이 같은 내용을 거론하며 조폭 유착설을 제기했다. 나는 오히려 공식석상에서 확실히 해명할 기회가 생겨 잘 되었다고 생각했다. 그리하여 "같은 공간에 존재해 본 적이 단 1초도 없다", "관계가 있다면 어떠한 처벌도 달게 받겠다", "법적인 처벌은 물론 도덕적인 처벌도 감수하겠다"고 당당히 답변했다.

이런 악소문은 경찰청장에 취임하고 1년이 지난 시점에도 잊을 만하면 한 번씩 불거지곤 했다. 헛소문이 사실인 양 가공되어 사설정보지에 오르거나, 여러 경로를 통해 상부 기관에 보고되었다 한다. 물론 그동안의 진행 과정을 잘 아는 사람들이야 웃어넘길 테지만 처음 듣는 사람에게는 오해할 가능성이 컸다. 악성 유언비어가 이런 식으로 선의의 피해자를 만들어낸다는 사실을 절감했다. 강력한 사정 드라이브에 불만을 가진 사람들이 유포했을 터이지만 아무리 사람이 미워도 거물 조폭과 의형제라는 소리는 참으로 억울했다. 억울한 것은 비서실장 정경감도 마찬가지였다. 정경감은 트위터에 수백 차례나 그 같은 유언비어를 유포한 문성호라는 자를 허위사실 유포 명예훼손 혐의로 고소하고, 법원에 수천만 원의 손해배상을 청구했다. 나중에 문성호는 벌금 500만원 판결을, 민사에서는 2천만 원 손해배상 판결을 받았다.

서울 G20 정상회의 성공적인 뒷받침

2010년 11월 11~12일, 서울 코엑스에서 열린 G20 제5차 정상회의는 역대 최고 수준의 안전과 질서가 확보된 행사였다. 세계 각국의 정상 32명이 참석한 단군 이래 최대 규모의 국제행사에 단 1건의 안전사고도 발생하지 않아 전 세계에 대한민국 경찰의 치안 능력을 과시할 수 있었다. 영국, 미국, 캐나다 등 선진국에서 개최된 G20 정상회의 때와는 달리 별다른 과격·폭력 집회 없이 평온하게 마무리될 수 있었다.

미국의 〈월스트리트저널〉, 〈LA타임즈〉, 일본의 〈마이니치신문〉 등 국내외 유력 언론들도 이 점을 높이 평가했다. 〈월스트리트저널〉은 "차기 회의를 개최하는 프랑스가 한국 경찰을 배워야 한다"고 극찬했고, 〈LA타임즈〉는 "한국이 과거 시위공화국이라 일컬어졌음에도 이번 행사를 무난하게 치러냈다"고 평가했다. 국회 행정안전위원회 역시 이를 인정하며 나에게 공로패를 수여했다. 헌정 사상 최초였다. 이는 2010년 연초부터 시위 참가 인원을 줄여나가기 위한 '합법촉진·불법필벌' 노력 등 철저한 사전 대비의 성과였다. 더불어 최대 5만여 명에 이르는 동원 경찰관들의 혼연일체가 된 헌신, 성숙한 시민의식이 어우러진 결과였다.

사실 2010년 1월 8일, 서울경찰청장에 취임하면서 가장 고심했던 것 중 하나가 2010년 11월에 개최되는 서울 G20 정상회의를 어떻게 하면 성공적으로 뒷받침할 수 있을까 하는 문제였다. 그 이전 개최국

인 영국, 미국 등에서 이미 과격 폭력시위로 인해 행사 차질이 발생한 전례가 있었다. 어떻게 하면 과격 폭력시위를 막을 수 있을 것인가? 이는 내게 주어진 큰 숙제였던 것이다. 2009년 4월 영국 런던에서 개최된 G20 제2차 정상회의는 4만여 명이 극렬 가두시위를 벌여 시위대 1명이 사망하는 등 행사 진행에 차질이 빚어졌다. 2009년 9월 미국 피츠버그에서 열린 제3차 정상회의 때도 1만여 명이 폭력시위를 벌여 190여 명이 체포되는 등 혼란이 이만저만이 아니었다. 2010년 6월 캐나다 토론토에서 열린 제4차 정상회의 또한 경찰차가 불에 타고 시내 중심가의 다국적기업 상점 수십 곳이 습격당하는 등의 폭력시위가 벌어졌었다.

G20 정상회의 외에도 1999년에 열린 미국 시애틀의 WTO 각료회의 때는 시위대 5만여 명이 행사장을 포위해 각국 대표가 회의장에 입장하지 못해 개·폐막식이 무산된 일이 있었다. 2009년 태국 파타야 ASEAN+3 정상회의 때는 시위대의 회의장 난입으로 하루 만에

정상회의가 취소되었다. 이런 전례를 비춰봐도 시위공화국이라고도 일컬어지던 우리나라, 그것도 서울의 번화가인 강남 코엑스에서 개최되는 G20 정상회의를 앞두고 긴장하지 않을 수 없었던 것이다.

2010년 3월 27일 여의도 문화마당에서 개최된 '민주노총 총력투쟁 선포대회'는 '합법촉진·불법필벌' 패러다임 전환의 시험대가 된 집회시위였다. 이 날 4천여 명의 노동자가 집결했는데 사전에 경찰의 부단한 합법촉진 노력으로 주최 측의 준법·자율집회 약속을 받아낼 수 있었다. 그렇다면 굳이 경찰력을 집회시위 현장에 배치할 이유가 없었다. 보통 4천여 명의 집회면 100개 부대 이상 배치하는 것이 관례였으나 교통·정보요원 몇 명만을 남기고 과감히 기동부대를 빼버렸다. 집회 주최 측과의 신뢰관계 형성이 무엇보다 중요했던 것이다.

2010년 4월 28일 대학로 마로니에 공원에서 열린 덤프트럭 차주 집회는 8천여 명이 모였다. 사전에 주최 측에 "신고된 집회장소를 벗어나 도로를 한 발짝이라도 넘어서면 엄정히 사법처리 하겠다"고 밝혔다. 마로니에 공원은 2~3천 명 정도밖에 수용하지 못하는 공간이었다. 그 많은 인원이 공원 안으로 다 들어가고, 못 들어간 인원은 인도에 200여 미터 즐비하게 서서 집회를 했을 뿐 차도에는 시위대가 한 발짝도 내딛지 않았다. 거의 완벽에 가까운 집회관리였다. 차근차근 이런 식으로 시위대에게 합법을 촉진시켜 나가면 11월의 G20 정상회의도 큰 문제없이 관리할 수 있으리라는 희망이 보였다.

그렇지만 수만여 명의 시위군중이 집결해 어떤 이유에서건 폭력시위로 돌변한다면 경찰로서는 역부족일 수밖에 없었다. 더구나 개막 당일인 2010년 11월 11일은 '농민의 날'이었다. 예년에도 통상 2만여 명이 농민의 날 집회에 참석했다. 민주노총 등 노동계와 학생, 재야를 합치면 시위군중이 많게는 5만에서 적게는 3만여 명 정도일 것으로 예상되었다. 집회시위를 담당하는 경찰로서 어떻게 하면 참가 인원을 줄일 수 있을 것인가를 연초부터 고민하지 않을 수 없었다. 무엇보다 노동자·농민단체들에게 국가 대사인 G20 정상회의의 중요성을 설명하고, 폭력시위 자제를 설득하는 것이 중요했다. 주최 측에서 준법집회를 한다면 경찰력을 과감히 빼고 자율적으로 집회를 할 수 있도록 최대한 배려했다. 이러한 노력 덕분에 2009년 8월까지 화염병과 투석전이 포함된 불법 폭력시위가 25차례나 발생한 데 비해, 2010년은 과격 폭력시위 없이 도로점거 등 경미한 불법만 8차례 발생했다.

노동계를 향한 지속적인 설득 노력의 결과, 민주노총은 노동자대회를 G20 정상회의 기간인 11월 11~12일이 아닌 11월 7일로 변경했다. 그리고 연초부터 농민들과 '푸른농촌 희망찾기' 행사를 공동개최하는 등 공감대를 쌓아 2010년 11월 11일 개최 예정이던 '농민의 날' 집회는 G20 정상회의를 마친 후인 12월로 조정되었다. 덕분에 당초 3만~5만여 명까지 집결할 것으로 예상되었던 집회시위 참가 인원이 3,500명으로 최소화되었다. 이는 G20 정상회의 성공으로 이어졌다. 결론적으로 G20 정상회의는 과격 폭력시위 없이 성공적으로 끝이 났다.

앞에서도 설명했듯이 중요한 국제회의가 테러나 反세계화 폭력시위 때문에 무산되거나 정상적으로 진행되지 못한 경우가 가끔 있었다. 따라서 수년 전부터 국제 정상회의 때마다 철조망, 방호망을 쳐놓고 요새화하는 것이 일반적인 추세였다. 경찰 입장에서는 과격 폭력시위가 발생했을 때 어떻게 차단하고 관리할 것인지가 중요 관심사일 수밖에 없었다.

2007년 6월 독일 하일리겐담에서 G8 정상회의가 열렸을 때의 일이다. 회의장이 외딴 시골이었음에도 독일 정부는 시위대의 행사 방해를 우려해 회의장 주변 12km 구간에 157억 원의 예산을 들여 철조망을 설치했다. 2010년 6월 토론토 G20 정상회의 때도 콘크리트와 철조망이 결합된 3m 높이의 안전펜스를 회의장 주변 3.5km 구간에 3중으로 설치한 사례가 있었다.

서울에서 개최된 G20 정상회의는 강남의 번화가 중심인 코엑스에서 열렸기에 부담이 더 컸다. 경찰은 먼저 코엑스 건물 외곽을 제1선으로 하여 '담장형 분리대'를 설치했고, 무역센터 단지 외곽을 제2선으로 하여 '녹색펜스'를 설치했다. 이외에도 서울경찰청장 시절에 자체적으로 개발한 차단시설물 '담쟁이 라인'을 코엑스 반경 600m 권역에 3~1선으로 상황에 따라 설치·운영했다. 담쟁이 라인은 반경 600m 지점에 설치되어 시위대의 공격을 차단하는 시설이다. 위쪽은 투명 폴리카보네이트로 되어 전통 사물놀이 문양 등 도심 미관에 어울리게 예쁘게 제작되었다.

교통소통 확보도 정상들의 경호안전과 원활한 행사 진행을 위해 매우 중요한 과제였다. 미국 워싱턴 G20 1차 정상회의 때는 극심한 교통정체로 시민들과 정상들을 포함한 회의 참석자들이 큰 불편을 겪었다. 그 때문에 브라질 대통령이 행사장에 늦게 도착하는 등 행사가 차질을 빚었다. 그래서 어느 정도 교통통제를 추진하지 않을 수 없었다. 2010년 8월에 강남 코엑스 주변 교통통제 시뮬레이션을 측정하자 G20 행사 때 통제 시작 1시간이 지나면서 강남, 서초, 송파 전역에 심각한 정체가 예측되었다.

경찰이 소통 위주의 교통관리, 언론·트위터 등 다양한 매체를 통한 실시간 교통정보 제공 등 최선의 노력을 다했지만 그것만으로는 역부족이었다. G20 기간 중에 시민들의 차량 2부제 자율참여와 행사장 주변 대기업들의 대중교통 이용 등 시민들의 협조야말로 원활한 교통흐름에 큰 도움을 주었다. 2002년 월드컵 때는 자율 2부제 참여율이 64%, 교통량은 5.1% 감소에 불과했다. 그러나 G20 기간 중에는 자율 2부제 참여율이 66%에 달했다. 교통감소량은 강남권이 9.2%, 행사장 주변은 16%, 특히 출근시간대 행사장 주변은 23%나 되었다.

  G20 정상회의 당시 많은 경찰력이 행사에 동원되었으나 민생치안 역시 평상시 수준 이상으로 확보되었다. G20 행사에 동원된 경찰력을 보완하기 위해 파출소 등 민생치안 부서의 근무체제를 3·4부제에서 2부제로 개편했다. 또 자율방범대·경우회 등 봉사단체의 지원을 받아 지역 실정에 맞는 맞춤형 민생치안을 확보했다. 그 덕분에 G20 서울 정상회의는 선진국이 아닌 국가에서 처음 개최되었음에도 세계 경제 주요 현안들에 대한 진일보한 합의가 도출되는 등 역대 어느 회의보다 성공적으로 끝났다. 우리나라의 국제적 리더십과 위상이 선진국 수준으로 크게 향상되었을 뿐만 아니라 국민들의 자부심 고취에도 크게 기여했다. 더불어 시민들의 승용차 자율 2부제 적극 참여, 국가 대사의 성공을 위한 대승적 차원에서의 과격·폭력시위 자제 등 성숙한 시민의식도 돋보인 행사였다.

  경찰 또한 무한한 자부심을 느끼는 계기가 되었다. 그동안 촛불시위, 불법 파업 등으로 국제사회에 새겨졌던 '시위공화국' 이미지를 해소하는데 큰 기여를 했음은 물론이다. 행사가 끝나고 이명박 대통령 등 국내외 많은 인사들이 경찰의 노고를 치하하고 격려의 뜻을 보내왔다. 반기문 UN 사무총장도 전화를 걸어와 "캐나다 토론토 정상회의 때는 12억 달러라는 많은 돈을 들여 집회관리에 대비했건만 경찰차가 불타고 상점이 방화 약탈되었으며 각국 정상들이 일정을 취소해야만 했는데, 서울 G20 행사 때는 한국경찰이 너무 잘했다"며 칭찬을 아끼지 않았다.

경찰이 G20 정상회의를 성공적으로 뒷받침한 데는 특히 정보·경비경찰의 노고가 컸다. 정보관들은 각종 집회시위 참가 단체들이 합법 테두리 내에서 집회시위를 하도록 적극적으로 설득했다. 경비경찰은 –비록 과격 폭력시위는 없었으나– 연초부터 집회시위에 대비한 피나는 훈련을 통해 경비역량을 최고조로 강화함으로써 원활한 행사 진행을 든든히 뒷받침했다. 행사기간 중 교통관리도 완벽했다. 32개 국가정상과 영부인들까지 수십 개의 싸이카 팀이 완벽히 임무를 수행했다. 예상되었던 교통정체도 별로 없었다.

이러한 성공적 열매를 맺기까지 전국에서 서울로 지원 온 수많은 경찰관들, 민생치안에 허점이 생기지 않도록 2부제 근무를 마다 않고 묵묵히 제 역할을 다해준 경찰관들의 공헌이 컸다. 그들의 노고에 다시 한번 감사의 뜻을 표한다.

양천경찰서 가혹수사 사건

서울경찰청장 시절인 2010년 6월 16일 아침, 양천경찰서장이 보고서를 들고 직접 내 집무실로 찾아왔다. 지방청에 근무하는 과장급도 아니고 서장이 직접 들어와서 보고하는 경우는 거의 없었다. '뭔가 있구나' 하는 예감이 들었다. 역시나 보고 내용은 충격적이었다. 양천경찰서 강력5팀에서 조사받은 범죄 피의자들이 경찰관들로부터 가혹행위를 당했다며 한 달 전인 5월 중순에 국가인권위원회에 진정을 냈다. 이에 따라 인권위에서 조사를 진행했으며 그 결과를 오늘 언론에 보도자료로 배포한다는 내용이었다. 서장의 보고는 "가혹행위는 전혀 없었고 진정 내용은 사실이 아니다"는 것이었다.

사안의 중요성을 감안해 바로 청문감사관, 형사과장 등 관련 간부들을 불러 진상을 파악하도록 했다. 그 결과 2010년 3월경 양천경찰서 강력5팀에서 조사받은 피의자들이 이른바 '날개꺾기' 등 가혹행위를 당했다며 3건의 진정을 접수해 인권위에서 지금까지 조사를 벌여왔다는 것이다. 인권위는 2009년 8월 이후 양천서 강력5팀에서 수사를 받은 총 32명에 대해 일일이 대면조사를 했다. 그런데 가혹행위를 당했다는 피의자 한 명은 2010년 4월 초 유치장 감찰을 나온 남부지검 검사에게 피해 사실을 진술했고, 그 검사는 사건을 바로 송치토록 해서 내사하고 있다는 것이었다.

이렇게 중대한 사안임에도 양천경찰서에서는 사전에 지휘보고도 없었으며, 직원들의 말만 믿고 전혀 그러한 사실이 없었다는 식으로 대처하고 있었다. 그날 배포된 인권위의 보도자료를 접한 언론들은 상당히 비중 있게 보도하기 시작했다. 처음에는 인권위 조사결과와 양천경찰서의 사실무근 주장을 동시에 보도하면서 인권위 발표 내용을 반신반의하는 식이었다. 이후 양천경찰서 강력팀 형사들에 대한 남부지검 수사가 본격화되자 언론은 남부지검의 수사 진행에 초점을 맞추었다. 그리고 가혹수사가 과연 사실일 것인지를 놓고 경쟁 보도를 시작했다. 결국 피의자 6명에게 사무실이나 차량 안에서 날개꺾기 같은 가혹행위를 한 혐의가 인정되어 양천경찰서 강력팀장 성인철(가명) 경위 등 5명이 구속되었다.

가혹수사 의혹이 처음 제기되었을 때 경찰이 관련자들을 직접 엄중히 조사해 가해 경찰관들을 처벌하고 문책했다면 이 정도로 문제가 커지지 않았을 것이다. 숨기려 하고 변명을 늘어놓아 문제가 엄청나게 커진 것이다. 경찰관들이 검찰로 줄줄이 불려 들어가 조사 받는 모습을 보니 한탄을 금할 수 없었다. 이 와중에 몇몇 언론에서는 "조현오 서울경찰청장이 부임 후 성과주의를 너무 강조하다보니 이런 사고가 터졌다"는 식의 보도를 내보냈다. 조직 내부에서도 그 비슷한 말을 퍼트리는 사람들이 적지 않았다. 양천서 가혹수사 사건은 입이 열 개라도 할 말이 없는, 정말 있어서는 안 될 일이었다. 그러나 내가 취임해서 추진한 성과주의 때문에 그러한 일이 발생했다는 주장에는 결코 동의할 수 없었다.

양천경찰서의 가혹수사는 2010년 3월이 아니라 내가 서울경찰청장에 취임하기 전인 2009년 8월부터 일어난 일이었다. 서울 시내 약 180여 개 형사팀 중 양천서 강력5팀 이외에는 실적을 내기 위해 고문이나 가혹수사를 한 사례가 전혀 없었다. 이를 서울경찰의 성과주의와 직접 연결 짓는 것은 옳지 않았다. 한 수사팀의 그릇된 인권경시 마인드와 독직 폭행 문제를 전체 경찰문제로 확대하는 것은 분명한 잘못이었다.

서울경찰은 다른 도시나 지역과 달리 이미 일하는 분위기가 정착되어 있었다. 따라서 실적을 강조할 필요가 없었다. 서울에서 추진한 '시민만족 성과주의'는 검거·단속 실적보다는 시민만족도에 비중을 두었다. 서울 시내 경찰서를 평가한 19개 평가지표 중 검거·단속 실적과 관련된 지표는 26%에 불과했다. 실적과 관계없이 시민만족도를 평가하는 지표의 비중은 36%였다. 수사민원처리의 신속·공정성, 강절도사건 해결 신속도, 강절도 여죄 피해자 통지 실적, 교통소통 향상, 사망사고 감소 실적, 전화 친절도 등이 그것이었다.

특히 형사부서 평가는 기존에 검거 실적으로만 평가하던 시스템에서 강절도사건 해결 신속도, 피해품 회수 등 주민 치안만족도 평가를 20% 반영했다. 검거 실적도 경찰서 간의 건수 경쟁을 촉발하는 상대평가 방식이 아니라 절대평가 방식인 형사 목표달성도 평가방식을 도입했다. 각 경찰서의 형사목표가 어느 정도 달성되었는가를 평가해 실적 부담을 확연히 줄였다. 실적 저조 경찰서의 형사과장을 지방청으로 불러 대책보고를 시키던 관행을 금지시켰으며, 아침 회의 자료에 형사검거 건수 실적을 게재하지 못하게 했다.

나로서는 양천서 가혹수사 사건을 서울경찰 성과주의의 부작용으로 연결 짓는 것을 납득하기 힘들다. 시민들의 치안만족도를 높이기 위해 성과주의를 추진하고, 이 성과주의가 무분별한 실적주의로 빠져드는 것을 경계하기 위해 엄청나게 노력해왔지 않는가? 한 번은 동대문경찰서 현장순시를 나갔을 때 C 방송사 기자가 양천서 가혹수사 사건과 관련한 질문을 불쑥 던졌다.

"양천서 사건은 서울경찰청의 성과주의 때문에 발생한 것 아닙니까?"

이 질문에 나는 '서울 180여 개 강력팀 중 양천서 강력5팀을 제외하고는 유사한 사례가 발생하지 않은 점, 올해뿐만 아니라 내가 취임하기 전인 전년도 8월부터 가혹수사가 확인된 점' 등을 설명했다. 그리고 양천서 사건이 서울경찰 성과주의로 인해 발생했다는 것은 인정할 수 없다고 대답했다.

그런 점에서 책임을 지라면 그럴 수 없다고 말한 것인데, 방송사는 이러한 배경을 전부 생략해버리고 "나는 책임이 없다"고 말한 부분만 편집해서 보도했다. 그 방송을 본 직원들은 청장이 양천서 가혹수사 사건의 책임을 직원들에게 미루고 정작 본인은 회피하는 것처럼 인식했다고 한다. 서울경찰청장으로서 서울경찰에서 벌어진 일에 왜 책임이 없겠는가? 서울경찰의 모든 잘못된 행위에는 당연히 서울청장이 책임이 있다. 그 책임을 피하고 싶은 생각을 단 한순간도 한 적이 없다. 배경이 생략된 편집 방송만 보고 직원들이 분노한 것은, 나도 직원 입장이었다면 충분히 그렇게 느꼈을 것이다. 오해가 있었던 부분에 대해서는 직원들에게 사과하고 진상을 설명해주며 이해를 구했다.

경찰청장 못될 뻔한 인사청문회

서울경찰청장 때인 2010년 7월 무렵은 경찰과 검찰 모두 쇄신 압박을 받던 시기였다. 검찰은 스폰서검사 문제로 큰 이슈를 몰고 다니며 개혁을 요구받았고, 경찰은 성범죄를 잡는다며 성폭행에 가담하는 일까지 발생해 국민들에게 큰 실망을 안겼다. 심지어 국가재정 전략회의에 참석한 이명박 대통령이 '검찰과 경찰 개혁이 큰 과제'라고 강조할 정도였다. 이에 많은 사람들이 공감했고 나 또한 수도치안의 책임자로서 개혁의 필요성을 강하게 인식했다. 그래서 당시 양천서 가혹수사 사건과 강북서장 항명사건으로 시끄러운 상황에서도 '서울경찰 개혁추진 TF'를 구성하고 개혁의 방향과 정책 과제를 고민했다.

서울경찰 개혁의 기본 골격을 만들어 강력한 드라이브를 추진하던 때다. 2010년 8월 2일 청와대로부터 경찰청장 내정 언질을 받았다. 이명박 정부 집권 후반기를 맞아 정부 개각을 한창 추진하던 때였다. 강희락 경찰청장이 8월 5일 사퇴 의사를 밝혔고, 8월 8일 언론에 김태호 신임 국무총리 내정자와 이재오 특임장관, 이주호 교과부 장관, 신재민 문화부 장관, 유정복 농림수산부 장관, 이재훈 지식경제부 장관, 박재완 고용노동부 장관, 진수희 보건복지부 장관 등 장관급 9명의 개각 내정 명단과 이현동 국세청장 등의 내정 명단이 공식 발표되었다.

기쁘다기보다는 큰 책임감을 느꼈다. 8개월 전인 2010년 1월 8일 서울경찰청장에 취임한 후 나름대로 혼신의 노력을 다했다. 그러다 보니 일선 직원들을 너무 힘들게 한다는 지적도 만만치 않았다. 현장 여론을 수렴하면서 일선의 불만·근무부담·애로사항을 많이 듣고 깊이 이해할 수 있게 된 것은 의미 있는 성과였다. 이러한 마음을 초심 삼아 제대로 하는 경찰청장이 되어야겠다고 다짐했다.

2010년 8월 9일 경찰위원회 회의에 참석해 임명동의 절차를 통과했다. 인사청문회 일정은 8월 23일로 잡혔다. 곧바로 인사청문회 준비팀 구성을 지시했다. 준비팀 단장은 뛰어난 업무능력과 훌륭한 인품을 갖춘 서울경찰청 생활안전부장 강경량 경무관이 맡았다. 예상 질의와 답변 정리 등 국회 대비 업무 총괄은 정보1과장 김성근 총경, 정책개발 총괄은 경찰청 기획과장 설광섭 총경, 신상 관련은 형사과장 황운하 총경이 맡도록 했다. 국회대응팀, 정책개발팀, 신상팀의 3개팀에는 경찰청과 서울청의 경정 이하급 브레인들로 채웠다. 경찰에서 가장 유능한 직원들로 구성된 드림팀이었다. 인사청문회 일정이 8월 23일로 잡혀 13일 정도밖에 남지 않은 시점이었다. 시간이 상당히 촉박했다.

인사청문회를 앞두고 나에 대한 부정적 이야기들이 국회와 언론에 뿌려지고 있다는 보고가 올라왔다. 부산, 경기, 서울 경찰청장을 하면서 형성된 강한 이미지 때문일 것이라는 생각이 들었다. 흔들림 없이 차분한 가운데 인사청문회를 준비해 나갔다. 그러던 중 내가 서울경찰 직원들을 상대로 한 강연 동영상을 KBS에서 입수해 보도하려 한다는 보고가 들어왔다. 노무현 전 대통령을 비하하고 차명계좌를 언급한 내용이 담긴 동영상이라는 것이었다.

기억을 되살려보니 5개월 전인 2010년 3월 31일, 기동부대 지휘요원들을 상대로 한 내부 특강에서 "다가올 4~5월 집회시위에 엄정하

게 대응해 달라"는 취지로 강연하는 과정에서 노무현 전 대통령 관련 발언을 했던 기억이 났다. 당시 불참한 지휘요원들을 전수교육하기 위해 강연을 동영상 CD로 만들어 배부했었다. 어떤 경로인지 몰라도 5개월이나 지난 시점에 이것이 문제가 되었다. 특강 시점인 2010년 3월 31일은 며칠 전인 3월 26일 북한에 의한 천안함 폭침 사건이 발생했던, 그야말로 모든 경찰관들이 비상한 각오로 근무해야 할 때였다. 또한 4월 공공운수노조 등 민주노총 집회, 5.1 노동절, 5월 2일 미국산 쇠고기 수입반대 촛불시위 2주기, 5.23 노무현 전 대통령 1주기 등 대규모 집회시위가 예정되어 있었다. 더구나 11월 예정인 서울 G20 정상회의를 앞두고 경찰들의 정신무장이 그 어느 때보다 중요하다고 판단되던 때였다.

 시기가 그러했으며 강연 역시 "기동대원들이 대규모 집회시위 현장에서 불법행위에 엄정하게 대응하라"고 강조하는 자리였다. 시위 현장에 있다 보면 시위자들이 경찰들에게 손가락질하고 심지어 가래를 뱉는 등 참기 어려운 행동을 하는 경우가 종종 있다. 경찰을 공격하는 시위대는 어떤 사람들인가를 설명하는 과정에서 며칠 전에 들었던 문제의 발언을 한 것이다. 민주주의의 근간인 법치주의를 길거리에서 실현하고 있는 기동경찰은 사명감을 가지고 위축되어서는 안 된다는 취지의 얘기를 한 것이다.

시위대는 화염병, 쇠파이프, 죽창, 각목으로 공격한다. 또 각종 유언비어를 유포해 부대원들의 정체성이 흔들릴 수 있는 상황도 발생한다. 그러한 일이 있다 해도 감정통제를 잘 하라고 당부하는 자리였다. 어떠한 일이 있어도 흥분하거나 위축되지 말고 당당히 법질서를 확립해 나가자는 취지로 교육하던 중 관련 내용을 언급하게 된 것이었다. 이미 고인이 된 노무현 전 대통령과 유가족에 대한 명예훼손 의사는 없었다. 방송사에 나름대로 해명을 했으나 속수무책이었다. 8월 13일 9시뉴스에 헤드라인 톱기사로 방송이 나간 것이다. 전체 1시간 강연 중 그 내용을 말하는 부분만 편집된 채 방송에 나갔다.

이후 인터넷에서는 보도 내용이 빠른 속도로 전파되었다. 나에 대한 비난 기사와 댓글이 엄청나게 쏟아졌다. 다음 날인 8월 14일 토요일 11시에는 민주당 전현희 대변인과 백원우 의원이 자진 사퇴를 요구하는 기자회견을 열었다. 기자들의 문의 전화도 쇄도했다. 대체로 그렇게 말한 근거를 묻는 질문이었다. 그 근거를 이야기했다간 또 다른 논란이 확산될 것이 불을 보듯 뻔했다.

나의 강연은 기동부대 지휘요원들을 격려·독려하고 사기를 관리해야 할 서울경찰청장으로서 당연히 해야 할 내용이었다. 1시간 이상 진행한 강연에서 문제의 발언은 30초 내지 1분 정도였다. 이 가운데 한두 군데를 발췌해 문제 삼는다면 어떻게 부대 정신교육을 하고, 어떻게 방대한 경찰조직을 관리할 수 있겠는가? 군이나 경찰 부대는 다른 일반 모임, 단체와 다르다. 내부 조직원끼리 모든 것을 공유하고 일심동체가 되어 움직여야 한다. 서울경찰청장으로서 기동부대 지휘요원들만을 상대로 폐쇄된 공간에서 한 이야기가 '전체적인 맥락이 아닌 특정 부분만 문제 삼아 외부로 유출' 되리라고는 생각지도 못한 노릇이었다.

여기저기에서 걸려오는 전화에 대고 해명하느라 진땀을 흘리던 차에 KBS에서 2탄을 준비한다는 이야기가 들려왔다. 3월 31일 특강에서 차명계좌 발언 이외에 "천안함 유족들이 동물처럼 울부짖는 모습을 언론에서 여과 없이 보도하는 것은 옳지 않다"는 내용을 문제 삼는다는 것이었다. 나의 특강 발언을 두고 언론사 간에 특종경쟁이 벌어진 가운데 8월 14일 토요일 9시뉴스에 2탄이 보도되었다. '동물' 발언을 비롯해 "한국경찰이 미국경찰보다 한참 못한 것처럼 욕을 먹는 이유는 언론, 정치인, 판사들의 잘못된 판결과 결정, 국민정서가 있기 때문이다"라고 발언한 부분을 문제 삼은 것이다. 엎친 데 덮친 격이라더니, 이처럼 여론은 나에게 엄청나게 불리하게 돌아갔다.

천안함 유족 관련 발언은 "천안함 사고와 같은 대규모 재난을 겪었을 때 당사자들의 슬픔이 극에 달해 있는 상태가 여과 없이 TV 화면에 비춰지는 것은 희생자와 유족들에 대한 경건한 국민적 추모 분위기를 이어가는 데 바람직하지 않다"는 의미였다. 자식·남편이 희생되어 극도의 슬픔이 복받치는 극적인 감정을 보일 때, 아무 여과 없이 그런 모습을 보여주기보다 슬픔을 억누르고 이겨내는 모습을 언론에서 보여주는 편이 당사자들의 품위를 지켜주고 국가적 슬픔으로 승화시키는 데 도움이 된다는 취지로 말했던 것이다. 당시 해군 UDT 소속으로 천안함 희생자 수색근무 중 순직한 고 한주호 준위의 아들인 한상기 중위의 인터뷰 모습이 바로 그것이었다. 2011년 3월 일본에서 지진해일(쓰나미)이 발생해 수많은 인명피해가 났을 때 유가족들의 슬픔에 잠긴 모습을 일본 언론에서 어떻게 방송했는지 살펴보면 내 말을 쉽게 이해할 수 있을 것이다.

한국경찰이 우수하지만 부정적 평가를 받는 이유를 설명한 부분은 우리 경찰이 다른 나라 경찰보다 치안을 잘 유지하고 있음에도 제대로 평가받지 못하는 이유를 설명하는 과정에서 나온 발언이었다. 다시 말해 정당한 법집행을 불법시위와 동일선상에서 평가하며 비난하는 시각, 법집행 관련 법규·제도의 미흡, 불법 행위자에 대한 사법부의 일부 미온적인 판결, 경찰을 적대시하는 '일부 국민정서'를 기동부대 지휘요원을 상대로 설명한 것이었다. 이는 평소에도 수차례 직원들을 상대로 이야기했던 내용이었다.

이러한 내용들이 인사청문회를 앞둔 시점에 보도된 것이다. 언론과 정치권 반응은 대단했다. 방송 3사에서는 톱뉴스로 동영상 관련 보도를 반복했다. 나의 진퇴 문제와 관련한 정치권 공방, 유가족 기자회견 내용, 친노측 사퇴 촉구 소식, 야권 지명철회 압박, 경찰 내부의 술렁이는 분위기 등을 주요 소식으로 전했다. 주변 참모들 사이에서도 '이런 식으로 가면 힘들다'는 분위기가 역력했다. 인사청문회에 나가보지도 못하고 낙마할 것이라는 의견도 있었다. 그러나 나는 나 자신도 의아스러울 정도로 오히려 차분하고 무덤덤했다. 경찰청장이 못 되더라도 청문회에는 출석해서 내가 발언한 내용들에 대한 정확한 취지와 해명을 해야겠다는 생각이 더 컸던 것이다.

한창 논란이 진행되던 2010년 8월 16일 A 언론이 3월 31일자 내부 강연 동영상 전문을 인터넷에 게재했다. 전체적인 발언 내용을 이해하려면 발언 전문을 공개하는 것이 낫다는 판단이었는데, 마침 전문이 공개되는 바람에 잘 되었다는 생각이 들었다. 그래서 경찰 내부망에도 전문을 게재했다. 전문 공개 이후 전체적인 맥락을 이해하게 되면서 차명계좌와 천안함 유족과 관련한 분위기도 차츰 가라앉았다. 많은 이들이 나에게 "전문을 읽어보니 이해하게 되었다"라는 격려를 보내주었다.

하지만 인사청문회를 앞둔 시점이었기에 논란은 식을 줄 몰랐다. 8월 20일에는 천안함 유족들을 서울청에 초청했다. 천안함 유족과 관련된 내용이 보도된 이후 비록 내 발언의 진의는 따로 있었지만 결과적으로 유가족들에게 심려를 끼치게 된 점은 몹시 죄송스러웠다. 그래서 천안함 희생 장병 유가족들의 모임인 '천안함 46용사 유족협의회' 이인옥 대표에게 직접 전화를 걸었다. 유가족들을 비하할 뜻은 전혀 아니었음을 밝히고 그분들을 서울경찰청으로 초청해 용서를 구했다.

유가족들 한 분 한 분이 울분을 토로하며 나에게 한탄을 쏟아냈다. "선진국에서는 어떻게 우느냐? 격조 높게 우는 것이 어떤 것이냐?", "우리 애를 두 번 죽이는 것이다" 등등 눈물을 흘리며 나를 질책했다. 분위기는 뒤늦게 도착한 여성 유가족 세 분이 합류하면서 더 거세졌다. 결혼 10년 만에 남편을 잃었다는 미망인은 "다섯 살 때 아버지를 여의고, 어린 나이에 남편을 만나 기대고 살았는데 그마저 잃었다, 당신은 이런 심정을 아느냐? 남편 잃은 여자의 마음을 헤아리느냐? 아이가 밤마다 아빠를 찾는다"며 울부짖었다. 나도 모르게 눈물이 났다.

유가족들은 당장이라도 대전 현충원 46용사 묘역으로 가서 용서를 구하라고 나를 다그쳤다. 취임이 된다면 취임 즉시 경찰청장 자격으로 현충원을 방문하리라 약속했다. 유가족들은 1시간가량 자체적으

로 의견을 나눈 뒤 내 사과를 받아들이기로 결정했다. 더 이상 언급하지 않겠다는 내용으로 이인옥 대표가 기자회견을 했다. 경찰청장이 된 후 수개월이 지나 이 일이 세인들의 관심에서 멀어진 뒤에도 나는 죄송스러운 마음에 유가족들을 초청해 자리를 함께 했다. 다시 만난 유가족들은 나의 진솔한 사과 태도를 높이 평가해주었다. 어색했던 유가족들과의 관계가 완전히 정상화되어 서로를 위로하고 격려해줄 수 있었으니 나뿐 아니라 유가족들 모두 뜻 깊은 자리가 되었다.

2010년 8월 23일 인사청문회를 앞두고 정치권은 그야말로 한 치 앞을 내다볼 수 없는 상황이었다. 여당인 한나라당은 청문회 강행을 주장했고 민주당은 청문회 개최 불가 입장을 보였다. 심지어 8월 17

일 민주당 의원들은 청와대를 항의 방문해 내정 철회를 요구하는 서한문을 전달하기도 했다. 8월 18일에는 노무현재단 및 유가족 측이 나를 서울중앙지검에 명예훼손 혐의로 고소·고발했다.

　인사청문회를 앞두고 있던 김태호 총리 내정자를 비롯해 다수의 장관급 후보들이 야당으로부터 심한 공격을 받고, 내정 철회와 자진 사퇴를 요구받고 있었다. 김태호 총리 내정자는 박연차와의 관련설로 심한 공격을 받았고, 신재민 문화체육관광부 장관 내정자는 5차례에 걸친 위장전입과 부동산투기 의혹으로 심한 홍역을 앓고 있었다. 이 두 사람과 나를 합쳐 민주당에서는 '김, 신, 조는 절대 안 된다'는 신조어를 만들기도 했다. 이밖에 이재훈 지식경제부 장관 내정자도 쪽방 투자 문제로 인해 야당으로부터 사퇴 압력을 받았다.

　청문회 일정이 하루하루 다가오면서 청문회 거부 움직임을 보이던 민주당은 "청문회를 통해 낙마시키겠다"는 입장으로 선회했다. 차명계좌건 외에도 채수창 전 강북서장을 증인으로 채택해 성과주의 문제를 집중 부각시켰다. 또 조폭 관련설, 2007년 경비국장 때 어머니가 돌아가시고 1억 7천만 원에 달하는 조의금을 받았다는 문제를 중점 질의할 것이라는 이야기가 들려왔다. 2007년 어머니가 돌아가셨을 때 부산 장례식장에는 과거 부산·경남·울산에 근무할 시기에 알았던 인연과 학교 동창, 친인척 등 예상 외로 많은 조문객이 조의금을 보내왔다. 또 경찰청, 서울청을 비롯한 전국 지방청의 많은 경찰동료들이 십시일반으로 조의금을 보내와 총액이 많아졌다. 나는 이것을 숨기지 않고 있는 그대로 재산등록 신고를 했던 것이다.

　인사청문회 당일인 2010년 8월 23일 월요일 아침, 전날 예상 질의 사항에 대한 답변 내용을 정리하느라 충분히 잠을 자지는 못했지만 마음을 차분하게 가라앉히고 집무실로 출근했다. 언론보도를 접한 집안 식구들도 걱정이 매우 컸다. 가족들은 내 눈치를 보며 걱정을 많이 했으나 오히려 나는 마음이 차분했다. 걱정하는 표정이 역력한 아내와 딸, 아들에게 모든 걸 순리대로 맡기자고 했다. 청문회 준비팀도 최종 예상 답변 사항을 정리하느라 날밤을 세운 듯 모두 초췌했지만 눈빛만큼은 살아있었다. 그때 나와 함께 했던 인사청문회팀 팀원들은 지금 생각해도 참 대단한 인재였다는 생각이 든다. 그들은 해당 분야에서도 최고의 실력과 자질을 갖춘, 그야말로 드림팀이었다.

그들은 항상 나에게 용기와 해법을 주었다. 경황없이 바쁜 와중에도 내가 경찰청장에 취임한 후 추진한 7대 개혁과제의 골격을 함께 논의했다. 경찰청장의 공식 업무를 시작한 뒤로도 여러 차례 그들과 함께 하는 시간을 가졌다. 보통 어떤 자리에 취임해 인사청문회팀이 해산하고 나면 그 다음은 함께 만나기가 쉽지 않지만 나와 함께 한 팀은 내가 경찰청장에 재임하는 동안 여섯 차례나 모여 정을 나누었다. 만날 때마다 나에게 여러 가지 좋은 의견을 제시하고 용기를 북돋아 주었음은 물론이다. 강경량, 김성근, 황운하, 이동환, 설광섭, 김진홍, 우철문, 정태진, 김성희, 송유철, 유승렬, 도준수, 김상형, 정문석, 류재혁, 박삼현, 임은선, 정휘상, 오대호, 이준형, 김샛별 등 21명 모두에게 다시 한번 감사의 뜻을 표한다.

다시 인사청문회 아침으로 돌아가자. 사무실에서 간단한 준비 절차를 마치고 국회로 출발해 예정 시간인 10시에 맞추어 청문회장으로 들어섰다. 예상은 했지만 상당수의 방송 카메라와 기자들이 진을 치고 있었다. 같은 날 이재오 특임장관, 이주호 교과부 장관, 유정복 농림수산부 장관, 진수희 보건복지부 장관 인사청문회가 열렸다. 그런데 경찰청장 인사청문회가 초미의 관심 대상임을 여실히 느낄 수 있었다. 오전에는 KBS에서 생방송을 하고, 오후에는 MBC와 SBS에

서 생방송으로 일정이 잡혀 있었다. 나를 향한 수십 대의 방송 카메라들. 경찰청장 후보자로서 어떤 상황에서건 쩔쩔매고 진땀 흘리고 우물쭈물하는 모습은 보이지 말자고 다짐하며 자리에 앉았다.

12시 20분까지 진행된 오전 질의는 예상대로 나의 차명계좌 발언과 천안함 관련 발언에 집중되었다. 여야 구분 없이 차명계좌와 관련한 파상적인 질문 공세가 이어졌다. 여당 측은 간간히 "차명계좌가 정말 있는 것 아니냐"며 사실을 밝힐 것을 주문했다. 야당 측은 백원우, 이윤석, 문학진, 장세환, 최규식 위원을 중심으로 '차명계좌 발언은 실언'이었음을 실토받자는 식으로 강하게 밀어부쳤다. 나는 그때마다 "본의 아니게 노 전 대통령님께 누를 끼쳐 송구스럽다. 더 이상 발언하는 것은 적절하지 못하다고 생각된다"거나 "노 전 대통령님을 비하할 생각은 추호도 없었으며, 내부적으로 이야기한 것이 외부에 유출되어 누를 끼쳤기 때문에 송구스럽게 생각한다"는 답변을 이어나갔다. 야당 의원들은 나의 답변에 거칠게 항의하며, 청문회를 보이

콧할 것처럼 험악한 분위기를 연출했다. 그러나 나는 그렇게 밖에는 이야기할 수 없었다.

천안함 유족과 관련한 부분에서는 어떻게 '동물'이라는 표현을 쓸 수 있냐며 신중하지 못했던 언행에 대한 지적이 간헐적으로 오갔으나 중심 논점으로는 부각되지 못했다. 오전 질의는 12시 20분에야 끝이 나고 점심식사 후 오후 2시에 질의가 계속되었다. 오후 질의에는 성과주의와 관련해 채수창 전 강북서장과 박노현 중부서장이 증인으로 참석했다. 오후 질의에서도 야당 의원들은 계속해서 차명계좌 발언 경위에 대해 질문했지만 나는 오전과 같은 기조의 답변을 이어갔다. 역시나 야당 의원들은 호통을 치고 나를 몰아세웠다. 그러나 성과주의와 관련한 증인들에게 질의하라는 안경률 위원장의 당부에 따라 오후 질의는 성과주의에 집중되었다.

이밖에 위장전입 문제도 제기되었다. 딸아이가 남녀공학 중학교를 다녔는데, 고등학교는 한사코 남녀공학에는 가지 않겠다고 고집을 부렸다. 당시 주소지였던 서대문구 홍제1동은 남녀공학으로 배정받을 가능성이 반반이었다. 딸아이의 희망으로 종로구에 위치한, 아내가 아는 이의 주소로 딸 아이 주소를 옮겼다. 이유야 어떻든 할 말이 없었다. 또 수사권 조정문제와 관련해서는 "경찰이 국가와 국민을 위해 일하라고 8조 원에 달하는 예산을 투입하고 있는데 이러한 거대한 조직에 힘을 실어주어야 국가와 국민을 위해 제대로 일할 것 아니냐, 이런 의미에서 수사권 조정은 꼭 필요하다고 본다"고 답변했다.

저녁 6시 정도면 끝날 줄 알았던 청문회는 중간에 민주당 박지원 원내대표가 들어와 민주당 의원들을 격려하고, 이에 맞서 한나라당 김무성 원내대표도 들어와 한나라당 의원들을 격려하는 등 뜨거운 관심 속에 이어졌다. 저녁까지 이어진 청문회는 7시에 잠시 멈추었다가 저녁식사를 하고 8시 30분에 다시 시작해 밤 10시 30분에야 끝났다. 거의 12시간이 넘는 인사청문회 동안 나는 물 한 잔 마시지 않았다. 속이 타서 물을 마신다는 이야기를 듣기 싫었던 때문이다. 카메라 조명 때문에 땀도 났지만 닦지 않았다. 물을 마시거나 다른 옹색한 모습을 사진기에 담으려고 줄곧 내 코앞에서 지키고 있던 기자들에게는 미안한 노릇이었다. 이런 나를 두고 독하다는 이야기도 나왔다.

인사청문회 다음 날인 2010년 8월 24일 오전, 천안함 희생장병 유가족들과의 약속대로 대전 현충원을 방문했다. 인사청문회 준비팀 간부들과 함께 46인 용사들이 잠들어 있는 묘역을 참배했다. 현장에 나온 유가족들을 만나 또 다시 진심으로 사과했다. 나의 진정성을 유가족들이 이해해주었으면 하는 바람이었다.

8월 25일 국회 행정안전위원회에서 열린 전체회의. 민주당 의원들이 퇴장한 가운데 나에 대한 인사청문 경과보고서를 채택했다. 김태호 총리후보와 신재민, 이재훈 장관후보는 결국 사퇴했다. 야당은 '이제 조현오다' 라는 식으로 나에게 초점을 맞추어 사퇴를 계속 촉구했다. 그러나 8월 30일 대통령은 나를 비롯한 나머지 장·차관급 임명을 결정했다.

미약한 시작, 창대를 꿈꾸다

2010년 8월 30일 오후 1시 30분, 서울경찰청 2층 대강당에서 이임식을 가졌다. 이임사에서 나는 "경찰청장에 내정된 이후 인사청문회 절차를 거치면서 보여준 모든 허물이 내 부덕의 소치"라고 말했다. 또한 "시작은 미약했으나 나중은 창대하리라"는 평가를 받을 수 있도록 국가와 국민을 위해 혼신의 노력을 다하겠다고 밝혔다. 이임식을 마치고 정든 서울청 직원들의 환송을 받으며 승용차에 올라 청와대로 향했다.

오후 3시 이명박 대통령으로부터 경찰청장 임명장을 받았다. 임명장을 받는 자리에서 이명박 대통령은 "성범죄 등을 저지르는 일부 잘못된 경찰 때문에 전체 경찰에 대한 국민들의 이미지가 좋지 않다"며 경찰의 변화와 개혁을 주문했다. 끝까지 나를 믿어준 대통령께 고마운 마음뿐이었다. 대통령은 물론 국가와 국민을 위해 제대로 된 경찰청장이 되겠다는 다짐을 굳게 했다.

현충원 참배를 마친 후에 오후 5시 30분이 다 되어서야 경찰청에 도착했다. 지방경찰청장들을 포함한 경찰청 간부, 직원들이 참석해 있었다. 멀고 먼 길을 돌아 어렵게 취임식 자리에 서니 만감이 교차했다. 어렵고 힘들게 경찰청장이 되었으니 겸허한 마음으로 국민을 위하고 조직을 발전시키는 역할을 하리라고 다시 한번 다짐했다.

취임식 행사가 끝나고, 바로 그날 저녁에 순경 출신 현장직원과의 간담회를 가졌다. 취임 첫날부터 현장직원들을 불러 밤늦게까지 간담회를 해야 하느냐는 불만스러운 의견도 있었다. 그러나 취임 첫날, 경찰의 95% 이상을 차지하는 순경 출신 직원들을 만나 그들의 생생한 목소리를 듣는 것은 소통이라는 의미에서 중요하다고 생각했다. 간담회에는 박노현 서울중부경찰서장, 안병정 서울강남경찰서장 등 순경 출신 총경급 일선 서장들뿐 아니라 그동안 일선 현장경찰관들의 목소리를 대변해온 사이버 논객 수준의 직원들까지 약 20여 명이 참석했다. 이들로부터 성과주의, 근무여건 개선, 처우 개선, 경찰대학 문제 등 순경 출신들이 가지고 있는 다양한 생각들을 들을 수 있었다. 취임 첫 일과는 열띤 토론 끝에 밤 10시가 넘어서야 끝낼 수 있었다.

취임 다음날 B 신문에 '조현오 경찰청장 첫 지시-전 경찰, 취임식 시청하라' 라는 제목의 기사가 실렸다. 경찰청장에 취임하자마자 시대착오적인 군기잡기를 했다는 비난의 내용이었다. 나도 모르는 사이에 취임식을 전국 경찰이 시청하라는 지시가 있었고, 그 지시에 따라 일선 지구대·파출소 직원들이 내부 화상회의시스템 앞에 모였는데 취임식이 늦어져 40여 분이나 기다리는 일이 있었다 한다. 또 설비 불량으로 화면과 소리가 제대로 나오지 않는 경찰서도 있어 직원들의 불만이 많았다는 내용이었다. 그토록 소통을 강조하고 일선 직원들의 부담을 줄여 나가고자 마음먹었건만 취임 첫날부터 일선 직원들에게 막무가내식 청장으로 인식되어 마음이 아팠다. 그냥 지날 수 없어 내부망에 그 경위에 대한 간단한 해명글을 올려 직원들의 이해를 구했다. 행사를 준비한 경무과에도 단단히 주의를 주었다. 앞으로 청장만을 바라보는 불필요한 의전은 과감히 버리고 모든 기준을 현장경찰관들에게 맞추도록 지시했다. 아침저녁 청장이 출퇴근할 때 영접하고 배웅하는 관행도 없애도록 했다.

전국 경찰관서 건물 입구에 붙은, 경찰청장이 바뀔 때마다 교체 시비가 벌어진 슬로건 현판도 모두 떼어내도록 지시했다. 내가 취임하고 캐치프레이즈로 선정한 '국가와 국민을 위한 경찰이 되겠습니다'라는 문구를 현판에 만들어 붙이자는 건의가 있었다. 그러나 청장이 바뀔 때마다 5억 예산을 들여 전국 경찰관서 현판을 교체하는 것은 많은 사람들의 지적처럼 불필요한 예산낭비였다. 그래서 현판을 모두 떼어내고 경찰을 상징하는 황금색 참수리 마크만 내걸도록 했다.

취임 후 1주일이 지나 곧바로 경무관 이상 고위직 경찰지휘부 인사를 단행했다. 11월에 G20 정상회의가 예정되어 있어 대폭 인사보다는 소폭으로 원포인트 인사를 했다. 경찰청 차장에는 박종준 기획조정관, 서울경찰청장은 이성규 경찰청 정보국장, 경기경찰청장은 이강덕 부산경찰청장, 경찰대학장에는 손창완 전북경찰청장을 승진 내정했다. 이어 치안감과 경무관급 인사도 마무리했다.

취임과 동시에 고위직 인사를 추진하다보니 조직 분위기가 다소 산만해진 감이 있었다. 분위기를 하루 빨리 안정시키는 것이 급선무라는 생각이 들었다. 청장이 바뀌었으니 대대적인 인사쇄신이 몰아칠 것이라는 풍문도 나돌았다. 전임 청장의 측근이었다든지 나와 경쟁했던 간부 측에 섰던 사람은 불이익을 받을 것이라는 소문이 돌았다. 조직화합과 조속한 안정을 강조한 마당에 이러한 소문은 바람직하지 않았다. 그래서 인사를 앞두고 공식석상에서 수차례 밝혔다. 나를 반대했던 사람, 심지어 인사청문회 기간에 내가 사퇴해야 한다고 주장했던 사람들도 절대 보복하지 않고 모두 안고 가겠다고 말이다. 이 약속을 경찰청장 재임 동안 내 나름의 준칙으로 삼아 마음속 깊이 간직했다.

인사가 마무리되고 며칠 후인 2010년 9월 11일 토요일, 경기도 용인의 경찰대학에서 경찰서장급 이상 294명이 참석한 전국 경찰지휘부 워크숍을 개최했다. 기존에 워크숍은 근무복을 꼭 입어야 했는데, 이번에는 자유롭게 사복을 착용토록 조치했다. 형식보다는 내실이 중요하다고 생각했기 때문이다. 워크숍 장소인 소강당에도 예정 시간보다 일찍 도착해 자유롭게 참석자들과 악수를 나누고 행사 시작을 기다렸다. 그러노라니 '모두 모인 상태에서 마지막으로 경찰청장이 입장' 하는 전례에 익숙해 있던 진행 직원들이 굉장히 당황스러워했다. 이러한 형식타파의 모습을 보이는 것도 나름대로 성과가 아닐까 생각했다.

경찰서장 이상 지휘관들과의 첫 번째 만남. 나에게 주어진 특강 시간에는 그동안 경찰청장 인사청문회를 거치면서 느낀 소회, 앞으로 경찰개혁 추진에 대한 취지와 배경에 대해 소상하게 설명했다. 특히 앞으로 치안정책 방향을 '국민중심, 현장우선' 으로 하겠다는 점을 밝히고, 국가와 국민을 위해 공명정대하고 공감 받는 치안을 해나가는 데 매진해 달라고 강조했다. 그리고 직원들이 무척 힘들어했던 성과주의에 대해서는, 경찰청에서 일방적으로 전국에 확산시키는 대신 각 지역별 특성에 맞는 자율적인 성과주의로 개선해나가겠다고 설명했다. 그동안 언론이나 소문을 통해 나를 '뿔 달린 사람' 으로 생각했던 많은 간부들이 이후 생각을 바꾸고 공감하게 되었다. 역시 소통은 중요한 것이라는 생각이 들었다. 취임 후 짧은 기간이었으나 워크숍을 계기로 내 철학과 의지를 설명할 기회를 갖고, 또한 공감할 수 있게 되어 무척 다행스러웠다. 미약한 시작이었지만 희망이 보였다.

취임하고 얼마 지나지 않은 9월 초, 일선 파출소에 근무하는 한 경찰관이 과로로 순직했다는 보고를 받았다. 순직 경찰관은 경기청 일산경찰서 풍산파출소에 근무하던 이석주 경사(당시 40세)였다. 밤을 새운 야간근무를 마치고 다음 날 오전 동안 관내에서 발생한 절도사건 뒤처리를 하다가 귀가했는데, 이러한 과로가 심장마비를 불러온 것이었다. 일선 경찰관의 순직 소식이 참으로 안타까웠다. 경찰관 순직자는 2006~2010년까지 5년 동안 무려 75명에 달했다. 과로가 45%, 교통사고가 37%, 범인 피격이 5% 수준으로, 과로의 비율이 가장 높았다. 공상자는 5년간 7,546명이나 된다. 교통사고를 제외한 일반 안전사고가 40%, 범인 피격 29%, 교통사고가 24% 수준이다.

경찰관의 격무야 많은 사람들이 알고 있을 만큼 유명한 이야기지만 야간근무가 어느 정도 위험하고 심각한지는 잘 모를 것이다. 국제노동기구의 규정에 따르면, 40세 넘는 노동자의 경우 야간노동을 해서는 안 된다고 규정하고 있다. 서울대학교 병원에서는 40세 이상 직원에 대해 야간근무를 면제시키기로 노사합의를 보았다. 독일 수면의학회는 주야 맞교대하는 노동자의 평균수명이 일반인에 비해 13년 이상 짧다는 연구결과를 발표했다. 이렇게 위험한 야간 철야근무를 우리나라 경찰은 전체 직원의 70%가 넘는 인원이 기본근무로 하고 있는 것이다. 그럼에도 보수·수당 체계는 일근근무를 기본으로 하는 일반 공무원과 같다. 일산경찰서 이석주 경사의 순직 소식을 접한 뒤 일선 현장경찰관의 처우와 근무여건 개선에 더욱더 노력해야 되겠다고 다시 한번 다짐했다.

취임 직후라 무척 바쁜 상황이었지만 이 경사의 빈소에 꼭 조문해야겠다고 생각했다. 경찰청 국장, 과장들과 함께 일산 동국대병원에 안치되어 있는 이 경사의 빈소를 조문하고 유가족을 위로했다. 36세의 젊은 미망인과 6살 아들, 늙은 노부모의 슬픔에 빠진 모습에 나 역시 눈시울이 붉어졌다.

조문을 다녀온 후, 밤샘근무가 얼마나 힘든지 현장 근무자들의 애로가 무엇인지 경찰청장으로서 직접 겪어보는 것이 필요하다고 생각했다. 취임 후 한 달이 채 안 되는 2010년 9월 25일 토요일 밤, 치안수요가 많기로 소문 난 서대문경찰서 신촌지구대에 직접 나섰다. 지역경찰의 일원이 되어 꼬박 13시간의 밤샘근무를 체험한 것이다. 정말 힘들고 어려운 근무였다. 말로만 들었던 밤샘근무를 직접 해보니 여러 가지를 느끼고 배울 수 있었다. 바로 고칠 수 있는 부분도 있었고 중장기적으로 개선할 점도 있었다. 분명한 것은 '현장에서 답이 나온다'는 점이었다. 다음은 밤샘근무를 체험하고 느꼈던 바를 기록한 글이다.

신촌파출소 밤샘근무 체험 소감

9월 25일 근무 당일 오후.

외근혁대, 야간조끼, 삼단봉, 경적 등 개인 휴대장비를 미리 점검하고, 오후 2시쯤 눈을 붙이려 간이침대에 누웠다. 야간근무를 하려면 잠을 충분히 자두어야 했다. 그러나 낮잠에 익숙하지 못해 이리저리 뒤척이다 결국 한숨도 못자고 신촌지구대로 향했다. 걱정이 앞섰다. 낮잠에 익숙하지 못하거나 주야간 교대에 따른 신체리듬 부적응을 겪는 직원들도 이런 기분이겠구나 하는 생각이 들었다.

직원들과 인사를 나누고 근무교대식에 참석했다. 사건 인수인계도 하고 지구대장 교양도 들었다. 물론 나도 현장체험 취지 등 간단한 인사말을 했다. 밤 9시, 순22호 순찰차 승무를 시작

으로 야간근무에 투입되었다. 밤새 야간근무 호흡을 맞춘 팀원은 김동찬 경사와 강선구 경사였다. 함께 골목골목을 누비며 대화를 나누었는데, 이런 현장 직원들이야말로 헌신적이고 유능한 지역경찰의 전형이라는 생각이 들었다.

밤 11시 소내 근무를 하고, 새벽 1시부터 순찰차 근무가 다시 시작되었다. 순찰차를 바꿔 타며 아침 7시까지 이어졌다. 평상시 늦어도 밤 10시쯤 잠자리에 들었던 습관이 있는데다 당일 낮잠에도 실패한 터라 자정 무렵이 되니 눈꺼풀이 저절로 내려왔다. 그냥 앉아서 버티기도 힘들었다. 다행히 새벽 2시부터 1시간 대기근무라 잠시 쉴 수 있었으나 그나마도 제대로 쉬지 못한다는 것을 알게 되었다. 잠시 야간근무 체험을 하는 내가 이런 정도인데, 잦은 야간근무 상태에서도 씩씩하고 열심히 하는 현장 근무자들의 모습이 참 대견스러웠다.

대기근무 중 잠시 쉬었음에도 몸이 천근만근 물먹은 솜처럼 가라앉고 움직임도 둔해지면서 자꾸 시계에 눈이 갔다. 이런 근무를 하루이틀도 아니고 평생 해야 하는 지역경찰관들이 얼마나 힘들까 하는 생각이 절로 들었다. 그나마 하룻밤 근무라는 생각에 미안해서라도 인파로 북적이는 신촌 밤거리 거점근무, 신고출동, 골목순찰 등 나에게 부여된 임무를 충실히 소화하려고 노력했다.

새벽녘, 한 초등학교 운동장에 낯선 사람들이 10여 명 출몰했다는 신고에 즉시 출동해보니 출입문이 잠겨 있었다. 할 수 없이 팀원들과 담을 넘어 들어가 수색하다가 경비원으로부터 젊은이들이 도망갔다는 이야기를 듣고 철수했다. 어른이 되어 흔치 않은 '학교 담 넘기'를 경험했지만 우리 동료들에겐 특별한 경험도 아니리라.

앞서 새벽 1시 순찰근무 중에는 택시요금 시비가 붙은 주취자 소란 현장에 출동했다. 주취자의 행패에도 의연하게 대처하는 동료들을 보면서 나라면 저렇게 참을 수 있을지 생각해보았다. 현장경찰관들에게 주취자 문제가 얼마나 심각한 골칫거리인지를 체험할 수 있는 기회였다. 주취자 문제는 경찰만이 아니라 우리 사회에서 대책을 세워야 할 사안이 아닐까.

현장 근무자들이 꼬박 밤을 새운 후 퇴근할 때, 전철이나 버스에서 제대로 서 있기도 힘들어 자리가 나면 체면 불구하고 앉게 되는데, 일단 앉으면 목적지도 놓칠 만큼 깊이 잠이 드는 경우도 많다고 한다. 체험 근무를 하고 나니 그 이야기가 십분 이해되었다. 짧지만 많은 것을 느낀 일일 밤샘근무 뒤, 현장체험 결과를 토대로 복장 및 장비개선, 지역경찰 운영 부분에 대한 개선안을 검토하도록 관련 부서에 지시했다.

흔들리며 피는 꽃처럼

경찰청장으로 취임한 지 1주년이자 경찰개혁을 추진한 지 1년이 되는 2011년 8월 30일. 직원들이 경찰청 대청마루에서 축하의 자리를 만들어주었다. 그날 행사에 경찰개혁을 위해 좋은 의견을 제시해준 현장직원과 지휘부, 실무자들이 모두 참석했다. 그날 점심은 행사장 가운데에 마련된 커다란 비빔밥이 메인 요리였다. 각종 재료를 넣고 섞어 각자의 맛을 내면서도 하나의 비빔밥으로 승화되자는 의미였다. 그만큼 격의 없이 진행된 행사였다.

그 자리에서 "직원들의 계급, 나이를 떠나 올바른 생각과 나아갈 방향을 인식하고 있어 매우 기쁘다", "이런 때일수록 더 많이 현장의 얘기를 듣도록 하겠다"고 직원들에게 진심어린 감사의 말을 전했다. 행사 분위기는 '기본과 원칙 구현 추진단' 의 윤형근 경사가 사진과 함께 재미있게 정리해 사이버경찰청에 올려놓았다. 현장직원들의 반응도 매우 좋았다.

1주년 행사를 마치고 임기 2년차를 준비하고 있는데 여기저기서 나의 거취에 대한 이야기가 들리기 시작했다. 내가 2012년 총선에 대비해 고향인 부산에 출마하기 위해 사퇴할 것이라는 게 소문의 핵심이었다. 그 절정은 9월 22일에 개최된 정기 국정감사에서 벌어졌다. 민주당 백원우 의원이 갑자기 목소리를 높였다. 경찰청장으로서 일은 제대로 하지 않고 총선에 출마하려고 정치권을 기웃거린다는 소문이 파다하다며 비난을 했다. 업무에 대한 열정만큼은 결코 남에게 뒤지지 않는다고 생각해왔던 나로서는 정말 억울했다. 그래서 "아무리 국정감사장이지만 사실에 근거하지 않은 모욕적인 발언은 삼가달라, 언제 일을 미뤄두고 정치판을 기웃거렸느냐"고 언성을 높였다.

군(軍)은 통상 대통령의 5년 임기를 감안해 지휘부 임기를 (법적으로는 2년이지만) 1년 6월, 2년, 1년 6월로 한다. 내 임기는 2012년 8월 말까지였다. 내가 임기를 채운다면 후임 청장은 현 정부 하에서 6개월 밖에 업무를 맡지 못한다. 내가 인사권자라도 그렇게 하지는 않을 것 같았다. 그래서 나름대로 '2011년 말 쯤 교체되겠구나' 생각했다. 그렇게 되면 나도 1년 3~4개월, 후임 청장도 1년 남짓 근무할 수 있는 것이다. 게다가 총선에 출마해 달라고 요청하는 유력인사들도 주변에 제법 있었다. 고향 사람들, 학교 동창들도 바라고 있었다. 부산경찰청장으로 부임할 때만 해도, 이 일을 그만두면 정치는 물론 기업체 등에 일체 일자리를 갖지 않고 은퇴 생활을 즐기겠다고 생각했었다. 그랬다가 행정경험을 살려 고향 부산에 내려가 지역 발전을 위해 일조하고 싶은 생각이 들기 시작했다. 그러려면 구체적으로 언제가 가장 적절한 타이밍인지 고민도 한 것이 사실이었다. 그러는 와중에 경찰조직 내부는 물론 언론에서도 나의 거취에 대한 기사를 비중 있게 다루기 시작했다. 가끔 휴가차 고향인 부산에 내려가기라도 하면 그 소문은 더욱 증폭되어 퍼지곤 했다.

시간을 잠시 앞으로 돌려, 나의 거취 이야기가 처음 나온 시점은 2011년 6월 20일 청와대에서 수사권 조정에 합의한 날이 아닌가 한다. 그날은 마침 나의 결혼기념일이었는데, 전국의 현장직원들이 합의안에 크게 반발했다. 그날 저녁 공관에 모인 수사구조개혁팀 직원들은 합의안에 항의하면서 나의 사퇴를 주장하기도 했다. 진심과 판단을 이해받지 못하고 부하직원들에게 모욕을 당하면서까지 경찰청장 직에 머물고 싶은 생각은 추호도 없었다. 당장 그만두고 싶었다.

2011년 10~12월 수사권과 관련해 대통령령을 제정하는 과정에서 경찰의 의견이 제대로 반영되지 않았다. 관계기관 주요 인사들이 합의한 내용을 이렇게 헌신짝처럼 뒤집는 모습을 보고는 진정으로 사퇴하려 했다. 참모들의 의견은 둘로 나뉘었다. 전면적인 형소법 개정 운동을 벌여 나가자는 의견과 만약 조정안이 그대로 통과된다면 사퇴는 불가피하니 시기와 명분을 잘 살리자는 의견으로 갈렸다. 사퇴 주장의 요지는 내가 이미 '모든 수사'에 내사가 포함되지 않고, 수사 주체성을 확보했다고 줄기차게 언급해왔음에도 총리실 조정안대로 차관·국무회의를 통과한다면 당연히 책임지는 모습을 보여야 한다는 이야기였다. 단, 직원들의 비난에 밀려 나가는 모습보다는 먼저 책임을 지고 사의를 표명하는 것이 중요했다. 다시 말해 시기와 명분, 방법의 선택이 중요하다는 의견이었다. 이는 내 생각과 같았다. 나 또한 국가기관 간의 합의가 쉽사리 깨진 데 대해 많은 회의와 환멸을 느끼고 있었다.

사퇴하면 안 된다는 주장은 이러했다. 국정의 큰 틀에서 볼 때 수사권 문제가 전부는 아니며 그 문제를 놓고 경찰청장이 사퇴한다면 '국민들은 안중에도 없다'는 강력한 비난을 받을 것이라는 의견이었다. 또한 형소법 개정 동력이 급격히 상실되어 경찰에 아무 도움이 안 될 것이라는 의견이었다. 그러는 사이에 언론에서는 '수사권 조정 반발, 조현오 경찰청장 사퇴카드 만지작'이라는 기사가 나왔다. 참모들에게 고민거리를 안겨준 것은 분명했다. 그들의 경우 '사퇴를 해서는 안 된다'는 의견이 대세였다. 결국 나는 마음을 다시 잡았다. 그리고 수사권 문제와 관련한 대통령령 제정과 형소법 재개정 의지를 불사르며 사퇴 의사를 접었다. 2012년 4월 총선에 출마할 것이냐는 기자들 질문에는 '출마하지 않을 것'이라고 선언했다.

2011년 12월 9일 중앙선관위 디도스 공격에 대한 수사결과를 발표하면서 또 다른 비판에 직면했다. 이 역시 사퇴 의사를 접은 이유였다. 일부 언론과 야당은 내가 청와대의 지시를 받고 사건을 축소·은폐하려 했다는 취지로 계속 몰고 갔다. 12월 16일 민주당 김진표 원내대표는 "조현오 경찰청장이 수사발표문을 수정해 사건을 축소한 장본인이라는 의혹을 받고 있다"라며 즉각적인 사퇴를 촉구했다. 물론 사실과 다른 이야기였다. 사건 발생 초기부터 디도스 사건은 민주주의의 근간인 선거제도를 훼손하려는 범죄이므로 엄정하게 수사하라고 열 번도 넘게 지시한 상태였다. 그런데 축소·은폐라니, 꿈에도 생각 못할 일이었다. 축소·은폐를 하려 했다면 천벌을 받을 것이라고 기자간담회에서 말했다. 그러니 만일 내가 그 상황에서 사퇴를 한다면 야당과 일부 언론에게 축소·은폐를 간접적으로 시인하는 꼴이 되었을 것이다.

이런 와중에 12월 27일 수사권과 관련한 대통령령이 경찰 의견을 외면한 채 국무회의를 통과했다. 그때 느낀 분노와 실망감은 이루 말할 수 없었다. 그만둘 때가 되었다고 생각했다. 하지만 그만두고서 총선에 출마하면 꼼수 부리는 격밖에 되지 않을 터. 모든 것 다 접고 외국에 나가 있다가 총선, 대선 다 끝난 후 돌아와야겠다고 생각했다. 아내와 아들, 딸에게 이야기하자 다들 흔쾌히 동의했다. 12월 29일 오후 2시, 청와대에 사의를 표명했다. 하지만 지금 그만두어서는 안 된다는 강력한 만류 의사가 돌아왔다. 대통령령 국무회의 통과와 관련한 일선의 분위기는 심상치 않았다. 사이버경찰청 내부망에는

6.20 청와대 합의안에 책임을 지고 경찰청장이 사퇴해야 한다는 글이 올라왔다. 여기에 많은 직원들이 찬성과 반대의 댓글을 올리며 나의 사퇴에 관한 논쟁이 벌어졌다.

그즈음 2012년 1월 1일부터 새로 시행될 수사권 관련 대통령령에 얽힌 작은 사건 하나가 대구에서 발생했다. 이는 즉시 언론의 핫이슈가 되었다. 대구 수성경찰서에서 처음으로 검찰의 진정사건 지휘를 거부한 이 사건은 전국의 10개 경찰서로 확대되었다. 대통령령 시행을 앞두고 전국 경찰관서에 수사실무지침을 하달했다. 검찰에서 접수한 진정과 탄원은 수사가 아닌 내사(內査)이므로 검찰의 지휘를 받지 말도록 하는 내용 등이었다. 과거에는 경찰청에서 이렇게 명확하게 일선 검찰지휘와 관련한 수사지침을 내린 적이 없었다. 나는 이 문제에서 밀리면 안 된다고 판단했다. 일선 수사경찰이 검찰의 직무유기 운운으로부터 자유롭기 위해서는 경찰청의 역할이 중요하다고 보았다. 일부 언론에서는 경찰의 고충은 생각하지도 않은 채 비난의 화살을 들이대면서 갈등을 부각시켰다. 경찰의 입장과, 지난 2011년 6월 청와대 8인회의 합의 내용을 국민들에게 알려 이해를 구하고자 많은 노력을 기울였다. 일선 직원들의 관심도 컸다. 자연스럽게 나의 사퇴 논란은 잦아들었다.

이처럼 2011년 연말과 2012년 1월을 사퇴 논란 속에서 보내면서 심신이 지쳐만 갔다. 하지만 2012년 신학기가 가까워 오면서 학교폭력 문제에 에너지를 집중하며 다시금 활력을 되찾았다. 학교폭력이 조금씩 개선되는 방향으로 나가면서 많은 보람을 느꼈다. 일선 직원들도 이구동성으로 자긍심을 느낀다고 입을 모았다. 임기까지 혼신의 힘을 다해야겠다는 생각이 들었다.

오늘은 아프지만, 내일은 웃겠습니다

그러던 차에 결국 사퇴를 해야 하는 상황이 운명처럼 다가왔다. 학교폭력 문제뿐 아니라 언론에 보도된 이경백 사건과 관련한 비리척결 문제로 온 정신을 쏟고 있던 때였다.

2012년 4월 1일, 경기도 수원시 팔달구에서 한 조선족 남성이 회사에서 귀가하던 20대 여성을 납치해 잔인하게 살해하고 시신을 훼손한 사건이 발생했다. 범인은 13시간 만에 현장에서 검거되었다. 이후 언론을 통해 112신고센터의 무능함으로 인한 상황 오판과 허술한 대처, 부실한 수색, 사건 축소 및 거짓 해명 등이 밝혀지면서 비판의 십자포화를 받았다. 나는 사태가 심각하게 돌아가고 있음을 직감했다. 즉시 경기청장과 경찰청 수사·정보국장, 감찰과장 등에게 진상을 정확히 파악해 그 결과를 4월 8일 숨김없이 발표하도록 했다. 국민들의 여론은 쉽게 가라앉지 않았다. 급기야 4월 9일 월요일 10시 30분에 직접 대국민사과문을 발표하기로 했다.

그전인 4월 6일에 나는 사퇴를 결심했다. 일각에서는 경기청장이 책임지고 사퇴해야 한다는 이야기가 전해졌다. 나는 내가 그만두겠다고 나섰다. 우선 경찰의 잘못이 너무 컸다. 어떤 이유로도 변명할 수 없었다. 2008년 안양의 혜진·예슬양 사건, 일산 엘리베이터 초등학생 납치미수 사건 때 경찰에 대한 비난이 전국적으로 확산되며 경찰조직이 3개월 넘게 시련을 겪었던 일이 생각났다. 경기청장 사퇴로 마무리될 사안이 아니라고 판단했다. 경찰청장인 내가 책임져야 사태 수습의 길이 보일 수 있을 터였다. 경찰청장에 취임해 1년 7개월여, 여러 고비가 있었고 수차례의 사퇴 논란을 이겨냈었다. 그러나 이번에는 사퇴를 결심하지 않을 수 없었다. 국민들의 마음을 아프게 했다는 자책이 너무 컸다.

4월 7일 토요일, 군에 가 있는 아들이 외박을 나왔다. 아들에게 "아빠가 그만둬야겠다"고 말했다. 아들은 아무 말이 없었다. 4월 9일 출근하면서 아내에게도 같은 이야기를 했다. 아내는 "당신이 원하는 대로 결정하라"고 했다. 그리고 "직에 연연하는 모습으로 비치는 것은 바람직하지 않다"고 조용히 덧붙였다.

이날 출근 후, 문제가 된 7분 36초 분량의 112 신고 내용을 참모들과 함께 들었다. 정말 비통했다. 어떤 참모는 눈시울을 붉혔다. 이렇게 생생하고 절절한 신고 내용을 듣고 어쩌면 그렇게 무성의하게 대응했단 말인가? 이 모든 책임이 나에게 있다고 느껴졌다. 때가 왔다고 생각했다. 사과문 발표 문안에 "이 모든 책임을 지고 제가 물러나겠습니다"를 추가하도록 했다. 13층 대청마루에서 사과문을 발표할 때 그 대목을 큰소리로 낭독했다. 기자들이 웅성거리고 여기저기서 사진 찍는 소리가 더 크게 들렸다. 이 지면을 통해 다시 한번 피해자의 명복을 빈다. 유가족들과 국민 여러분들에게도 다시 한번 깊은 사죄를 드린다.

사의를 표명하고 나니 오히려 마음이 홀가분했다. 언론을 통해 사퇴 소식이 알려지자 가까운 지인들이 '좋은 판단이었다'는 문자 메시지들을 속속 보내왔다. 국민의 분노를 산 잘못에 구차하게 변명하지 않고 깨끗하게 책임을 지는 모습을 보여주어 다행이라는 반응이었다. 이동환 경남 양산서장이 사이버경찰청에 사퇴 표명에 대해 글을 올렸다. 이어 많은 직원들이 댓글을 달았다.

조현오 경찰청장(사이버경찰청 게시, 이동환)

진솔했다. 그래서 '뭔가 있을 것이다'란 기존의 클리세에 빠져 있는 세인들에게 많은 오해를 받았다. 어떤 곳, 어떤 대상을 두고 이야기해도 늘 같은 이야기를 했다. 그래서 많은 구설에 올랐다. 깊이 생각하고 결단을 내렸다. 경찰청장의 대단한 권위에도 불구하고 생각이 다른 사람들을 품었다. 앞에서 쓴소리 하는 것을 그렇게 포용하는 상관을 일찍이 본 적이 없다. '자신이 틀릴 수 있다'는 생각을 진심으로 하는 몇 안 되는 경찰 지휘관이었다.

난 경찰청장의 사퇴 의사를 세 번이나 번복시켰다. 언성을 높이고 눈을 부라리면서. 굴욕을 참으면서라도 해야 할 일이 있다면서. 그러나 이번엔 말리지 못했다. 난 그를 조금은 안다. 남들이 뭐라고 하는 말보다 자신의 가슴속에서 나오는 말에 너무 약한 그는…… 이번 사건을 스스로 책임지지 않으면 견디지 못할 것임을 알기에…….

우울하다. 힘이 쭈욱 빠져나가는 느낌이다. 편을 가르는 세상 인심에 그에 대한 오해는 결코 해명되지 않을 것이다. 누군가 더 나은 지휘관이 나오지 않는다면……. 대한민국과 경찰이 입은 손실은 한동안 지속될 것이다.

이동환 서장의 글에 대한 댓글

정경택 12/04/09 19:01
마음이 너무 불편합니다……. 오래도록 평생 잊혀지지 않을 청장님…….

배종복 12/04/09 19:51
너무나도 화가 납니다. 조현오 청장님, 저는 당신을 너무나 존경하고 사랑했습니다. 서울청장님 재임 시, 저는 양천서 사건으로 인해 직원을 아끼지 않는 책임질 줄 모르는 청장은 자격 없으니 사퇴하라고 청장님께 장문의 글을 올린 적도 있었지만……. 그때 청장님은 말씀하셨죠. "열 손가락 깨물어 아프지 않은 손가락이 어디 있겠느냐. 더 지켜봐달라." 그리고 경찰청장님이 되셨을 때도 저는 청장님 대화방에 들어가 청장님을 인정하지 않았어요. 그런데 머지않아 청장님의 조직에 대한 사랑, 직원들에 대한 사랑이 얼마나 깊은지 조금씩 느끼면서 당신을 존경하고 사랑하게 되었습니다.

김동섭 12/04/09 20:59
우울하네요. 청장님은 순수하고 강직하고 정말 멋진 경찰관이었다고 꼭 말씀드리고 싶습니다. 사랑합니다.

조상희 12/04/10 16:34
진심으로 존경했던 청장님이셨고 우리 경찰조직을 진정으로 사랑한 청장님이셨는데…… 참으로 안타깝기 그지없습니다. 경찰 입문한 지 30년이 넘어 내일 모레면 제복 벗을 때가 되었지만 경찰인이라는 것에 비애를 느끼고 너무너무 후회스럽기만 합니다.

황영구 12/04/10 19:37
조 청장님처럼 진솔하고 조직에 대한 열정이 많으신 분은 없었던 것 같습니다. 우울한 마음이네요

안해영 12/04/11 00:01
경찰 입문 20년…… 최고의 청장님이었습니다. 존경합니다,

김영훈 12/04/11 02:08
참으로 슬프고 억울하게 당신을 보냅니다……. 영원히 기억하겠습니다.

권용혁 12/04/11 07:29
우리에게 경찰관이라는 자긍심을 심어주신 분, 진심으로 조직을 사랑하신 분. 시작부터 마지막까지 경찰의 나아갈 방향을 알려주신, 선구자적 혜안을 가지신 분, 최고의 청장이 아닌 최고의 위인. 조현오 경찰청장님 감사합니다.

사표가 수리되는 그날까지 결자해지(結者解之)의 심정으로 개선안 마련에 총력을 기울였다. 그것이야말로 그동안 경찰을 믿어준 국민에 대한 최소한의 도리이자, 청장으로서 수행해야 할 마지막 임무였다. 수원 살인사건에서 제기된 112 신고체제의 총체적 문제점을 분석하게 했다. 감찰부서와 수사부서에는 사건의 진상을 정확하게 파악해 가감 없이 보고하도록 하고, 정보기능과 감사기능에는 112 신고시스템의 전반적인 문제점을 치밀하게 진단하도록 했다. 기획조정관실에서는 이를 종합해 개선 방안을 마련하고 로드맵에 따라 차질 없이 추진하도록 했다.

사퇴 의사를 밝히고 며칠이 지난 2012년 4월 13일 전국지휘관 회의를 소집했다. 수원 중부서 사건에 대한 문제점과 대책을 논의하기 위해서였다. 전국에 화상으로 연결해 모든 직원들이 시청했다. 회의 마지막에 내가 40여 분 동안 이야기를 했다. 112센터 등 일선의 근무여건과 문제점을 제대로 파악 못한 나에게 수원 중부서 사건의 모든 책임이 있다고 강조했다. 대다수 유능하고 헌신적인 일선 경찰관들이 이번 일로 위축되거나 주눅 들지 않기를 진심으로 바랄 뿐이었다. 사퇴를 앞둔 내게 수많은 직원들이 보내준 격려의 문자메시지와 메일에 대해서도 고마움을 표시했다. 경찰개혁을 중단 없이 계속 추진해 달라는 부탁도 했다. 제비 한두 마리 오지 않았다고 봄이 안 왔다고 할 수는 없는 일이다. "여러분들처럼 헌신적인 직원들과 함께 할 수 있어 행복했다"는 마지막 인사를 건넬 때 감정이 복받쳐 말을 잇기 힘들었다. 지난 1년 8개월의 경찰개혁을 위한 노력이, 20여 년 경찰 인생이 주마등처럼 뇌리를 스쳤다. 나도 모르게 눈가에 뜨거운 이슬이 맺혔다. 전국 10만 경찰이 보고 있는데도 말이다. 나중에 들으니 화상회의를 지켜보던 많은 경찰관들도 눈시울이 붉어졌다 한다.

이임식 날짜가 다가오고 있었으나 위치정보법 개정을 위해 다방면으로 노력했다. 당시 위치정보법은 소방과 해경은 위치 추적을 할 수 있으나 경찰은 그런 권한이 없었다. 경찰은 2007년 홍대 앞 택시 납치·살인사건을 계기로 위치정보법 개정을 위해 TF를 구성하는 등 엄청난 노력을 기울였다. 홍대 앞에서 택시에 납치되었던 여성이 신고 후 1초 만에 전화가 끊겨져 위치 확인이 안 되었다가 한강에서 숨진 사건이었다.

하지만 법무부와 검사 출신 일부 국회의원 그리고 인권침해를 우려하는 일부 의원의 반대로 국회 법사위에서 제동이 걸렸다. 법무부와 검찰에서는 경찰의 위치추적은 수사 활동의 일부이므로 검사의 지휘를 받아야 한다고 주장했다. 하지만 국민의 생명이 걸린 급박한 위험방지를 위한 위치추적은 행정경찰 작용으로 보는 것이 타당하다. 선진국은 검사의 지휘나 법원의 허가 없이 경찰에게 위치추적권을 부여하고 있다. 그리고 생명권(生命權)보다 더 중요한 인권이 어디 있겠는가? 그렇게 논쟁을 하면서 몇 년이 흘렀다. 그러던 중 수원사건이 터진 후 경찰의 입장을 이해한 청와대와 총리실에서도 적극 지원을 했다. 언론에서도 연일 대대적으로 보도하면서 국민의 여론을 환기시켰다. 마침내 2012년 5월 2일 위치정보법 개정안이 국회 본회의를 통과했다. 4월 30일 이임식 이후 이틀만이었다.

또 하나 잊을 수 없는 사건이 있다. 이임식을 며칠 앞둔 4월 25일, 안타까우면서도 경찰 정신이 여전히 살아있음을 보여주는 사건이 발생했다. 인천 서부서 이재경 경장과 동료들이 여성 납치범을 검거한 사건이었다. 이 경장은 검거 과정에서 병으로 머리를 맞고 깨진 병으로 목 부위를 찔려 중상을 입은 상태였다. 그럼에도 10여 분 동안 사투를 벌이며 동료들과 범인을 검거했다. 보고를 받자마자 인하대 병원으로 갔다. 마지막 공식일정이었다. 이 경장을 위문하고 특진을 지시했다. 언론에서도 이재경 경장의 용감한 경찰정신을 높이 평가했다. 경찰로부터 희망의 끈을 놓지 않겠다는 취지의 보도가 이어졌다. 동행했던 김호철 총경은 '이 한 장의 사진, 경찰의 본분을 말하다' 라는 제목으로 위키트리 사이트에 글을 올렸다. 이 경장이 입었던 피 묻은 근무복 사진이 첨부된 그 기사는 170여만 명의 트위터에 노출되어 많은 공감을 얻었다.

이 한 장의 사진, 경찰의 본분을 말하다
- 4월 26일 위키트리, 김호철

"환자가 도착했을 때 경찰옷이 온통 피범벅이었습니다. 정말 큰일 날 뻔했지요. 깨진 병이 목 부위 경동맥을 살짝 비켜갔습니다. 다행히 성대가 지나가는 신경도 비켜갔습니다."
4월 26일 10시, 인천 인하대 병원장이 이임을 앞두고 병원을 방문한 조현오 경찰청장에게 환자의 상태를 설명했다. 바로 전날, 여성 납치범을 검거하는 과정에서 깨진 병으로 목을 찔려 입원한 인천 서부경찰서 서곶지구대 이재경 경장과 가족을 위문하고 1계급을 특진시키기 위한 자리였다. 병실에 누워 있는 이 경장은 178cm의 키에 다부진 체격이었다. 말을 못하지만 눈을 움직이며, 그의 손을 잡고 있는 아주 낯익은 사람에게 고마움을 표시했다.

4월 25일 새벽 5시 40분, 이재경 경장은 폭행 관련 112 신고를 받고 인천 서구의 한 모텔 골목에서 현장을 조사하고 있었다. 그러던 중 비명을 지르는 한 여성을 발견했다. "살려주세요! 칼을 들고 있는 남자에게 납치를 당했어요!" 이 경장이 다가가 물었다. "무슨 일인가요?" 30대 초반의 남자는 얼버무렸다.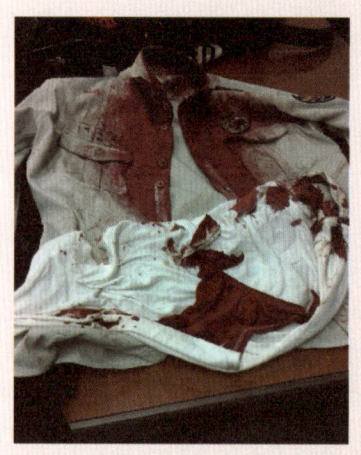
"저 여자와 연인관계에요. 우리끼리 해결하겠습니다."
이 경장은 함께 출동한 명대길(가명) 경사와 함께 사태 파악에 나섰다. 여자와 남자를 분리한 후 여자로부터 피해 경위를 들었다.

그때 갑자기 남자가 도주하기 시작했다. 이 경장은 지하주차장으로 달려갔다. 상당한 거리에서 피해자와 대화를 나누던 명 경사도 뒤따라 건물로 뛰어들어가 옥상 방향으로 추격했다. 약간의 시차로 인해 범인이 옥상으로 도주한 것으로 생각했던 것이다. 그런데 이 경장의 추격을 받던 남자는 컴컴한 어둠속 지하주차장에 숨어 있었다. 바닥에 있던 술병을 집어들어 이 경장의 머리를 내리친 후 깨진 유리병으로 목을 찔렀다. 순간적으로 일격을 당한 이 경장의 목에서 찐득한 액체가 흘러내렸다. 그는 피를 흘리면서도 범인을 잡기 위해 10여 분간 사투를 벌였다. 뒤따라 현장에 도착한 동료경찰관 3명과 함께 범인을 검거했다. 그 남자는 강도상해 등 전과가 5개나 있는 흉악범이었다.

나는 피 묻은 이 한 장의 사진을 바라보며 가슴이 울컥해졌다. 그가 내 동료라는 것이 자랑스러웠다. 그리고 나 자신이 한없이 부끄럽게 느껴졌다. 내가 기획부서에 근무하면서 책상에 앉아 펜대나 굴리고 있을 때, 그는 자신의 안위를 돌보지 않고 살신성인이 무엇인지 국민들에게 보여주었다. 그는 진짜 경찰이었다. 국민들이 바라는 경찰상을 그는 제대로 보여주었다. 이 경장 같은 수많은 동료 경찰이 지금도 전국 방방곡곡을 누비고 있다. 최근 수원 살인사건, 이경백 뇌물 리스트 사건 등으로 비판의 십자포화를 받고 있는 경찰. 이런 상황에서 피투성이가 된 그의 제복은 국민들에게 소리 없이 외치고 있었다.

"국민이 사회의 야만인으로부터 생명의 위험을 느낄 때 제일 먼저 달려와 몸을 던질 사람은 판사도, 검사도, 국회의원도 아닙니다. 그는 지금 국민들이 가장 비판하고 있는 바로 그 경찰입니다."

   2012년 4월 30일, 마침내 이임식이 열렸다. 경찰청장으로 취임한 지 딱 20개월이 되는 날이었다. 최관호 경무과장을 미리 불러 이임식 때 절대로 슬프거나 비감한 내용을 넣지 말라고 당부했다. 이임사도 막판까지 내가 직접 수정했다. 가족 이야기를 하면 감정이 복받칠 것 같아 그 부분도 삭제했다. 수원사건과 이경백 사건에 대해 처절한 반성은 하되, 그로 인해 직원들이 위축되지 않도록 희망의 메시지를 전하도록 방향을 바꾸었다.

   행사 시작할 즈음 대강당으로 내려가는데, 현장직원들이 보내온 격려 문구와 응원 메시지가 벽면에 보였다. 단상에 올라가자 몇몇 플래카드도 눈에 띄었다. '13만 경찰, 오늘은 아프지만 내일은 다시 일어서겠습니다'. '경찰은 수사, 검찰은 기소'. 그 문구들을 보니 정말 오늘은 경찰을 떠나는구나 하는 감회가 들었다. 미리 준비한 이임사를 읽기 전, 분위기를 바꾸기 위해 노력했다. 울지 않기 위해 엄청 노력하겠지만 장담할 수 없다고 하자 좌석에서 웃음소리가 들렸다.

잠시 후 이임사를 읽어 내려갔다. 중간에 "어떤 국가기관도 손대지 못했던 룸살롱 황제 이경백을 구속시켰던 것도 우리 경찰이었습니다"라는 대목에서는 처음으로 커다란 박수가 터져나왔다. 이어 "지금 당장은 경찰이 부패의 극치를 달리고 있는 것처럼 알려지고 있지만 우리 모두 하나되어 일궈낸 기적과도 같은 성과가 제대로 알려질 날이 반드시 올 것입니다"라는 대목에서 또 다시 박수가 터져나왔다. "수사구조 개혁은 사법정의 실현을 열망하는 국민 입장에서 꼭 해결돼야 할 과제입니다"라는 대목에서도 뜨거운 박수가 이어졌다.

그런데 '국민들에게 경찰 신뢰를 부탁' 하는 대목에서 그만 울컥, 눈물이 핑 나왔다. 이어 말미에 "비록 몸은 떠나지만 동지 여러분들과 함께 했던 소중한 기억들은 평생 잊지 못할 것입니다"라는 대목에서는 목이 메어 더 이상 원고를 읽을 수 없었다. 청중석에서 누군가 외쳤다.

"청장님, 사랑합니다!"

물 한 모금을 마시고 마음을 겨우 가라앉혔다. 잠시 후 내가 마지막 인사말을 건넸다.

"사랑합니다, 여러분! 안녕히 계십시오."

이임사를 마치고 돌아설 때 그 어느 때보다 큰 박수소리가 들렸다. 강당에서 기념촬영을 하고 현관으로 나오니 직원들이 도열해 있었다. 한 명 한 명과 악수를 하며 차에 타려는데, 직원들이 몰려와 와락

포옹을 했다. 차에 오르려는데 나도 모르게 또 다시 눈물이 쏟아졌다. 22년 동안 그토록 사랑했던 경찰을 막상 떠나려니, 그 회한이 너무도 깊었던 모양이다.

그렇게 경찰청장 퇴임을 하고 공식 민간인이 되었다. 퇴임 직후인 2012년 5월 2일 청소년폭력예방재단에 고문으로 취임했다. 학교폭력 문제가 경찰, 교과부 등 정부의 노력이 당연히 중요하겠지만 시민단체의 역할도 굉장히 중요하다고 판단했다. 퇴임을 하면 시간이 많이 날 줄 알았는데, 여전히 바쁜 생활을 계속했다. 여기저기서 특강 요청도 많이 들어왔다. 차명계좌 발언과 관련한 고소사건 조사를 받으러 나오라는 검찰 연락도 퇴임 직후 바로 받았다. 검찰 출석일은 5월 9일로 잡혔다.

검찰 출석을 준비하던 때인 2012년 5월 4일 아침 C 신문 1면에 〈조현오 전 경찰청장 '어느 은행, 누구인지 다 까겠다'〉는 자극적인 기사가 실렸다. 사실 나는 그런 표현을 결코 사용하지 않았다. 기자가 인터뷰를 하면서 "검찰에 들어가 조사받을 때 어떻게 진술할 거냐?"고 자꾸 질문했었다. 그때 이렇게 대답했다. "현직 경찰청장으로 있을 때 '송구스럽다'는 이야기를 했다. 그러나 검찰 조사를 받게 되면 그런 얘기만 할 수는 없지 않나. 어느 은행, 누구 명의의 계좌. 이 정도는 밝힐 수밖에 없지 않느냐." 이 대답이 신문에 '다 까겠다'는 원색적 표현으로 실린 것이다. 2년 전, 서울경찰청장 시절 전의경 부대 지휘관을 상대로 한 강연에서 불거져 나온 차명계좌 발언에 대해서는 지금도 당연히 후회를 한다. 그 발언을 안했다면 청문회 때 곤욕을 치르지 않았을 것이고, 검찰조사도 안 받았을 것이다.

하지만 불법폭력 시위대가 경찰 기동대원들에게 손가락질하며 욕설을 퍼붓는 것도 모자라 얼굴에 침을, 심지어 가래를 뱉기도 하는 상황에서, 자칫 정체성이 흔들려 내가 하는 이 일이 과연 정의롭고 올바른 일인가 하는 회의가 생기기 쉽다. 그런 경찰 기동대원들이 방패를 놓고 시위대에 합류해야 옳지 않겠는가라고 생각하는 대원들도 없지 않다. 그런 일이 벌어지면 우리 국가와 사회가 어떻게 되겠는가. 우리 사회의 질서 유지를 위한 최후 보루인 경찰은 어떤 상황에서도 법치주의를 길거리에서 지켜내는 민주주의 수호의 선봉대라는 사명감을 가지고 불법폭력 시위대에 굴복해서는 안 된다. 집회시위 관리를 잘하자는 취지의 이야기였지 노 전 대통령을 비난하고 유족들의 명예를 훼손할 의도는 추호도 없었다. 차명계좌의 진실 여부를 떠나 내 발언으로 인해 큰 논란이 벌어졌고, 유가족들에게 심려를 끼친 데 대해서는 지금도 미안함과 송구한 마음이다.

2012년 5월 23일 선관위 디도스공격 사건과 관련한 특검조사도 받았다. 디도스사건을 경찰에서 축소하고 은폐했는가? 그 과정에 외압이 있었는가? 이것이 특검수사의 핵심이었다. 나는 결단코 축소, 은폐, 외압이 없었다고 단언한다. 수사 당시인 2011년 11월은 수사권 때문에 경찰이 검찰과 첨예하게 대립하던 시점이었다. 더구나 나중에 특검이나 국정조사까지 갈 것이라는 이야기가 나왔기 때문에 경찰로서는 나름대로 사명감과 명예를 가지고 수사에 임했다. 법정 수사기간인 10일 동안 천신만고 끝에 5명의 범인을 밝혀냈다.

만약 축소하고 은폐했다면 수사기간이 훨씬 더 긴 검찰과 특검수사 단계에서 경찰이 밝혀낸 외에 배후와 사전 모의 단계가 밝혀져야 하지 않는가? 문제의 본질을 구성하는 중요한 부분에서 경찰이 잘못했다면 모르나, 본질과 관련 없는 지엽적인 부분을 가지고 경찰수사가 잘못되었다고 따지는 특검조사에서 나는 강하게 경찰 입장을 설명하고 인식을 바로잡으려 노력했다. 본질과 관련 없는 지엽적인 문제로 마치 경찰수사가 잘못되었다는 식의 수사 결과를 발표한다면 나로서는 가만히 앉아서 당할 수만 없지 않겠는가?

특검에서는 나와 김효재 정무수석이 두 차례 통화한 사실을 문제 삼았다. 정무수석은 경찰을 담당하는 청와대 주무수석이다. 경찰 관련한 모든 문제에 대해 의견을 교환할 수 있는 자리다. 경찰청장이 정무수석과 경찰 업무로 통화하는 것은 지극히 당연한 일이다. 디도스사건과 관련해서도 정무수석이 몇 가지 궁금해하는 점에 대해 이야기해 준 것이 전부다. 정무수석 이야기를 듣고 사건을 축소, 은폐한 것이 아니냐는 시각은 조현오를 몰라도 한참 모르고 하는 소리다. 어쨌든 검찰과 특검조사를 거치면서 경찰청장을 퇴임하고 공식 민간인이 되는 신고식을 톡톡히 치렀다.

| 제2부 |

치열했던
경찰개혁 이야기

경찰개혁 시동, 위기를 기회로

2010년 8월 경찰청장 취임과 동시에 내가 강조한 것은 한 가지, '경찰조직의 혁신과 변화'였다. 대한민국 경찰이 국민들로부터 '일한 만큼 제대로 된 평가를 한번 받아보자'는 일념에서였다. 진심으로 우리나라 경찰만큼 유능하고 헌신적인 경찰이 없다고 나는 생각한다. 2010년 미국, 일본, 영국, 프랑스, 독일, 캐나다, 러시아 등 세계 주요 7개 국가와 우리나라의 인구 10만 명당 4대 범죄(살인, 강도, 강간, 절도) 발생 통계를 보자. 우리나라는 7개 국가 평균에 비해 1/4 수준이고, 강도는 1/12에 불과하다. 검거율은 2.6배나 높다. 폭력은 나라마다 통계기준이 달라 비교 대상에서 제외했다.

우리나라의 치안 우수성은 매킨지의 '서울의 비즈니스 경쟁력' 조사결과에서도 여실히 확인된다. 5년 이상 서울에 거주하고 있는 외국인들을 대상으로 실시한 조사결과에 따르면, 우리나라에서 가장 우수한 것으로 IT 인프라가 92점을 받은 데 이어 치안 인프라가 89점으로 2위에 선정되었다. 지적재산권 분야가 12점으로 최하위, 노사관계는 15점이었다. 우리나라 치안은 이처럼 세계 제일 수준인 것이다.

일본의 치안은 우리와 비슷하거나 조금 나은 부분이 있는데, 일본은 우리나라와 여건이 다르다. 우리나라 인구 100만 명 당 집회시위 건수는 일본에 비해 12.5배가 많고, 고소·고발 건수는 89.9배가 많다. 우리나라 치안 여건이 일본에 비해 그만큼 열악한 것이다. 다른

　치안 여건은 어떤가? 2011년 기준으로 우리나라 경찰관 1인당 담당 인구는 501명으로 영국 380명, 프랑스 300명, 독일 301명 등에 비해 현저히 높은 수준이다. 경찰예산의 경우도 미국, 영국, 독일, 일본, 프랑스 등 주요 선진국가의 1인당 GDP 대비 치안예산 비율 평균은 0.93%인데 비해 우리나라는 0.42%에 불과하다(2010년 국회 입법조사처 자료). 이처럼 열악한 여건에서도 세계 최고 수준의 치안 상태를 유지하는 주체가 바로 대한민국 경찰이다.

　이렇게 유능하고 헌신적으로 일하는 대한민국 경찰에 대한 국민들의 평가는 어떤가? 과연 국민들도 경찰을 세계 최고 수준이라 생각할까? 경찰조직 구성원들은 자신의 조직에 대해 얼마만큼 자부심을 가지고 있을까? 안타깝게도 대답은 그렇게 만족스러운 수준이 아니다. 나는 그 원인을 "경찰이 국민을 위해서가 아니라 경찰이 옳다고 생각하는 방향과 방식으로만 일해왔기 때문"이라고 생각했다. 경찰이 국민을 위해 존재하는 것은 지극히 당연한 사실이다. 그러나 오랫동안 우리 경찰은 '국민'을 바라보는 대신 '윗사람'을 바라보며 일하는 데 익숙한 것이 사실이다. 거기에 더해 언론에 가끔 보도되는 경찰관 비리, 인권침해, 무성의·불친절이 국민의 등을 돌리게 한 큰 이유일 터였다.

이러한 행태들은, 일부 잘못된 경찰관의 개인 자질에 기인하기도 하겠지만 경찰조직이 안고 있는 비정상적인 법령·제도·관행·인식에 더 큰 원인이 있다. 더 이상 이런 모습을 반복하지 않고 국민들에게 더욱 믿음직한 경찰로 거듭나기 위해 치안행정 패러다임의 전환이 절실하다고 보았다. 그 방향과 잣대를 나는 '기본과 원칙의 구현'에 두었다. 국가와 국민이 기대하는 역할을 제대로 수행하자는 것이 바로 기본과 원칙이다. 그 가운데 가장 시급한 것을 경찰개혁의 7대 과제로 선정하고 경찰청장 취임 직후부터 강력한 드라이브를 걸었다.

예전에도 경찰은 주기적으로 경찰개혁을 추진해왔다. 그러나 대부분 성공하지 못했다. 개혁이란 그만큼 어려운 일이다. 기존 방식으로 접근하면 실패할 것이 불을 보듯 뻔했다. 인사가 만사였다. 경찰개혁 추진을 이끌고 갈 유능하고 헌신적인 인물을 발탁했다. 경기경찰청 3부장인 이만희 경무관을 추진단장으로 해서 이동환 경정을 팀장으로, 김선우 경정, 이준형 경위, 오승욱 경위, 윤형근 경사, 박보라 경장 등 10여 명을 모아 TF를 구성했다. 이름하여 '기본과 원칙 구현 추진단(기원단)'이다. 기원단 직원들은 한 사람 한 사람 모두 계급을 떠나 지식, 논리 등 실력이 대단했다. 또한 정의감이 남달랐으며, 소신과 추진력이 타의 추종을 불허하는 초초맹장들이었다. 무엇보다 제대로 된 경찰조직을 만들고자 하는 열정에 불타는 직원들이었다.

일부에서는 너무 급진적이고 과격한 직원들이 포함되었다고 우려

섞인 조언을 했다. 그러나 개혁은 이러한 컬러의 사람들이 아니고서는 불가능하다는 것이 나의 확신이었다. 통상 공조직은 정해진 틀 속에서 일하므로 틀을 깨는 개혁적 측면은 비교적 크지 않기 마련이다. 그러나 개혁마인드로 무장된 기원단은 취임 초부터 경찰청의 개혁과 변화의 바람을 선도했다. 기대했던 대로였다. 수십 년 동안 지속되었던 경찰청의 폐쇄적이고 보수적인 업무 행태를 하루아침에 바꾸려다 보니, 기존 사고의 틀에 젖어 있는 직원들과 갈등도 적지 않았다. 하지만 기원단은 굴하지 않고 당당히 극복했다.

취임 초부터 추진한 경찰개혁 7대 과제는 다음과 같다.

> ① 친서민 치안정책
> ② 선진 법질서 확립
> ③ 인사정의 실현과 부패비리 척결
> ④ 직급구조 개선
> ⑤ 보수체계 개선
> ⑥ 근무체계 개선
> ⑦ 소통과 화합

이 가운데 가장 첫 번째 과제 ① 친서민 치안정책은 한마디로 국민중심 치안활동을 뜻한다. '국민을 위한 경찰'이라는 측면에서 경찰이 담당해야 할 당연한 일이며, 공정한 사회라는 시대정신과 결합한 제1의 핵심 과제였다. ② 선진 법질서 확립은 경찰이 업무를 수행함에 있어 '헌법 정신에 비추어 국민의 기본적 인권을 보다 보장하는 방향'으로 법집행을 하는 것을 말한다. 예를 들면 집회시위를 관리하는 데 있어 과거 불법필벌에 주안점을 두었던 것을 '합법촉진, 불법필벌'로 기조를 전환한 것을 들 수 있다. 집회와 시위의 자유는 국민의 중요한 기본권이다. 그러므로 사소한 위법이나 규정위반에 대해서는 곧바로 물리력으로 제지·제압하는 것보다는 합법적인 집회 시위가 되도록 촉진·조성하는 것이 국민의 기본권 보장이념에 보다 충실한 방향인 것이다. ③ 인사정의 실현과 부패비리 척결은 재임 중 경찰개혁의 최고 핵심 과제로 삼은 가치다. 조직이 잘 돌아가기 위해서는 무엇보다도 공정한 인사가 이루어져야 한다. 또한 그 절차가 투명하게 공개되어 조직구성원으로 하여금 의구심이 들지 않도록 할 필요가 있다. 개혁을 위해 아무리 많은 노력을 기울였다 해도, 그리하여 설령 가시적인 성과를 창출했다 해도 조직이 부정부패나 비리로 얼룩진다면 모든 공이 공염불이 되고 만다. 그렇기에 부패비리 척결도 중요한 과제였다. ④ 직급구조 개선, ⑤ 보수체계 개선, ⑥ 근무체계 개선은 국가와 국민을 위해 열심히 일할 수 있는 경찰 여건을 만드는 중요한 과제였다. 경찰은 지금까지 '희생과 봉사'로 임해왔다. 이러한 환경이 치안유지를 위한 기능과 성능에 큰 장애가 되었던 게 사실이다. 더 이상 속으로만 끙끙 앓지 않고 국가와 국민에게 호소해 공감과 지지 속에 기능과 성능을 회복하고자 노력했다. 마지막으로 국가와 국민을 위한 경찰개혁에 매진할 수 있도록 역량을 결집하는 ⑦ 소통과 화합을 일곱 번째 개혁과제로 삼았다. 경찰개혁은 경찰 지휘부만으로는 이룰 수 없다. 전 직원이 하나가 되어 힘을 모아야 완성할 수 있는 것이다.

 기원단으로 하여금 매주 1~2회 개혁 추진 상황을 아침회의 때마다 보고하게 했다. 또 아침회의에는 국장들 외에 참석을 원하는 모든 직원들이 참석해 의견을 개진토록 지시했다. 덕분에 경찰청의 아침회의에는 참석 인원이 70~80여 명에 달했고, 열띤 토론이 연일 계속

되었다. 나뿐 아니라 일선 직원들도 기원단에 대한 기대가 상당했다. 구성원들 자체가 일선 직원들의 의사와 입장을 대변할 수 있는 멤버들로 짜여진 데다가 개혁과 변화의 추진 과정을 내부망과 사이버경찰청 직원 전용방에 상세히 알려주는 정성과 노력으로 많은 일선 직원들의 공감을 이끌어냈던 것이다.

경찰개혁을 추진하면서 경찰청, 지방청, 경찰서, 현장근무자 등 각급 단계에서의 역할을 재조명하는 것에도 상당한 관심을 기울였다. 경찰청은 법령·제도를 정비하고, 인력·보수·직급 등 여건 개선과 국회, 타 부처에 대한 대외관계를 전담하며 '왜, 무엇을'에 대한 문제에 매진하게 했다. 지역 실정에 맞추어 주민이 요구하는 경찰 활동을 '어떻게' 할지는 지방청·경찰서가 결정할 수 있도록 권한을 대폭 위임했다. 또한 '누가, 언제, 어디서'의 문제는 국민과 직접 접촉하는 현장근무자의 의견을 적극 수렴하도록 지방청과 중간관리자들을 설득해나갔다.

모두 혼연일체가 되어 경찰개혁의 최선을 다하는 상황에서 큰 위기의 순간도 있었다. 2011년 1월 초부터 연이어 터진 함바 비리, 전·의경 가혹행위 사건 등이다. 취임 후부터 2010년 연말까지 G20 정상회의 성공 개최, 경찰개혁 7대 과제 추진, 민생치안 안정 등 치안 성과를 거둔 뒤, 막 시작된 2011년부터는 자신감을 가지고 경찰 처우 개선 문제에 집중하려던 시점이었다. 신년벽두에 터진 함바 비리 사건으로 고위 경찰간부들이 구속되고, 수많은 경찰간부의 연루 사실이 언론에 보도되면서 국민들의 공분을 샀다. 뒤이어 강원청 307전경대 집단탈영을 비롯한 전·의경 구타·가혹행위 등 국민들에게 지탄받는 사건이 잇달아 발생했다.

결국 2011년 신년벽두부터 경찰 신뢰는 땅에 떨어졌다. 한 언론에서는 이 상황을 두고 'G20 공든 탑 와르르? 신년벽두부터 끝 모를 경찰 추락'이라는 기사를 썼다. 일선 경찰관들의 사기는 엄청나게 저하되었다. 7대 과제를 중심으로 한 개혁 추진에도 제동이 걸렸다. 특히 2011년 2월에는 국회 행안위 주관으로 예정되어 있던 경찰 처우개선 관련 공청회가 취소되었다. 부정적 분위기를 읽은 국회가 취소를 요청한 것이다. 취임 이후 잘못된 제도·관행·인식을 과감히 바꿔나가는 경찰개혁을 위해 온 힘을 기울였으나 2011년 연초부터 연이어 터진 각종 사건으로 조직은 안타까울 정도로 흐트러져 버렸다. 경찰은 '음력설을 쉰다'는 각오로 더 근본적인 쇄신 해법을 찾아야 했다.

나는 함바 비리 연루자 자진신고 지시(1. 10), 전국 경찰지휘부 회의 개최(1. 12), 경찰 선진화 TF 발족(1. 21), 내부고발 활성화 및 사건청탁 근절 방안 시행, 전·의경 구타·가혹행위 근절, 경찰문화 개선 등 쇄신책을 강력히 추진해 나갔다. 함바 비리 연루자 자진신고를 하게 한 이유는 간단하다. 불법적이고 부당한 내용이라면, 윗사람 지시에 따랐다 해서 모든 것이 면책되지 않음을 경찰 간부들에게 인식시켜 주기 위해서였다. 자진신고 대상자 50여 명 대부분이 청탁을 거절하거나 단순 면담에 그친 정도였다. 그러나 적당하게 넘어가지 않고 국민들 앞에 발가벗는다는 각오로 진실한 모습을 보여주어야만 앞으로 이러한 일이 사라질 것이다.

사실 윗사람이 지시하면 아무리 부당하고 불법적인 일이더라도 거역하기가 쉽지 않다. 제복조직인 경찰에서는 말할 여지가 없다. 사건과 이권에 개입해 부당한 지시를 하는 윗사람 때문에 우리 경찰이 얼마나 망가졌는가? 그 피해는 경찰만 입는 게 아니다. 궁극적으로는 국가와 국민에게 피해가 고스란히 돌아간다. 경찰은 국가와 국민을 위한 국가기관인데 그렇다면 경찰이 존재할 이유가 없지 않은가? 윗사람의 지시라고 불법·부당을 기계적으로 따라왔던 잘못된 관행을 타파하지 않고서는 경찰이 바로 설 수 없다.

  2011년 연초, 빠른 시일 내에 국민 신뢰를 회복할 수 있도록 경찰개혁 7대 과제 중의 △인사정의 실현 △부패비리 근절 △인권보호 △국민 중심 치안활동 등 4대 핵심 과제를 강력히 선도해 나갔다. 물론 경찰문화를 개선하는데도 혼신의 노력을 기울였다. 자괴감에 빠진 현장경찰관들의 사기와 근무 의욕을 고취하기 위해 일한 만큼 합리적 대우를 받을 수 있는 인력·예산·직급 등 치안 인프라를 확충하는 데도 열과 성을 다했다. 위기를 기회로 만들어가는 노력 덕분에 조직은 두 달도 안 되어 빠른 속도로 안정을 찾아갔다. 그리고 2011년 중반에 접어들면서는 믿기 어려울 정도의 개혁 성과가 나타나기 시작했다.

인사청탁하면 큰일난다

경찰조직에 인사정의를 실현한 것이 내가 가장 보람 있게 생각하는 개혁 성과 중 하나다. 인사정의 실현의 요체는 외부의 인사 개입을 배제하고 성과에 입각한 인사를 실시하는 것이다. '당당하게 일하고 일한 만큼 보상받는' 시스템과 조직문화를 만드는 것이다. 인사가 바로 서지 않는 조직의 구성원들은 상급자뿐만 아니라 조직 자체를 불신하게 된다. 그 여파는 특히 경찰의 경우 고객인 국민들에게 미칠 수밖에 없다.

그간의 경찰 인사는 과정과 결과의 공정성 시비가 끊이지 않았던 게 사실이다. 일례로 2009년, 국민권익위에서 국가기관 청렴도를 평가했을 때 경찰은 39개 행정기관 중 최하위를 차지했다. 외부인들이 평가하는 외부청렴도 점수는 8.22점으로 종합청렴도 점수 7.48점에 비해 그런대로 높은 수준이었지만 내부 직원들을 상대로 한 내부청렴도 평가점수는 6.12점으로 상당히 낮았다. 문제는 내부청렴도를 평가하는 3가지 항목 가운데 인사공정성 부문이 3.01점을 받았다는 사실이다. 바로 이 점 때문에 39개 기관 중 최하위를 한 것이다.

경찰관들 스스로 경찰인사를 어떻게 생각하는지에 대한 또 다른 조사결과도 있다. 2010년 7월 경찰청 감사관실 주관으로 전국의 경찰관 26,652명에게 자체청렴도 설문조사를 했다. '인사와 관련해 돈을 준 적이 있느냐'는 질문에 그렇다는 답이 0.6%(172명), '향응을 제공한 적이 있느냐'에 그렇다는 답이 1%(267명) 나왔다. 그러나 금품이나 향응을 실제로 제공한 비율과 달리 '금품이나 향응을 제공하지 않으면 승진하지 못하거나 원하는 보직에 가지 못한다'고 생각하는 비율은 48%(12,735명)에 달했다. 소위 '빽'을 쓰지 않으면 안 된다고 생각하는 직원들까지 감안할 때 거의 100%가 경찰 인사에서 청렴을 주장했다가는 불이익을 받는다고 생각하는 분위기였다.

총경 시절 경찰서장을 할 때부터 그랬지만 이 문제가 깨끗해지지 않으면 경찰 발전은 영원히 없다고 생각했다. 인사문제가 제대로 안 되면 누가 열심히 일하려 하겠는가? 빽 쓰고 돈 갖다 바치면 자연히 부정부패, 비리에 빠질 수밖에 없는 것이 세상 이치다. 그래서 경찰서장과 지방경찰청장을 거쳐 경찰청장에 취임한 이후에도 인사과정의 불신을 걷어내고 인사정의를 실현하기 위해 각고의 노력을 다했다.

덕분에 2009년의 인사공정성 평가점수가 3.01점이던 것이 2011년에는 7.87점으로 무려 2.6배나 대폭 상승했다. 9점 이상은 나와야 하지 않느냐고 내심 불만스러웠는데, 행정학 전공 대학교수 한 분이 "어느 조직이건 인사가 끝나면 절반 이상은 불만을 가지는 법인데 7.87점이라면 정말 대단하다"고 평가하는 것을 듣고는 마음을 놓았다. 경찰청이 자체 실시한 직무만족도 조사결과에서도 인사·성과분야 만족도가 2011년 73.5점으로 크게 상승했다. 불과 얼마 전까지만 해도 '경찰 인사는 복마전'이라고까지 했지만 상황이 완전히 역전된 것이다.

2012년 4월 〈주간동아〉와의 인터뷰에서 '국회의원 10여 명이 인사청탁을 했다'는 내용이 보도되어 논란이 일었다. 기사 내용과 내가 한 말의 취지는 조금 다르다. 내 말인즉, 과거에는 더 많은 국회의원이 인사청탁을 했지만 내가 청장으로 있을 때는 그보다 적은 10여 명의 의원이 청탁을 했다는 취지였다. 18대 전체 국회의원 299명 중 10여 명은 극히 일부다. 절대 다수의 국회의원들이 경찰인사에 아예 관

심이 없거나, 있더라도 경찰청장의 인사방침을 알고 적극 협조해줬다. 이 기회를 빌어 인사정의 실현에 협조해주신 국회 행정안전위원회 위원장을 비롯한 여러 의원님들께 진심으로 감사드린다.

국회 행안위원장을 역임한 안경률 의원 등은 경찰 인사가 끝난 후 농담반 진담반으로 이렇게 말했다. "내가 행안위원장인데 인사 청탁을 얼마나 많이 받았겠어요. 청장이 하도 인사정의를 강조해서 내가 말 한마디 안했습니다." 그 분은 고교 선배이며 부산 지역구 출신으로 잘 아는 사이다. 그런데 내 자리(?)가 전혀 도움이 되지 않았다 하니 조금 미안했다. 인사정의를 위해 몸부림치는 경찰청장을 도와주려고 전화 한 통 하지 않은 사려 깊음에 코끝이 찡해지는 고마움을 느꼈다. 그 은혜에 보답키 위해서라도 인사정의를 꼭 실현시켜야 했다. 소문이 나다보니 경찰인사가 타 부처의 벤치마킹 대상이 되었다. 다른 부처의 몇몇 인사권자들이 찾아와 "어떻게 인사를 하면 되냐?" 나에게 물어왔던 것이다. 상당히 뿌듯한 일이었다.

그간 경무관에 승진하려면 권력 실세, 총리 및 장관, 여당 대표·총무, 청와대 비서실장, 청와대 경찰주무 수석 및 사정담당 수석 등등의 몫이 있으며, 정작 경찰청장 몫은 거의 없다는 이야기가 경찰 내외에 파다하게 퍼져 있었다. 사실 여부를 떠나 그런 이야기가 나도는 자체가 경찰조직으로서는 큰 문제였다. 이래서야 어떻게 경찰청장의 지휘권이 확립될 수 있겠는가? 그래서 2010년 12월 경무관 승진과 관련한 청와대 인사협의 회의에서 이런 요청을 했다. "경찰청장 지휘권의 핵심이 인사권이므로 제발 존중해달라"고 말이다. 인사권도 제대로 행사하지 못하는 경찰청장이라면 경찰조직을 이끌어 갈 지휘권을 제대로 행사할 수 없을 터였다. 내 뜻을 읽은 임태희 대통령실장과 정진석 정무수석이 적극적으로 도와주었다. 단, 황운하 총경(현 경무관)의 승진인사는 예외였다. 서울 경찰서장을 안 거쳤기 때문에 승진시키면 안 된다는 반대논리를 받아들였다. "대통령께서, 조현오 경찰청장이 인사 등 경찰청장으로서 제대로 해보려 노력한다고 인정하고 있으니 힘을 실어주자"고 임태희 대통령실장, 정진석 정무수석이 분위기를 주도했다. 참으로 고마운 분들이다. 인사가 만사라고 했다. 덕분에 국가와 국민을 위해 바로 선 경찰을 만들어가는 첫 단추를 끼울 수 있었다. 경찰인사가 외부로부터의 영향에서 완벽하게 벗어난, 새로운 역사가 시작된 것이다.

외부로부터 청탁을 배제하고 금품이나 향응에도 휘둘리지 않고, 그렇다면 어떤 기준으로 인사를 해야 할까? 바로 성과에 입각한 인사다. 인사정의를 실현하는 또 다른 요체는 투명한 인사기준과 절차에 따라 공정하게 성과를 평가하는 것이다. 또한 성과 우수자를 사전에 공개해 인사권자의 자의적 판단을 최소화하는 것이다. 인사는 권한이 아니라 책임이라 생각했기 때문에 나는 인사권이 상당 부분 줄어드는 것을 감수하고 권한으로서의 인사권을 내놓았다. 2011년 심사 승진에서는 서울청장 근무 시절 비서실장을 했던 경감 직원과 경찰청장 비서실에 근무하는 경위도 승진이 되지 않았다. 인사위원회에 미리 "내 눈치 보지 말고 공정하고 투명하게 인사를 하라"고 지침을 내려준 이후의 결과였다.

성과에 입각한 인사원칙과 공정하고 투명한 인사를 위한 노력은, 사실 총경 시절 지방 경찰서장을 할 때부터 시작되었다. 울산 남부경찰서장과 경남 사천경찰서장에 있을 때 내가 위원장이 되고 과장급들이 심사위원이 되어 승진을 원하는 직원들을 모두 불러 모아 직접 면접하고 심사를 했다. 당시에는 경사 승진 때 서장이 추천하면 거의 예외 없이 승진이 됐다. 그러나 나는 그 권한을 포기했다. 평점을 잘 받고 싶으면 면접장에 서서, 자기가 어떤 능력으로 어떻게 일해서 어떤 성과를 거뒀다는 사실을 발표하라고 했다. 말주변이 없으면 다른 직원이 대신 설명하게 했다. 심사위원들과 공정하고 투명한 평가 후 승진자를 결정했는데, 당시로서는 꽤나 파격적인 방식이었다.

보안을 유지하고 공개하지 못한다는 인사규정을 어기고 공개적으로 인사위원회를 연다는 것은 규정에 위배된다고 반대하는 과장들도 있었다. 후보자도 몇 명 오지 않을 거라며 괜한 짓을 한다는 눈치도 있었다. 그러나 인사규정을 지킨답시고 밀실에서 얼렁뚱땅 인사위원회를 개최하고는 인사 후에 온갖 잡음이 나돌고 불신이 가중되는 것보다는 차라리 그 편이 나았다. 그런데 막상 위원회를 열자 준비했던 후보자 좌석 50명을 다 채우고 추가로 의자를 갖고 들어와 앉을 정도로 성황이었다. 심사를 하고 그 자리에서 바로 서열을 정해 결과를 인터넷에 올렸다. 그리고 그 서열을 뒤집으려 하는 사람은 내가 서장직을 걸고 가만 안 두겠다고 강조했다. 당시 울산 남부서는 인사 때마다 잡음이 끊이지 않는 복마전이었다. 그런데 새로운 방식의 인사가 끝나고 나서는 잡음이 전혀 없었다. 이 방식보다 더 객관적이고 공정한 방법이 없을 터였다. 그때의 경험이 나중에 지방경찰청장을 할 때와 경찰청장 재임 시에 추진했던 인사정의 실현의 모티브가 되었다.

서울경찰청장 시절에는 '인사 혁명'이라는 평가를 들었다. 2010년 1월 8일 서울경찰청장에 취임한 불과 이틀 후인 1월 10일에 승진을 희망하는 직원들을 모두 불러 모았다. 경찰서장이 승진권을 가진 경사 이하 경찰서 직원들을 제외하고 서울경찰청장이 직접 승진권을 행사하는 대상으로 한정했다. 그런데도 참석자가 230여 명에 달했다. 희망자가 너무 많아 접수 제한시간을 넘겨 접수한 신청인은 자기소개를 서면으로 대체하겠다는 보고가 있을 정도였다.

승진을 향한 의욕과 열기는 역시 대단했다. 많은 인원이 참석했기에 1~2분 정도만 시간이 주어졌음에도 열성적으로 자신이 승진되어야 하는 이유와 업무성과를 조리 있게 설명했다. 나 또한 한 사람 한 사람의 이야기를 세밀하고 진지하게 경청하고 평가했다. 지구대와 수사, 형사, 교통 등 성과계량이 가능한 부서의 직원들의 경우 배석한 부장·과장들에게 전년도 성과순위를 일일이 물어보았다. "실적 최상위그룹에 들어가는 경우는 반드시 승진시키겠으니 해당 직원은 오늘 발표 없이 돌아가도 좋다"는 이야기까지 했다.

저녁식사로 준비한 김밥을 나누어 먹으면서 진행한 대화는 장장 5시간 30분이나 걸렸다. 다음 날인 1월 11일 월요일, 중앙일보 1면에 '경찰 승진 대상자 전원 인터넷 공개 – 조현오 서울청장의 실험'이라는 제목의 톱기사가 실렸다. 기자가 강당에 들어와 있었던 모양이었다. 내가 전날 200명이 넘는 승진 희망자와 대화의 시간을 가졌으며, 앞으로 매달 실적을 평가한 뒤 인터넷에 공개하고 이를 누적시켜 연말에 바로 승진인사에 연결되도록 하겠다고 밝힌 내용들이 신문에 소개되었다.

  이후로 며칠간 한국일보 등 다른 언론에서도 서울경찰 인사개혁에 대한 기사가 비중 있게 실렸다. '파격적인 인사실험'이라는 호의적 평가가 주류였다. 내가 밝힌 성과주의 인사원칙이 주요 일간지 톱기사로 소개되니 상당한 부담도 되었다. 반면 공정하고 객관적이며 외부청탁에 휘둘리지 않는 인사를 하겠다는 각오와 소신이 언론을 통해 널리 알려진다는 사실에 가슴이 뿌듯하기도 했다. 그처럼 이목이 집중되니 작년도 성과를 기준으로 되도록 빨리 승진 대상자를 판단하고 싶었다. 제출받은 지구대, 수사, 형사, 교통 직원들의 성과순위표를 보고 해당 부장들과 곧바로 검토에 들어갔다. 다들 처음 겪는 일이라 긴가민가하면서 내 의중을 살폈다. 일부 간부는 성과순위만으로 승진을 시켜서야 되겠느냐며 난색을 표했다. 나는 단호히 밀고 나갔다. 이런 식의 객관적이고 투명한 방법이 아니면 외부의 영향을 떨칠 수 없다는 확고한 의지가 섰기 때문이었다.

  경정급 이하 심사승진위원회 구성을 하루이틀 앞둔 시점에 여기저기서 수많은 부탁 전화가 걸려왔다. 외부에 휘둘리지 않고 누가 봐도 투명하고 객관적인 인사를 하겠다고 수차례 공언했건만 아랑곳하지 않고 걸려오는 전화가 안타깝고 서글펐다. 거절하기가 참 부담스러운 전화도 많았다. 그때마다 성과순위에 근거해 승진시키겠다고 공언한 중앙일보 톱기사를 언급하면서 "이 사람은 순위가 몇 등이어서 도저히 곤란하다"라는 식으로 설명했다. 대부분의 사람들이 그 톱기사를 이미 본 터라 쉽게 수긍을 해주었다. 언론의 위력이 대단하다는 것을 새삼 실감했다.

어느 정도 승진 대상자의 개괄적 윤곽이 나올 무렵 심사위원회를 구성하기 바로 직전에 지방청의 계장급 이상 간부들을 전원 회의실로 소집시켰다. 그 자리에서 나는 "정량평가가 가능한 지구대, 수사, 형사, 교통부서는 철저히 성과순위 순으로 승진시키고, 정량평가가 힘든 부서는 업무의 난이도와 중요도를 고려하고 해당 서장과 부서장의 의견을 전적으로 반영하겠다"고 밝혔다. 승진 대상 간부는 이름까지 거명했다. 또한 "일선 경위급 형사팀장의 경우, 형사 외근실적 1위에서 9위까지 모두 승진시킬 계획인데 5배수 미포함자와 하위 10% 해당자를 배제하고 나니 9번째 승진자가 전체 형사팀장 173명 중 56위에 해당한다"는 인사기밀(?)까지 공개했다. 일순 회의실이 술렁거리며 참석자들의 얼굴이 상기되었다. 승진인사를 단행하면서 사전에 이렇게 대상자와 승진원칙을 공개한 것은 경찰 역사상 처음이었다. 이는 조직 내외부에 "이번 심사승진과 관련해 청탁은 이제 불필요하다"는 사실을 명명백백하게 밝히는 경고의 계기도 되었다.

공개 이후 곧바로 승진심사위원회를 구성해 이미 검토한 승진원칙을 제시하고 공식적인 심사 절차를 진행했다. '성과순위가 나오는 부서는 순위대로 하고, 정량평가가 어려운 부서는 해당 서장과 부서장의 의견을 전적으로 반영해 심사위원회에서 토론을 벌여 승진자를 결정하라는 것'이 내가 제시한 승진원칙이었다. 객관적인 성과순위와 해당 부서장 의견을 전적으로 따르다보니 외부의 입김이 개입할 여지가 전혀 없었다. 취임 일주일 만인 1월 14일, 승진심사위원회가 심사한 최종 승진 인사안에 결재를 하고 결과를 발표했다. 앞에서 밝힌 형사팀장급 외에 경제수사·지능수사·과학수사·지원부서 각 1위가 승진되었고, 지구대 순찰팀장 실적 1~3위, 파출소장 실적 1~2위, 생활질서계장과 여성청소년계장 실적 1위가 명단에 올랐다.

예상대로 반응은 뜨거웠다. '인사혁명이다', '경찰 창설 이래 최고로 공정한 인사다'라는 평가가 답지했다. 수많은 일선 직원들과 외부에서 내부망 게시판과 이메일, 문자메시지를 통해 "공정·투명한 인사원칙을 확립하는 전기가 마련되었고 앞으로 직무에 전념하는 분위기가 조성될 것"이라는 공감의 뜻을 보내왔다. 특히 금천경찰서 문성지구대에서는 전년도 외근성적 서울청 전체 1위와 5위를 차지한 경위팀장 2명이 모두 경감으로 승진했다. 한 지구대에서 경감 승진이 2명이나 나왔으니 금천서 전체가 열광 분위기였다. 승진한 팀장 중 1명은 "부탁할 곳이 없어 승진하리라고는 생각지도 못했는데 승진했다"며 감격의 메시지를 보내왔다. 집회시위 관련 치안수요가 많았던 남대문서와 영등포서 경비·정보부서 승진 대상자들도 "묵묵히 맡은 일만 수행해왔는데, 그간의 성과를 인정해주고 승진까지 되어 매우 기쁘고, 원칙을 지켜준 청장님께 감사한다"는 뜻을 표해왔다.

외부 인사청탁을 한 직원들은 공개하겠다고 천명했다. 서울청장 시절인 2010년 1월 말, 보직인사를 앞두고 외부에서 청탁을 해온 경정급 직원 16명의 명단을 아침회의 석상에서 모두 공개했다. 인사청탁을 한 직원은 공개하고 불이익을 준다는 내용이 신문에 크게 보도된 후부터 "조현오에게 청탁하면 큰일난다"는 소문이 퍼졌다. 경찰청장이 되고 난 후에도 인사청탁이 거의 없을 정도로 확 줄었다.

조현오 청장, 인사청탁한 경정 명단 파격 공개
- 동아일보 2010. 2. 16

"○○경찰서 xxx, ○○경찰서 xxx, ···."
지난달 27일 서울 종로구 내자동 서울지방경찰청 내 회의실. 경찰간부들이 모인 참모회의 도중 조현오 서울경찰청장은 경찰관 16명의 이름을 부르기 시작했다. 모두 경정 계급의 낯익은 이름이었다. 참모진은 어리둥절한 표정으로 서로의 얼굴을 쳐다봤다. 잠시 정적이 흐르자 조 청장은 나지막한 목소리로 말했다.
"외부 인사를 통해 나에게 인사청탁을 한 경찰관들 명단입니다."
조 청장의 말에 참모진은 모두 경악했다.

인사청탁 경찰관 추후 인사에 불이익

조현오 청장이 2월 1일 단행된 경정급 인사 과정에서 '외부 인사를 통해 자신에게 인사청탁을 한 경정 16명의 명단을 참모회의 석상에서 공개'한 사실이 뒤늦게 밝혀졌다.

15일 서울경찰청 간부들에 따르면 조 청장은 당시 인사교육과장에게 "지금 내가 거론한 경찰관들은 인사카드에 기록하고 특별관리하라"고 지시했다. 첫 인사인 만큼 이번에는 넘어가지만 차기 승진 인사, 보식 변경 인사 때 유사한 일이 벌어질 경우 불이익을 주겠다는 경고였다. 조 청장은 또 아예 인사청탁을 한 일선 경찰서 경정 한 명을 참모회의 때 직접 불러 청탁 과정을 설명하도록 지시했다. 이 경찰관은 "계급 정년이 얼마 남지 않아 절박한 상황에서 잘못 생각했다"고 사과한 것으로 전해졌다. 이후 인사에서 해당 경찰관들은 대부분 청탁한 자리를 받지 못했고 일부는 불이익을 받은 것으로 알려졌다. 서울경찰청 인사과는 기존 인사카드에 인사청탁 여부를 기록할 자리가 없어 별도의 파일을 만들어 첨부하기로 했다.

조 청장의 파격적인 공개에 서울경찰청 간부들은 놀라움을 감추지 못했다. 한 간부는 "다들 너무 놀라 정신이 멍했을 정도"라고 밝혔다. 경정은 일선 경찰서장급인 총경 승진을 눈앞에 둔 계급이라 승진에 유리한 보직을 받기 위해 정치인 등 유력 인사를 동원한 인사 로비가 적지 않다.

경찰 쇄신 의지에 긍정적

조 청장은 취임 후 "오로지 성과와 실적으로 평가하겠다"고 강조하고 단속 대상 업주들과의 유착이나 근무 태만을 엄단하겠다고 밝혔다.

그의 말은 엄포로 끝나지 않았다. 최근 근무태도 등으로 문제가 된 일선 경찰서 경위와 경감 등 2명이 서울경찰청 교통도보팀으로 발령이 났다. 이들은 의경 등과 교통단속 업무에 투입됐다. 조 청장이 일선 경찰서를 방문한 자리에서 "문제가 있는 직원은 계급을 불문하고 교통도보팀으로 발령을 내라"고 지시했기 때문이다. 앞서 서울경찰청은 이달 초 경찰관 가운데 근무태도가 불성실한 직원들에게는 아예 보직을 주지 않고 경찰서별로 70% 이상 간부를 교체하는 등 대대적인 쇄신에 나섰다. 경정·경감급 인사 675명, 경위 이하 1,892명 등 2,567명을 재배치했다. 근무태도나 기강에 문제가 있는 경정급 경찰관 2명에게는 보직을 주지 않고 지정 '숙제'를 해오도록 지시한 것으로 알려졌다. 또 근무 분위기를 저해하는 경위 이하 103명을 다른 경찰서로 전보 발령했다.

조 청장의 쇄신 드라이브에 대한 일선의 반응은 대체로 긍정적이다. 일선 경찰서 간부들은 "인사운동을 하는 사람들 때문에 묵묵히 일하는 직원들이 피해를 봤다"며 "직원들의 사기가 높아졌다"고 밝혔다. 또 다른 경찰관은 "모든 경찰이 문제가 있는 것처럼 비치지 않을까 하는 우려도 있지만 방향 자체가 옳기 때문에 불만은 없다"고 말했다.

투명한 인사 프로세스를 위하여

인사청탁 직원을 공개한 일로 인해 지금까지도 남남처럼 지내는 사람들이 꽤 있다. 청탁하는 경찰관은 내 인간관계를 곤란하게 만드는 것은 물론 국가와 국민에게 피해를 입히는 아주 이기적인 사람이다. 꼭 되어야 할 사람을 제치고 이런 사람이 승진해서야 되겠는가? 이런 경우 상당수는 –인사권자에게 가건 청탁자에게 가건 브로커에게 가건– 돈이 오가기 마련인 것이다.

투명하고 공정한 인사를 위해 내가 도입한 시스템은 '업무성과기술서 제출 → 심사위원회 면접 심사평가 → 결과 공개 → 이의신청 → 이의신청에 대한 심사 및 결과 공개 → 최종 확정' 순의 프로세스였다. 이의신청을 도입한 취지는 심사결과에 대한 검증·구제 절차를 거치도록 하여 투명성과 공정성을 더욱 높이자는 것이었다. 이의신청에 대한 심사 결과 합당하다고 결정되면 최단시간 내에 인사에 반영토록 조치했다. 그 대신 업무성과에 기초한 공정한 인사를 실시했다. 인사에 앞서, 전국의 총경급 경찰관이 개인별로 작성한 업무성과기술서와 감찰자료 등을 토대로 경찰청은 차장이, 각 지방청은 지방청장이 위원장이 되어 면접 심사평가를 하게 했다. 결과를 공개하고 그에 대한 이의신청을 받아 다시 심사하는 과정을 거쳐 소속기관별로 성과 우수자 상위 30%의 명단을 공개했다. 공개된 평가결과는 승진과 보직인사에 반영토록 했다.

총경 업무성적 상위 30% 실명·등수 오늘 공개
- 중앙일보 10.11.13

경무관 승진 인사 앞두고 단행, 경찰청장 "빽 쓴 사람 절망할 것", 12월엔 경정 급으로 확대 방침, '전시 행정, 성과주의' 우려도

경찰청은 "경무관 승진 대상인 총경 계급의 경찰관 중 '업무성과 평가 상위 30%의 실명과 등수'를 인터넷 내부망에 13일 공개한다"고 12일 밝혔다. 공개된 업무평가 결과는 20일 전후로 발표될 승진 및 보직 인사에 반영된다. 경찰이 인사를 앞두고 경찰관 각 개인의 성적을 등수와 함께 공개한 것은 이번이 처음이다. 공개된 내용은 모든 경찰관이 볼 수 있다. 이 같은 경찰의 인사 실험은 공직사회에 큰 영향을 줄 것으로 보인다.

'경찰의 별'이라 불리는 경무관은 전국 10만여 명의 직업경찰 중 35명뿐이다. 경무관 승진을 바라보는 총경은 485명이다. 1년에 경무관에 오르는 총경은 10명 남짓이다. 이로 인해 "승진을 앞두고 온갖 암투와 인사청탁이 판을 친다"는 비판이 많았다. 승진 결과가 나오면 "될 사람은 안 됐고, 안 될 사람은 각종 민원을 통해 됐다"는 불신이 팽배했다.

조현오 경찰청장은 "능력은 없는데 소위 '빽' 쓴 사람, (윗선의) 동아줄을 잡은 사람들은 절망하게 될 것"이라고 했다 한다. 그는 경기청장과 서울청장 시절에도 성과 공개를 부분적으로 추진했다.

조 청장은 경찰에 대한 국민의 뿌리 깊은 불신이 불합리한 인사 제도에 있다고 판단했다. 경찰 내부가 깨끗해져야 법을 제대로 집행할 수 있다는 것이다. 최근 이명박 대통령이 "세계적인 치안 수준에 비해 경찰에 대한 국민의 신뢰는 낮다"고 말한 것과 맥락을 같이한다.

이 같은 조치에 대해 조직 내외의 많은 분들이 공감과 격려의 뜻을 보내주었다. 그동안 지휘관의 고유권한으로 인식되어 왔던 인사재량권을 과감히 버린 파격적인 조치로, 공정하고 합리적인 인사를 담보하는 계기가 되었다며 높이 평가해주었다.

2010년 12월에 단행된 경무관 승진인사뿐 아니다. 이후 총경 이하 승진인사를 포함해 각급 보직인사도 이러한 평가 결과를 전적으로 반영했다. 자부하건대 일체의 외부 인사 개입 없이 공정하고 투명한 절차에 따른 완벽한 인사였다. 이런 식의 인사가 이루어지자 분위기가 많이 바뀌었다. 외부에 기웃거리지 않아도 일 잘하면 승진한다는 사실에 고무된 직원들도 많아졌고, 자신의 승진을 위해 남을 헐뜯고 모함하는 소리도 많이 줄어들었다. 이명박 대통령도 경찰개혁 차원에서 추진하는 인사정의 실현 노력에 힘을 실어주었다. 맹형규 행안부 장관도 소신대로 하라며 인사와 관련된 언급을 일절 하지 않았다.

위에 소개한 공정·투명한 인사 프로세스는 이후 한 단계 더 업그레이드되었다. 일선 직원들이 가장 많이 관심을 기울이는 경감 이하 특진심사부터다. 2011년에 총 4차례의 특진심사를 했다. 가장 중요한 단계인 심사위원회 면접 심사평가 때 심사위원을 내부 직원 외에 외부 교수, 언론인, 시민단체 회원들 중 신망이 두터운 분들까지 포함시켰다. 5~7명가량의 내·외부 심사위원들이 면접심사와 동시에 점수를 부여하고, 나중에 면접 당사자 개인별로 최고점과 최저점을 제외한 나머지 점수의 평균으로 서열을 매기는 소위 '올림픽 체조경기 채점 방식'을 도입했다.

특진심사에는 참관단도 참석시켰다. 계급 대표성이 있고 입바른 소리를 할 줄 아는, 심지어 그것 때문에 윗사람들이 달갑게 생각지 않는 그런 사람들이 참관하게 했다. 면접을 보는 당사자도 자기 면접이 끝난 후 참관석에 앉아 다른 사람은 어떻게 면접심사를 하는지 지켜보게 했다. 외부 심사위원들은 "민간기업에서도 이렇게까지 하지는 않는다"면서 "경찰청의 인사시스템이 민간기업보다 앞선다"고 높이 평가했다. 더불어 "직원들도 말만 들었을 때는 믿지 못했는데 실제로 보고 나니 믿지 않을 수 없다"면서 "경찰청 특진심사에 진짜 빽이 필요 없다"는 사실을 널리 홍보해주었다.

이러한 면접심사 평가와 이의신청 시스템은 처음에는 경찰청에서만 추진했으나 지방경찰청과 경찰서에서도 같은 방식을 도입했으면 좋겠다는 건의가 빗발쳐 점차 지방청과 경찰서 단위까지 확대 운영했다. 특진심사 이야기가 나와서 하는 말이지만, 경찰청장으로 근무하는 동안 가장 보람 있게 생각했던 것 중 하나가 바로 '치안 현장에서 묵묵히 자기 소임을 다하며 성과를 낸 직원들에게 상당수의 특진 기회를 부여해주었다는 점'이다. 특진 T/O가 기존에는 경감특진의 경우 전체 승진인원의 5% 이내였지만 2010년 연말에 경찰공무원 승진임용규정을 고쳐 30%로 확대했다. 경위특진은 기존 15% 이내, 경사 이하는 기존 20% 이내에서 경감 특진 비율처럼 30%로 확대했다.

마침 2010년 하반기에 현장경찰관 사기진작을 위한 직급 조정을 통해 2011년 승진 몫으로 경감 1,025명의 정원을 확보한 상태였다. 이렇게 대폭 증원된 승진 T/O를 '연공서열을 중시하는 심사승진'이나, '일보다 시험공부만 잘하면 승진할 수 있는 시험승진'으로 대부분 배정하는 것은 문제가 있다고 보았다. 일선에서 묵묵히 일하면서 최상의 치안성과를 내고 있는 성과 우수자들에게 인센티브를 확대할 필요가 있었다. 조직의 대부분을 차지하는 경사 이하 입직 직원들에게 일만 잘하면 승진할 수 있는 '특진'의 길을 대폭 열어줌으로써 총경 이상 상위직까지의 진출도 더 늘어나도록 하는 제도적 뒷받침이 필요하다고 생각한 것이다.

예전에는 순경으로 경찰에 들어와도 총경뿐만 아니라 경무관 이상까지도 승진하는 경우가 제법 있었다. 그런데 근래에 이르러서는 총경되는 것도 하늘의 별따기가 되고 말았다. 경찰청장이 되기 전 총경 승진 현황을 살펴보니, 순경 공채 출신의 총경 승진 비율이 20%를 넘지 못하는 현실이었다. 이렇듯 총경 승진자도 거의 나오지 않으니 경찰대학 폐지론 등이 거론되는 것 아니겠는가? 경찰대 출신, 간부후보생 출신, 고시 출신, 순경 출신들이 모두 윈윈(win-win)하기 위해 가장 시급한 길은 순경 입직자들의 승진 속도를 지금보다 높이는 것이다.

경찰청장이 된 이후 실시한 2회의 총경 승진심사에서 경사 이하 입직자를 최대한 배려하기 위해 노력했다. 과거에 경사 이하 입직자의 총경 승진 분포는 17% 정도였다. 그런데 2011년 총경 승진에서는 19명(23.2%), 2012년 승진에서는 18명(25.4%)을 총경으로 승진시켰다. 그러나 아직도 상위직까지의 진출 가능성은 그리 높지 않아 경사 이하 입직자들의 불만이 심각한 수준이다. 그래서 2010년 하반기 특진비율 확대를 추진할 때 처음에는 50%까지 확대하려 했었다. 그러나 이 계획은 경찰위원회의 반대에 부딪혀 초장부터 심한 난항을 겪었다. 사실 지금까지의 특진은 소위 '빽'으로 된다는 인식이 강했다. 그래서 5% 특진도 문제가 있는 상황에서 50%까지 확대한다는 것은 절대 불가하다는 게 경찰위원회의 논리였다.

하지만 경찰은 국민을 위해 존재한다. 국민은 일선 현장에서 성실하고 정성껏 열심히 일하는 경찰관을 원한다. 경찰들의 사기관리가 중요한 것은 이 때문이다. "현장에서 제대로 열심히 하면 승진할 수 있고, 내 윗사람 중에도 그런 사람들이 적지 않다"고 경사 이하 입직자들이 생각하는 것이 중요하다. 그런 상사와는 적어도 입직 경로에 따른 갈등은 없다. 아무리 잘해도 일정 계급 이상 승진이 안 된다면 일할 의욕이 꺾이게 마련이다. 수당 등 다른 것으로 보상 받지도 못하는 현실에서는 더욱 그렇다.

직접 경찰위원회 상임위원을 찾아가 설득하고, 또 경찰청 간부들이 일일이 경찰위원들 개개인에 대해 '특진 확대의 필요성과 앞으로 특진 절차를 획기적으로 공정·투명하게 개선해 나갈 것'을 분명히 한 후에야 특진 비율을 30%로 확대하는 정도로 경찰위원회를 통과할 수 있었다. 그래서 2011년에는 경감 특진 379명을 포함해 전체 670명을 특진시킬 수 있었다. 경감 특진의 경우 2009년은 8명, 2010년은 29명에 불과했으나 2011년은 379명으로 늘어났다. '일만 열심히 하면 승진된다'는 인식과 분위기가 전국 경찰에 널리 퍼졌다. 앞에서 설명했다시피 특진 기준과 절차에 대해서는 누구도 문제를 제기할 수 없을 정도로 최대한 공정, 투명하게 진행했음은 물론이다.

영화 〈투캅스〉, 그 후

1993년 재미있는 한국영화 〈투캅스〉가 개봉되어 제법 인기를 끌었다. 경찰 입장에서는 너무 부끄러운 영화이기도 했다. 이 영화는 안타깝게도(?) 흥행 대박을 이루었다. 명배우 안성기와 박중훈의 뛰어난 연기도 한몫을 했다.

부패한 고참 형사와 경찰학교를 수석으로 졸업하고 정의감이 넘치는 신참 형사의 이야기를 코믹하게 그린 영화다. 신참인 강 형사는 처음에는 의협심에 충만해 모든 사건을 원리원칙대로 처리하지만 유흥업소의 섹시한 여종업원을 만나면서 서서히 부패한 고참 형사를 닮아간다. 영화를 본 국민들은 '경찰=부패한 집단'을 연상할 수밖에 없었다. 이후 부패 경찰 관련 보도가 나올 때마다 그 앞에 유행처럼 '투캅스'라는 수식어가 붙기도 했다.

〈투캅스〉 개봉 무렵에 경찰에 갓 입문한 나는 부산 동부경찰서 형사과장으로 근무하고 있었다. 영화와 비슷한 부패 경찰 모습이 언론에 심심찮게 보도되기도 했다. 한번은 서울 강남 지역의 경찰관이 불법 안마시술소 업주로부터 5천만 원의 뇌물을 받았다가 체포된 일이 보도되었다. 방송을 보고 분개하자 옆에 있던 동료 과장이 별일 아니라는 듯 말했다. 불법 안마시술소가 하루에 얼마를 벌어들이는데, 저 정도 금액이면 많은 돈도 아니라고. 나름대로 건실했던 그런 분조차도 그런 생각을 했을 정도였다.

박종준 전 경찰청 차장의 자서전에도 그처럼 안타깝고 부끄러운 부패상이 언급되어 있다. 1994년 박 차장이 서울 D 경찰서 방범과장으로 근무하던 시절, 금품을 수수해 파면된 한 파출소 부소장이 경찰 비리를 고발하겠다며 방송국 카메라 기자와 함께 관내 업소를 돌아다녔던 일이 있다. 업소 관계자들을 상대로 파출소에 금품을 준 일을 일일이 인터뷰하고 다닌 것이다. 한마디로 '나만 먹은 게 아니다' 라는 이야기다. 파출소 직원이 비리를 폭로하겠다고 파출소장을 협박하며 순찰을 돌지 않고 버틴 일도 있었다.

경찰 관련 부패사건이 발생하면 언론이나 국민들은 경찰관 개인(police officer)이 아니라 집합명사로서의 '경찰 전체(the police)'를 비난했다. '얼빠진 경찰', '정신 나간 경찰', '파렴치한 경찰' 등등. 부패한 일부 경찰의 모습은 묵묵히 소임을 다하는 대다수 경찰관들을 주눅 들게 만든다. 그것은 일종의 심리적 연대책임과도 같았다. 10만 경찰 중 단 1명이라도 부패 스캔들에 연루되면 나머지 경찰관들도 무의식적으로 죄의식을 느끼는 것이다. 경찰조직에는 그런 조직문화가 깊이 깔려 있다. 또 하나, 이러한 부패는 검찰 등 다른 기관에서 경찰을 통제하는 명분을 주기도 했다.

경찰청장을 지내면서 인사정의 실현만큼이나 신경을 쓴 부문은 바로 부정부패, 비리척결 노력이었다. 더 이상 '투캅스'의 비아냥거림은 듣고 싶지 않았다. 부정부패, 비리척결 문제는 경찰청장이 되기 훨씬 이전부터 경찰이 극복해야 할 과제라고 항상 생각하고 있었다. 극히 일부 부정부패 경찰관들 때문에 묵묵히 헌신적으로 맡은 직분을 충실히 수행하고 있는 대다수 경찰관들까지 도매금으로 넘어가 국민들에게 지탄을 받는 일은 없어야 했다.

2011년 국민권익위원회가 주관한 청렴도 조사에서 유해업소 단속, 교통사고 조사, 허가 등으로 경찰을 직접 접촉한 민원인 1,498

명에게 "지난 1년 간 업무와 관련해 경찰공무원에게 금품을 준 적이 있느냐"고 질문했다. 딱 3명이 금품을 준 사실이 있다고 대답했다. 비율로 환산하면 0.2% 수준이다. 13만 경찰 중에서 전·의경을 제외한 전체 10만 경찰을 추산한다면 약 200명이 금품을 수수한 것이다. 결론적으로 이 200명 때문에 전체 경찰이 욕을 들어 먹고 있는 셈이다.

부정부패, 비리를 저지르는 직원들은 경찰조직의 동료가 아니라고 기회가 될 때마다 강조했다. 그런 직원들이 나의 동료이며, 나도 언젠가 그럴 수 있다는 생각에 온정적으로 감싸면 경찰조직의 발전은 없다. 그래서 부정부패, 비리를 저지른 직원들에 대해서는 가혹할 정도의 잣대를 들이댔다. 그럼에도, 발생하고 난 뒤에 가혹한 잣대를 들이대는 것만으로는 척결 수준의 효과를 기대하기 힘들다고도 늘 생각해왔다.

부패비리가 근절되지 않는 근본적인 이유는 개개의 경찰관이 천성 문제라기보다 경찰조직의 잘못된 법령, 제도, 관행, 인식에 기인한다. 만일 경찰관의 천성이 사악하다면 누구도 그것을 근절시킬 수 없다. 하지만 그렇지는 않기에 잘못된 법령과 제도, 관행과 인식을 걷어내면 경찰의 부패비리도 근절시킬 수 있을 터였다. 문제는 부정부패와 비리를 싹 틔울 수 있는 조직문화와 시스템을 어떻게 사전에 제압하고 개선해서 전체적인 청렴 분위기를 만들 수 있느냐 하는 점이다. 이 점에 입각해 시스템을 바꾸어가는 데 많은 노력을 기울였다. 풍속업소 담당자 1년 주기 교체, 수사부서 인적쇄신, 사건문의 청문감사관실 일원화, 주요 비위사실 내부망 공개, 성매매·불법오락실·조폭 관계자 접촉 금지 등 조치들이 그러한 측면에서 시행한 시책들이다. 따지고 보면 대한민국 경찰관들처럼 충성스럽고 헌신적인 공무원이 없다. 부정부패를 용인하는 시스템과 분위기를 바꿔주면 분명 달라질 수 있다고 믿었다. 그리고 결과는 내 확신대로였다. 경찰청장으로 취임한 지 1년도 안 되는 시점부터 놀라운 반부패 개혁성과가 나타나기 시작했다.

금품수수, 음주운전, 가혹행위, 성범죄 등 비위 발생 건수가 현격히 줄어든 것이다. 2006~2010년까지 과거 5년 동안 발생한 주요 비위사건은 연평균 280건에 달했다. 2011년 들어서는 167건으로 40.4%가 줄었다. 특히 금품수수 비리는 지난 5년간 연평균 83.2건이 발생했으나 2011년 들어서는 13건으로 줄어들었다. 무려 84.4%가 줄어든 것이다. 2011년 9월 23일부터 내가 이임식을 가진 2012년 4월 30일까지 7개월 동안은 단 1건도 발생하지 않았다. 2012년 3월 언론에 크게 보도된 이경백 사건 연루 경찰관들의 경우 범죄행위 시점은 2009년 이전이다.

2011년 국민권익위원회에서 발표한 국가기관 청렴도 조사자료도 의미 있는 분석결과를 보여주었다. 2009년 국민권익위원회 발표 순위를 보면 경찰청이 7.48점으로 39개 정부기관 중 39등 꼴찌였다. 2011년 국민권익위원회는 수사·단속·규제업무를 담당하는 14개 정부기관만을 대상으로 청렴도를 조사했다. 학계·기자·국회보좌관 등 전문가 집단을 대상으로 한 청렴도평가에서 경찰은 14개 정부기관 중 5위를 했다. 특히 3대 수사기관(경찰청, 해양경찰청, 검찰청) 중에서 청렴도가 제일 높은 것으로 나타났다.

국민권익위원회가 매년 실시하는 '부패방지 시책평가'에 있어서도 2011년 39개 기관 중 11위를 차지했다. 특히 경찰청은 2010년 33위에서 무려 22단계가 상승해 정부부처 중 시책평가 개선도가 가장 큰 기관이었다. 전 직원 일심동체로 조직 내 청렴 분위기가 확산된 결과였다. 이러한 성과를 내기까지 어려운 고비도 많았다. 2011년 초에는 함바 비리 사건에 전·현직 경찰간부가 대거 연루되면서 조직 전체가 부도덕한 집단으로 낙인찍혔었다. 장례식장 유착, 대상 업소와의 부패고리 등 잔존하던 고질적·구조적 비위도 심심찮게 터져 나왔다. 이러한 악재들이 경찰에 대한 불신을 확산시켜 검찰과의 수사권 논의 과정의 고비마다 진땀을 흘리게 했다. 그때마다 위기를 기회로 삼는 오기로 강력한 자정운동을 전개했다.

강력한 자정운동을 펼치다보면 늘 이해 당사자들의 엄청난 반발과 마주친다. 그때마다 수십 년 동안 이어진 관념의 벽을 깨자고 설득하며 정면 돌파했다. 다행히 얼마 지나지 않아 대다수 경찰관들이 공감해주었고, 전체적인 분위기 조성으로 이어졌다. 서울경찰청장을 할 때 처음 시행한 풍속업소 담당자 1년 주기 교체의 경우 직원들의 반발이 엄청났다. "내가 부패 경찰관이냐"며 항의 메일도 많이 보내왔다. 경찰청장에 취임하고 전국으로 이 제도를 확대할 때도 반대 여론이 컸다. "신규 전입자가 들어오면 업무 연속성이 떨어지고 지식·노하우를 습득하기까지 몇 달이 소요된다", "1년만 근무하고 나가야 한다면 누가 근무하려 들겠는가"라는 불만이었다.

그러나 중요한 것은 단속 요령이나 노하우보다 '어떤 마인드를 가졌느냐'라고 생각했다. 아무리 청렴한 경찰관일지라도 풍속업무를 1년 이상 하다 보면 불법영업 업주들로부터의 유혹을 100% 뿌리치기는 힘들 것이라는 판단으로 강하게 밀어붙였다. 1년 근무를 마친 직원들에 대해서는 보직 선택 우선권을 부여해주는 등 불만 요인도 보완해나갔다. 단속 대상도 소규모 영세업소에 대한 단속 대신 대형업소에 집중토록 해 건수에 대한 부담도 없앴다.

일선 수사팀을 대대적으로 인적쇄신할 때도 반발이 꽤 컸다. 수사팀 인적쇄신을 제일 먼저 시작한 것은 서울경찰청장 시절 강남경찰서 경제팀이었다. 예전부터 강남경찰서 경제팀 하면 뇌물의 규모와 단위가 엄청나다고 소문이 나 있었다. 1년에 한두 건 돈 있는 사람을 잡으면 직에 연연하지 않아도 된다는 말까지 나돌 정도였다. 대한민국 경찰 욕은 서울경찰이 들어먹게 만들고, 서울경찰 욕은 강남경찰이 들어먹게 만든다는 이야기도 있었다. 그런 소문이 자자하건만 경찰수사가 공정하고 부패비리가 없다고 자신할 수 있겠는가?

강남경찰서 경제팀의 69%를 물갈이했다. 반발이 엄청났다. 경제팀 총 55명 중 38명을 경찰대·간부후보 및 여경으로 교체했다. 특히 여경은 기존 1명에서 10명으로 대폭 증원했다. 그 결과 수사결과에 대한 불만이 63% 줄어들었고, 수사만족도가 55%나 상승했다. 경찰청장에 취임한 뒤에는 2011년 상반기 정기인사 때 경제팀의 인적쇄신을 전국적으로 확대했다. 수사만족도 조사결과는 전국적으로 7.1%

향상되었다. 경제팀 내 젊은 간부 및 여경 배치도 전국에 확대했다. 전국 경제팀 2,636명 중 경대·간부후보 출신은 기존 171명에서 343명(13.0%)으로 100%, 여경은 기존 369명에서 560명(21.2%)으로 52%나 증가했다.

인적쇄신 외에도 경찰수사의 공정성과 신뢰성을 확보하고 부패 요인을 차단하기 위한 많은 시스템적 개선책을 추진했다. 그 가운데 하나, 아는 경찰이 없으면 불리하다는 그릇된 인식을 바꾸기 위해 경찰관 신분을 이용한 일체의 청탁 행위를 근절하기 위해 2011년 1월부터 도입한 제도가 있다. '사건 문의 청문감사관실 일원화'다. 통상 경찰관 생활을 하다보면 주변에서 아는 사람들이 사건과 관련한 문의를 해오는 경우가 종종 있다. 그럴 때면 담당 조사관에게 '불이익을 안 받도록 공정하게 처리해달라'거나 '친절하게 해달라'는 등의 부탁을 하는데, 윗사람이 그럴 경우 담당 조사관 입장에서는 엄청난 압력으로 받아들인다. 이런 분위기를 바꾸고자 사건 문의를 하려면 반드시 청문감사관을 통해서만 하도록 했다.

민원인 입장에서 보면 수사가 불공정하다고 판단할 때 경찰에 하소연을 해야 한다. 그러나 그런 통로를 일체 차단한다면 언론이라든지 외부로 나갈 수밖에 없기 때문에 청문감사관실을 통해 이야기를 하도록 했다. 그러면 청문감사관실에서는 경찰청장이건 순경이건 가리지 않고 "당신이 진행하는 사건에 수사 불만이 있으니 살펴보라"고 하는 것이다. 처음에는 다들 반신반의했다. 그런데 놀랍게도 2011년 한 해 동안 청문감사관실을 이용한 사건 문의는 4,156건에 이르렀다. 이러한 공식적인 절차를 통하지 않고 담당 수사관에게 직접 수사 관련 사항을 문의하거나 신분을 이용해 수사에 영향을 미치는 행위를 할 경우, 형사사법통합전산망(KICS)에 그 사실을 신고할 수 있는 체제도 구축했다. 이를 '청탁신문고 시스템' 이라 한다. 담당 수사관이 청탁신문고에 신고하면 청탁자와 청탁 내용이 곧바로 청문감사관실에 통보되도록 하는 제도다.

밤의 황태자 이경백 사건에서 이야기한 것처럼 성매매 · 불법오락실 · 조폭관계자 접촉금지 조치는 가장 강력한 비리방지 효과를 냈다는 평가를 받았다. 이처럼 경찰청장에 취임한 이후 전국 경찰관들과 반부패 개혁시책들을 차근차근 추진한 결과 경찰 내부에 부정부패가 완전히 근절되었다고는 말할 수 없지만, 적어도 '경찰 내부의 분위기가 확 바뀌었다' 라고는 자신 있게 주장할 정도가 된 것이다. 나는 확신한다. 내가 이 글을 쓰고 있는 2012년 4월 지금은, 규제행정 국가기관 중 가장 깨끗한 기관 중 하나가 바로 경찰이라고.

그럼에도 경찰 자정의 중요한 계기가 된 이경백 사건으로 오히려 경찰이 국민으로부터 부패에 찌든 구제불능의 형편없는 국가기관으로 인식되는 것은 정말 안타까운 일이다. 12년이나 수면 밑에 가라앉아 있던 비리를 수면 밖으로 꺼내 철퇴를 가한 성과 때문에 경찰이 언론을 통해 이토록 비난 받는다면 경찰이 이러한 자정 노력을 계속 할 수 있을까? 비리 경찰관이 200명이나 되는데 그중 10여 명밖에 솎아내지 못했으면서 나머지에 대해서는 쉬쉬하고 덮으려 하지 않겠는가? 이런 분위기라면 경찰뿐만 아니라 어느 국가기관이 부정부패를 척결하기 위한 자정 노력을 강도 높게 추진하겠는가? 아무리 과거의 일이라지만 잘못에 대해서는 언론 · 국민들이 엄정하게 비판하고 경찰은 깊은 반성과 사죄를 구해야 마땅하다. 그러나 자정을 위한 몸부림과 성과에 대해서도 인정하고 격려해주면 노력을 계속 이어갈 것이다. 경찰이 지금처럼 깨끗해진 상태가 계속 유지된다면 정의로운 사회가 훨씬 빨리 올 것이다.

사람이 가장 우선이다

경찰개혁 과제로 또 하나의 성과를 거둔 다음 부분은 인권 문제다. 서울경찰청장이던 2010년 6월 터진 양천경찰서 가혹행위 사건. 이 사건으로 얼마나 많은 국민들이 분노했는가? 경찰 입장에서도 큰 곤욕을 치렀다. 경찰의 대표적인 인권침해 사례가 1987년 발생한 박종철 고문치사 사건이다. 국가적으로도 큰 변혁을 가져왔던, 경찰이 온 국민들의 공분을 불러일으키는 조직으로까지 각인되었던 안타까운 사건이었다. 경찰청장 시절인 2010년 10월 21일 경찰의 날 부속행사 때 옆자리에 앉은 전직 치안총수 A께서 "박종철 사건 때문에 경찰 발전이 수십 년 퇴보했다"고 말씀하신 기억이 난다.

1980년대 후반, 12대 국회 때는 경찰 출신 국회의원이 6명에 달했고, 수사권 독립 문제도 어느 정도 무르익어 곧 현실화될 단계였다. 그런데 박종철 사건이 터졌다. 그런 경찰에게 무슨 수사권을 주느냐고 국민들이 분개했다. 결국 그 사안은 물거품이 되고 말았다. 다른 어떤 나라보다 치안을 더 잘한다 해도 인권문제를 극복하지 못하면 경찰 발전은 물론 대한민국 국가 발전도 영원히 없을 것이다.

때문에 경찰청장에 취임한 후 인권문제에 강도 높게 접근했다. 먼저 반성하고, 생각을 바꾸고자 노력했다. '경찰은 안 돼'라는 패배 의식을 극복하기 위해 마음을 다잡았다. 그리고 인권문제를 제로베이스 상태에서 재점검했다. 범죄와 맞서는 경찰은 본질적으로 '악을 처벌해 선을 실현하려는 DNA'를 갖고 있다. 때로는 이러한 의욕이 강하게 발현되어 온 국민의 분노를 불러일으킨다. 하지만 더 이상 인권문제를 방치해서는 안 된다. 이래서는 제대로 된 경찰 모습을 찾기 힘들다. 잊을 만하면 한 번씩 터지는 인권문제를 근본적으로 해결하고자, 이러한 의식이 가장 앞서 있는 장신중 경정을 총경으로 승진시켜 인권보호담당관으로 임명했다.

장신중 총경은 내가 기대한 이상의 철학과 추진력으로 경찰인권 수준을 업그레이드시켜 나갔다. 그가 이끄는 인권보호센터 직원들은 경찰권 행사에 있어 인권을 가장 최우선하는 풍토를 조성하고자 노력했다. '현장 가까이, 최소 단위 부서에서부터' 실천해 나갔다. 1948년 세계인권선언의 주요 창시자 중 한 명이자 미합중국 퍼스트 레이디였던 엘레노어 루즈벨트의 연설 '보편적 인권은 바로 집 가까이, 작은 곳에서부터 시작됩니다'를 경찰 현실에 맞게 재해석한 것이었다.

인권보호센터는 전국 경찰관서를 70회 이상 순회하며 1만여 현장 경찰관들에게 생생하고 실질적인 인권교육을 펼쳤다. 또 인권보호 직무사례 발표회도 개최해 인권침해 사례를 반면교사의 기회로 삼았다. 반응은 대단했다. 국가인권위원회에서 권고한 사항은 과감히 수용해서 적극적으로 조치하도록 지시했다. 권고 사항 중에서 사실과 다른 부분, 현실적으로 받아들이기 어려운 사항은 적극적으로 설명하고 이해를 구했다. 이로써 국가인권위원회와 인권 향상을 위한 파트너십을 구축해나갔다.

직접적인 인권침해 가능성이 가장 높은 형사부서는 인권침해 유혹을 느끼지 않도록 제도적으로 보강했다. 여죄 수사에 대한 실적 평가를 대폭 낮춘 것을 예로 들 수 있다. 여죄는 검거된 범인이 저지른 다

른 범죄를 말한다. 범인을 한 명 잡았을 때 여죄를 추궁하면 절도 1명 당 2.5점, 10건 하면 25점, 100건이 넘으면 100점이 가점으로 추가되는 식의 여죄점수를 1/10 수준으로 대폭 낮췄다. 명백한 증거가 없고 자백이 유일한 증거인 경우는 평가에서 제외했다. 한 명 잡아서 줄줄이 여죄를 끌어내려 하다보면 생길 수 있는 문제를 사전에 차단한 것이다. 조사 과정을 녹화하는 진술녹화실도 확대 설치했다.

쇠창살 없는 유치장도 시범 운영을 통해 전국으로 확대했다. 쇠창살 대신 투명 폴리카보네이트 판으로 교체해 설치한 인권적인 환경의 유치장을 말한다. 서울 송파경찰서에서 6개월 간 시범운영한 뒤 현재는 전국으로 확대하고 있다. 이러한 인권경찰로의 노력이 현장 경찰관들의 자발적인 호응과 인권의식 전환으로 이어졌다.

그 성과는 국가인권위원회 통계에 잘 나타나 있다. 국가인권위원회는 국민들이 인권침해를 당했다고 진정했을 때 이를 조사해 결과를 해당 기관에 권고하는 역할을 한다. 국가인권위원회에서 경찰에 인권침해 시정을 권고한 건수는 2011년 45건이었다. 과거 5년 평균

68건에 비해 34%나 대폭 감소한 것이다. 인권위원회에 신고된 인권 관련 총 진정건수는 직원 1,000명 당 경찰이 96건으로, 이는 검찰 192건의 절반에 불과하다. 대한민국 경찰은 명실공이 인권침해기관에서 인권실천기관으로 거듭나고 있는 것이다.

 수치가 현실을 완벽하게 증명할 수는 없겠지만 경찰 인권문제가 상당한 변화를 가져온 것은 분명한 사실이다. 국립경찰 창설 66년, 경찰 초기에는 인권에 대한 인식이 제대로 없었고 고문도 빈번했던 것이 사실이다. 내가 어릴 적, 부산 동래의 역전파출소에서 절도범의 손가락에 펜을 끼워 비틀고 고문하는 모습을 직접 보기도 했다. 물론 아주 오래 전의 이야기다. 이후 경찰은 점차 인권의식에 대한 인식 변화를 가져왔다. 1999년에는 '피의자 신문 시 변호인 참여 제도'를 수사기관 최초로 시행했다. 이 제도는 2007년 형사소송법 개정에 반영되었다. 이처럼 나름대로 인권보호를 위해 꾸준한 노력을 해왔으나 최근까지도 경찰 인권침해 논란이 제기되고 있는 것은 사실이다. 앞서 비슷한 이야기를 했지만, 특히 형사 생활을 오래한 이들은 정의감이 강해져 범죄자들을 보면 참지 못하게 된다. 그런 정의감이 아니라면 몇날 며칠 집에도 못 들어가면서 연일 야간근무를 버티기 힘들다. 그러한 의욕으로 열심히 하지만, 지나치다 보면 인권침해 문제가 거론될 수밖에 없는 것이다.

 우리나라뿐 아니라 전 세계적으로 인권의식은 엄청나게 향상되었다. 국가인권위원회가 처음 발족했을 때인 2004년 이전에는 '가혹행위·폭언 등 경찰에 의한 직접적 인권침해'가 인권위 권고의 51%를 차지했다. 그러나 2005년 이후는 35%로 감소하고 '절차미흡'을 인권침해로 문제 제기하는 비율이 51%로 증가했다. 국민들의 인권의식이 굉장히 높아진 것이다. 이제 경찰도 범죄자들을 타도·척결의 대상으로만 보지 말아야 한다. 아무리 큰 죄를 지은 범죄자라도 인권은 보장해줘야 한다. '절차와 과정'에서도 국민들의 뜻을 받들어야 하는 인권의식을 가져야 한다. 열심히만 해서는 안 되며 제대로 하는 게 훨씬 더 중요하다. 이러한 인식과 당위성을 13만 경찰과 공감할 수 있도록 많은 노력을 기울였다.

김근태 민주당 상임고문이 타계했을 때 경찰인권보호센터(구 남영동 대공분실)가 자발적으로 조사실 앞에 조화를 놓아 화제가 되었다. 이런 조치가 경찰이 진심으로 과거의 인권침해 행위를 반성하고 국민의 인권을 수호하는 기관으로 거듭나려 한다는 마음가짐을 확실히 보여주지 않았나 생각한다. 2011년 6월 반값등록금 시위 참가자들이 경찰 수사과정에 인권침해 의혹을 제기했다. 이때 경찰은 스스로 인권위에 직권조사를 요청했다. 경찰 역사상 처음이었다. 인권문제에 대해 그만큼 자신이 생긴 것이다. 이제 대한민국 경찰이 고의적인 가혹행위를 하는 일은 없을 것이다. 13만 경찰의 인권에 대한 인식 변화가 작은 바람의 나비효과를 일으켜 우리 사회에 커다란 변화를 가져오기를 기대한다.

그 유명한 성과주의 이야기

경찰에서 '성과주의' 하면 떠오르는 인물이 바로 필자인 조현오다. 그래서 사람들은 '조현오식 성과주의'라 부르기도 한다. 성과주의를 경찰조직에 본격적으로 도입한 것은 부산경찰청장으로 부임한 2008년이었다. 그즈음은 2007년 크리스마스에 실종되어 77일 동안 온 국민의 애를 태우다 결국 싸늘한 시신으로 돌아온 안양의 혜진·예슬 양 사건의 슬픔이 채 가시기도 전이었다. 또한 경기도 일산의 한 아파트 엘리베이터에서 여자 어린이 납치 미수사건이 발생했는데, 해당 지구대가 단순 폭행사건으로 처리하는 어처구니없는 실수 때문에 국민 모두 분노하고 경찰에 대한 비난이 엄청 날 때였다.

경찰관인 나도 그 경찰관의 무성의한 업무처리 행태에 분노가 치밀어오를 지경이었다. 이러한 상황에서 몇몇 부산 지인들로부터 "도둑이 들끓는데 경찰에 112 신고를 해도 제때 안 온다", "내가 살고 있는 아파트 단지는 세 집 빼고 한 라인이 전부 도둑이 들었다"는 불만의 소리를 들었다. 부산 시민들의 치안 불안감이 보통이 아님을 느끼게 되었다. 뭔가 혁신이 필요했다.

우선 범죄 예방을 위한 순찰과 112 신고에 출동해 현장검거 업무를 주로 보는 부산지역 지구대·파출소 경찰관 2,908명의 2007년 근무성적을 분석했다. 그 결과는 충격적이었다. 1위는 395점의 성적을 거두고 있는 데 비해 검거 실적이 전혀 없는 경찰관이 전체의 11.7%

인 343명에 달했다. 또 1위 경찰서와 꼴찌인 14위 경찰서의 성적편차는 56배, 56개 지구대간 편차는 78배였다. 총 203개 순찰팀 간의 점수편차는 무려 1,228배나 되었다.

지역별 치안수요의 차이에 따라 얼마 정도 다를 수는 있지만 순찰팀 간에 1,228배의 실적 차이가 난다는 것은 납득하기 어려웠다. 지역경찰 11.7%의 1년간 검거 실적이 0점이라는 또한 부끄러울 만큼 비정상적인 상황이었다. 신고출동을 나간 고참이 차에서 내리지도 않은 채 후배에게만 처리를 맡기는 사례, 동료 경찰관이 멱살을 잡히는 등 곤경에 처해도 모른 척하는 사례, 집회·시위 중 불법행위나 주취자의 행패 등에 대한 무기력한 대처 사례 등 알려지지 않은 부끄러운 부분도 많았다. 적극적인 개선 조치가 필요했다. 일하는 분위기 정착을 위해 가장 역점을 둔 부분은 '지역경찰 성과주의'였다. 시민들과 가장 가까이 접하는 지구대·파출소 경찰관들을 뛰게 만드는 것이 시민 체감치안으로 연결된다는 생각에서였다.

우선 기존에 실시해오던 우수 경찰관·관서에 대한 포상을 대폭 확대하고 인사나 성과급 등 모든 면에서 우대해주기로 했다. 삼성 등 일류 기업에서 도입해 시행하고 있는 '성과에 따른 금전적 보상'과 비슷한 맥락이었다. 하지만 경찰과 같은 공무원 조직의 경우 민간기업과 달라서 금전적인 인센티브를 제공하기는 매우 어려웠다. 따라서 포상휴가나 인사고과 반영 등 공조직에서 가능한 모든 인센티브를 부여하고자 했다. 그리고 지구대와 지구대 사이, 경찰서와 경찰서 사이의 편차를 줄이는 '상향평준화'를 위해 실적 하위 지구대장과 순찰팀장을 대상으로 우수 관서 사례를 청취하도록 교육했다. 또 '실적 하위 5% 직원 퇴출' 방침을 밝혔다. 이에 따른 당연한 현상으로, 조직 내부에서는 성과주의 시행에 따른 반발이 극심했다. 하지만 바라던 효과도 나타났다.

가장 분명한 변화는 지역경찰들이 순찰을 돌 때 주변에 범죄가 없는지 '눈에 불을 켜게 된 것'을 들 수 있다. 절도 예방과 검거가 활성화되면서 치안 불안 여론이 해소되기 시작했다. 사건이 발생하면 관할 지구대뿐 아니라 인근 지구대·경찰서의 순찰차들이 동시에 현장으로 출동하거나 도주 예상로를 지키는 근무가 자발적으로 정착되어 갔다. 수동적으로 상황실의 지시를 받기만 하던 과거의 모습과는 달리, 현장에서 수시로 용의자의 세세한 인상착의를 물어보는 등 '무전의 흐름이 역방향으로 바뀌어가는' 적극적이고 역동적인 모습이 나타났다. 성과주의가 가져온 이러한 변화는 불과 2달 만에 확연한 수치 변화로 드러났다. 3월과 5월의 1위~꼴찌 사이의 지역경찰의 성과편차가 대폭 축소되면서 비정상적인 상황이 상당 부분 해소된 것이다. 경찰서의 경우 실적편차가 56배에서 2.5배로, 지구대는 78배에서 3배로, 순찰팀은 1,228배에서 4.3배로 좁혀졌다.

지역경찰관의 7대 범죄 검거 실적은 2007년 동기(4월~12월)에 비해 2,160건(242%) 증가하고, 강·절도범 검거 실적은 1,846건(221%)이나 증가했다. "도둑놈 씨가 말랐다"는 소리까지 들렸다. 한 건이라도 더 잡으려는 노력에 힘입어 2008년 하반기에는 112신고 출동시간이 대폭 단축되는 효과도 나타났다. 2008년 10월 말까지 '5분 내 현장출동'이 2007년 10월 말에 비해 12,000건이나 높아졌다. 살인범의 현장 검거는 2007년 3건에 비해 2008년은 39건으로 무려 1,300% 상승했다.

성과주의로 인해 많은 변화를 이루었지만 아무래도 직원들은 무척 힘들어 했다. 그래서 욕도 많이 들었다. 2009년 1월 치안정감으로 승진해 경기경찰청장으로 부임할 때는 더 이상 성과주의를 추진하지 않겠다고 생각했다. 직원들도 힘들고 나도 힘든 성과주의를 더 이상 하고 싶은 마음이 없었다. 그러나 임명장을 받고 경기도 수원의 경기지방경찰청으로 향하는 차 안에서 생각을 바꿨다. 당시 발생한 강호순 부녀자 납치살인사건으로 경기도민들, 특히 경기 서남부 지역 주민들의 치안 불안이 매우 고조되어 있는 상황이었다. 나 한 사람의 인기관리를 위해 1,150만 경기도민들의 안전을 내팽개칠 수는 없지 않는가? "나는 운명적으로 '사람 좋다'는 평을 받기 어려운 팔자인가 보다"라는 생각이 들었다.

강호순은 2006년 말부터 2008년까지 약 2년간, 경기 서남부 일대에서 7명의 부녀자를 납치해 성폭행하거나 강도질을 한 후 살해한 희대의 사이코패스였다. 2006년 12월 군포시 산본동 노래방에서 노래방 도우미를 '한잔 더 하자'며 유인해 강간한 후 스타킹으로 목을 졸라 살해하고 야산에 암매장하는 등 2008년 12월까지 유사한 방법으로 경기 서남부 일대에서 부녀자 7명을 살인 후 암매장했다. 보기 드문 엽기적 연쇄살인사건으로 인해 경기 서남부 지역 주민들의 불안과 공포는 상상 이상이었다.

경기도는 면적이 서울의 17배에 달하는, 서울보다 110만 명이나 많은 1,150만 명의 인구가 살고 있는 지역(2008년 말 기준)이다. 반면 경찰관 정원은 서울의 64.7%, 현원은 60.4%에 불과했다. 열악한 치안 여건 아래 도민의 치안을 확보하기 위해서는 선택과 집중 전략이 필요했다. 이를 통해 지역경찰과 형사 역량을 강·절도 검거에 집중시키는 성과주의가 긴요할 터였다.

성과주의 시행 초기, 직원들 목소리를 직접 듣고 홈페이지나 무궁화클럽 등에서 제기되는 건의 사항과 부작용을 하나하나 분석해 문제점을 수정하고 보완해나갔다. 한두 달 이러한 과정을 거치며 지역

경찰관들 사이에 일하는 분위기가 정착되어갔다. 실적의 상향평준화가 빠른 속도로 이루어졌다. 과거 한때 일없고 편한 지구대를 선호했다면, 관할을 서로 떠넘기며 감찰에 적발되지 않을 정도로 적당히 근무하던 행태였다면, 성과주의 시행 이후에는 그런 분위기가 바뀌었다. 바쁜 지구대·파출소에 근무하려는 직원들은 늘어나고, 관할을 따질 겨를이 없이 눈에 불을 켜고 범인을 잡으려 애쓰는 모습들로 변해갔다.

이러한 노력으로 2009년 2~3월 2개월간 강·절도 1,677건을 검거했다. 전년 동기 대비 241%가 증가한 것이다. 지역경찰 성과주의 평가항목인 강·절도·조폭·약취유인·기소중지 등 5개 분야에서 총 검거 건수는 14,058건. 전년 대비 258%가 증가한 놀라운 결과였다. 지역경찰이 지역 치안을 안정적으로 유지한 것에 힘입어 형사들은 본연의 강력범죄 수사에 집중할 수 있었다. 사실 성과주의는 처음에 지역경찰에만 적용했었다.

그런데 경기청의 최원일 형사과장이 지역경찰의 변화된 '일하는 분위기'를 보고 형사들도 자체적인 성과주의를 도입하겠다고 주장해 형사까지 확대했다. 이후 형사 검거활동도 대폭 늘었다. 특히 강·절도·약취유인·갈취폭력 검거를 평가하는 으뜸형사팀 평가 결과는 강도 465건, 절도 17,749건, 약취유인 42건, 갈취폭력 1,202건 등 19,458건을 검거했다. 전년 같은 기간 7,098건보다 무려 174%나 향상된 검거 건수다.

2009년 5월 중순까지 경기도 내 주요 강력사건 중 미제사건은 단 1건도 없었다. 1,150만 명이 모여 사는 경기도에 몇 달간 강력 미제사건이 없다는 것은 경이로운 기록이자 경기청 개청 이래 유래가 없는 일이었다. 방송과 신문은 경기경찰의 성과에 대해 일제히 긍정적인 보도를 내놓았다. YTN의 '성과주의 도입 뒤 검거율 올라'라는 기사에 이어 연합뉴스, 국민일보, 경인일보, 경기일보, 중부일보, 기호일보, 경기신문, 경기매일 등 대부분의 신문들도 '제대로 작동한 성과주의의 힘', '치안도 의욕도 쑥쑥' 등의 제목으로 경기청의 획기적 치안 성과를 칭찬했다.

도민들도 경기경찰의 변화한 모습과 나아진 치안환경을 인정하는 분위기였다. "이제 강호순 사건은 끝났다"는 평가도 나왔다. "확실히 질서가 잡히고 지역 치안이 굉장히 안정되었다. 경기 경찰이 3개월 전에 비해 정말 많이 달라졌다"는 평도 있었다. 5월초 참석한 기관장 모임에서는 네 번이나 박수를 받았다. 청장 개인에 대한 박수가 아니라 경기경찰 전체에 대한 칭찬이기에 더욱 뿌듯했다.

2009년 6월 4일 강희락 경찰청장이 경기청을 방문했다. 업무보고를 통해 일하는 분위기 확산을 위한 성과주의를 자세히 소개했다. 강희락 청장은 "경기청의 성과주의 관리시스템을 전국 지방청에 확대 시행하는 방안을 검토"하도록 지시했다. 경기청의 성과주의가 획기적인 치안성과와 함께 조직 전반에 일하는 분위기를 정착시킴으로써 연초 불안했던 경기치안을 빠르게 안정화시키는 데 큰 역할을 했다는 사실을 인정받은 셈이다. 경찰청은 경기청 모델을 일부 보완, 2009년 7월 1일부터 전국 지역경찰에 성과주의를 시행토록 지시했다. 성과주의가 전국으로 확대된 것이다.

서울경찰이 유독 힘들어 한 이유

서울경찰청장을 할 때인 2010년 초순. 조용연 전 치안감이 서울경찰 직원들을 상대로 특강을 했다. 그는 울산경찰청장과 경찰청 경무국장을 역임했던, 퇴직 후에는 사설 경비업체에서 그 경험을 전수하고 있는 분이었다. 강연 내용은 모두 훌륭했지만 특히 기억에 남는 것은 국내 최대 민간 경비업체의 치열한 성과주의와 그에 따른 인사관리 이야기였다. 경비업체 직원들이 생존경쟁에서 살아남기 위해 엄청나게 노력한다는 이야기에 큰 감명을 받았다. 경찰은 성격상 독점적 지위관계에 있지만 민간 경비회사는 수많은 경쟁업체에 둘러싸여 있다. 따라서 타 업체에 고객을 잃지 않기 위해 부단한 노력을 할 수밖에 없다는 것이었다. 민간 경비회사의 실적은 출동시간, 오보율, 검거율 등을 기준으로 평가되어 인사에 반영된다. 그 경쟁이 보통이 아니라는 요지였다.

경비회사의 전국 각 지점에는 영업 기상도(맑음·구름·비 등으로 표현)가 걸려 있다. 각 지사별 출동시간, 현재 보유 고객수, 오보율, 출동 중 사고 건수 등을 비교해 상위 10개 지점과 하위 10개 지점의 순위를 나열한다. 그 지표에 따라 공정하게 인사를 하니 선의의 경쟁이 치열해질 수밖에 없다. 예를 들어 비가 올 때 오토바이를 타고 출동하면 사고 우려가 있기 때문에 회사에서 가급적 순찰차를 이용하라고 권하지만 차량정체로 도착시간이 지연되면 실적이 저하될 것을 우려한 직원들이 스스로 오토바이를 타고 출동하는 일도 비일비재하다고 한다.

'이것이 바로 치열하게 살아가는 인간 현실'이라는 조용연 전 치안감의 강연 내용에 공감을 느꼈다. 수많은 경쟁업체에 둘러싸인 민간 경비업체는 고객을 잃지 않기 위해 치열한 생존경쟁을 벌이고 있는데, 우리 경찰은 고객인 국민을 위해 과연 어떻게 처신하고 있는가? 나름대로 반성도 되었다. 물론 계량화된 실적 위주만의 평가는 문제가 있을지 모른다. 어쨌거나 고객인 국민을 향해 어떤 마음가짐으로 근무에 임해야 하는지, 분명히 배울 가치가 있을 터였다.

서울경찰의 성과주의는 부산과 경기에서의 '끌어올리기 식'이 아니라 시민의 치안만족도를 높이는 방향으로 정교하게 추진되어야 했다. 서울 쪽은 이미 일하는 분위기가 정착되어 있었기 때문이다. 그래서 서울경찰청장 취임 때부터 "시민 치안 만족과는 상관없이 무리하게 실적만능에만 치중하는 일이 있어서는 안 된다"고 여러 차례 강조했다. 시민 치안 만족과는 상관없이 무리하게 실적만능에만 치중하는 직원은 정기적인 정성평가를 통해 순위를 대폭 하향토록 조치하겠다고 경고도 했다.

내가 주도한 2010년 서울경찰 성과주의의 핵심은 크게 두 가지였다. 첫째는 인사 투명성 확보를 위한 '주기적 성과우수자 공개', 둘째는 경기청부터 시행한 '등급별 관서관리제'였다. '주기별 성과우수자 공개'의 경우, 경찰서 과·계·팀장 및 지방청 경정~경위를 2개월마다 평가해 성과 우수자 10~20% 정도를 내부망에 공개했다. 공개 결과는 누적 관리해 승진, 보직인사에 반영해 인사의 투명성과 공정성을 기하고자 했다. 서울경찰청장으로 재임 중에는 실제로 총 3번 (3. 20, 5. 20, 7. 29)에 걸쳐 성과우수자를 선정하고 내부망에 공개했다. 지방청 부장단이 심사위원으로 참여하는 심사위원회를 구성해 대상

자의 업무성과를 토대로 세밀히 심사하고 평가해 결정했다. 객관성 담보를 위한 정량평가 외에도 정성평가 요소를 대폭 강화했다. "무분별한 실적 쌓기, 무리한 실적 강요 행위, 기타 유착비리·인권침해 사례 등 경찰위신 실추 행위가 발견되면 과감히 감점 조치"하는 방식이었다.

'등급별 관서관리제'는 처음에 경기청에서 의무위반 행위를 감소시킬 목적으로 시행했다. 덕분에 경기경찰청장 재임 때에는 의무위반 행위가 전년 대비 54%나 대폭 감소하는 성과를 거두었다. 평가를 통해 성과 상위관서에는 자율권 및 지휘관 휴무를 보장해 자발적인 성과고양 의욕을 고취하고, 취약 관서는 지방청이 집중관리해서 전체적인 상향평준화를 도모하려는 목적이었다. 서울에서는 31개 경찰서를 정원·범죄건수·교통사고·112신고건수를 비교해 치안수요와 여건이 비슷한 3개 그룹으로 나누고, 각 그룹별로 평가해 '가·나·다 등급'을 매겼다. 평가 결과 [가] 등급 상위권 12개 서는 자율권 부여, [나] 등급 중위권 16개 서는 선별관리, [다] 등급 하위 3개 서는 집중관리를 하는 식이었다. 우수경찰서는 주말휴무, 관서표창, 포상휴가 등 인센티브를 부여했다. 총 3,042명이 포상휴가 혜택을 받았다.

　다만 서울의 경우 집회·경호, 수사본부 구성 등 여러 가지 특수성이 많았기 때문에 평가기간 중 특이 상황이 있거나 전년에 비해 성과가 향상된 경우는 '다 등급→나 등급', '나 등급→가 등급'으로 상향 조치하는 예외사항도 있었다. 그렇다보니 3회에 걸친 평가 결과 [다] 등급으로 평가된 4개 서 가운데 종로, 남대문, 강남경찰서는 집회·경호·G20 행사대비 또는 전년 대비 성과 향상을 이유로 [나] 등급으로 상향되어 집중관리가 면제되었다. 이 결과 강북경찰서 1개 서만 집중관리를 했다. 이러한 노력으로 직원들 스스로가 열심히 일하는 분위기가 자연스럽게 형성되어, 감찰이 별로 할 일이 없어졌다는 이야기가 들렸다.

　강북서 집중감찰은 서·과장 등 관리자급에 대해서만 복무동향을 파악하는 방식으로 진행했다. 감찰이 종료된 후에도 '경고 10건'이라는 다소 경미한 조치로 끝이 났다. 하지만 말 그대로 집중 감찰활동을 한다고 하니, 꼴찌를 하면 '떼 감찰'을 당한다는 소문이 서울경찰 직원들 사이에 널리 퍼졌다. 이것이 상당한 부담으로 작용했던 것 같다. [다] 등급을 받는다 해도 특수성이 인정되거나, 전년에 비해 성과가 향상된 경우는 집중감찰을 면해주는 조건이 있기는 했다. 그러나 의도와 달리 현장직원들이 무척 힘들어 한 것에 대해서는 미안한 생각이 든다.

　집중감찰의 부담 외에도 서울경찰 직원들은 부산·경기에 비해 성과주의에 대해 더욱 힘들어 하는 기색이 역력했다. 나중에서야 그 이유를 파악할 수 있었다. 2010년 서울의 경찰서 정원은 2007년에 비해 1,065명(5.4%), 현원은 1,284명(6.5%)이나 감소한 상태였다. 경기청 등 타 지방청에 인력을 이관하는 작업이 수년간 이루어진 때문이었다. 특히 서울 지역경찰은 2007년에 비해 현원이 981명(10%)이나 감축되고, 일선형사 또한 198명(7.6%)이 줄어든 상황이었다. 그럼에도 불구하고 112 신고건수는 2007년 대비 28.4% 증가하고, 지구대에서 파출소 체제로 대거 전환하면서 외근경찰의 근무시간도 11.6%나 증가한 상황이었다. 이에 따라 과중한 업무 부담 불만이 극에 달한 상황이었다. 애초에 서울 인력을 경기도로 돌렸던 것부터가 문제였다. 경기청에 인력을 보강하려면 정원을 확보하여 신규로 채용해야 하건만 예산 문제가 있다보니 아랫돌 빼서 윗돌 괴는 식의 임시방편을 할 수밖에 없었던 것이다.

현재 전국 경찰인력은 13만 명 규모로, 전·의경 2만여 명과 일반·기능직 3천여 명을 제외하면 순수 경찰관은 10만 명 정도다. 경찰 1인당 담당인구(2011년 기준)가 영국 380명, 프랑스 300명, 독일 301명인데 비해 우리나라는 501명. 주요 선진국에 비해서는 경찰인력이 현저히 부족한 실정이다. 범죄 등 각종 치안수요가 꾸준히 증가할 뿐 아니라 수법도 지능화되고 있음에도 경찰력 증원은 그에 따르지 못하는 것이다. 문제가 참으로 심각하다. 통계를 보면 이러한 상황이 명확하다. 2005년에 비해 2010년 112신고 건수가 70.6%, 5대 범죄는 18.9% 교통사고는 5.9% 증가했는데, 순수 경찰관은 5.7%만 증가했다.

순수 경찰관이 5.7% 증가했다지만 전·의경 18,799명을 감축하는 대신 경찰관기동대 요원으로 경찰관 4,774명을 채용한 점에 비추어 보면, 전·의경을 포함한 전체 경찰인력은 오히려 10.4% 감소되었다 할 수 있다. 이런 환경 탓에 현장경찰관들의 근무여건은 악화일로에 놓인 상황이다. 심지어 지구대·파출소 필수교대 인원조차 부족해 휴가, 휴무에 지장을 초래할 정도다. 서울대 행정대학원 등 외부 전문기관의 연구 결과, 당장 2만여 명의 인력증원이 시급하다는 진단이 나왔다. 경찰청장이 된 후 인력증원 등 처우개선 문제를 경찰개혁의 주요 과제로 삼은 것은 이 때문이다. 경기와 서울의 경찰인력 부족 상황과 그에 따르는 제반 문제점들이 그만큼 심각했던 것이다.

경찰청장이 된 후 성과지표와 평가 방법을 전적으로 지방청장과 경찰서장에게 위임해 지역 실정에 맞는 치안활동을 전개할 수 있도록 성과주의를 채택했다. 권한을 과감하게 위임한 대신, 마찬가지로 서장들이 지구대장·파출소장들에게 위임하라고 강조했다. 주인의식을 가지고 '최소 단위에서 지역주민 중심으로' 경찰활동을 전개한다면, 고생한 만큼 인정받을 수 있을 터였다.

청장을 보지 말고, 국민을 보라

경찰청장을 바라보지 말고 눈을 돌려 지역 주민을 바라보고 제대로 된 경찰활동을 하자는 것. 바로 이것이 '국민 중심 경찰활동'이다. 경찰끼리 아무리 바쁘게 활동하더라도 국민들이 진정으로 원하는 것을 충족해주지 못한다면, 이를 제대로 된 경찰활동이라 할 수 없다. 열심히 하는 경찰관들이 대부분이지만 과연 그것이 제대로 된 근무인지, 상사가 실적을 올리라고 시키니까 아무 개념 없이 기계적으로 하고 있지는 않나 자성해야 한다.

2008년 부산지방청장으로 부임하던 즈음이었다. 아침 출근시간에 부산과 양산을 연결하는 도로의 톨게이트 입구에서 음주단속을 하는 것을 보았다. 차량이 많이 밀리는 아침 출근시간이면 교통소통에 중점을 두어야 하지 웬 음주단속인지 이해가 되지 않았다. 이유를 파악해보니 그 시간대에 술이 덜 깬 운전자들이 있어 단속이 잘 된다는 것이었다. 하지만 위반수치는 경미했다. 역지사지의 자세로 경찰이 아닌 시민의 입장에서 생각한다면 그런 행태가 쉽게 납득되겠는가?

나는 우선 교통단속 건수로 평가하는 시스템을 전면적으로 수정했다. 단속 건수는 아예 보고조차 받지 않았다. 대신 교통사고 증감과 소통률 향상 여부를 평가토록 했다. 교통경찰 패러다임을 바꾸는 획기적인 조치였다. 평가 패러다임을 바꾼 이후인 2011년 교통 활동을 다시 평가했다. 그 결과 교통단속은 17.8% 감소했음에도 교통사고 발생 2.3%, 사망자 5.4%, 부상자 3.9%가 각각 감소했다. '경찰이 주

민을 바라보고 활동해야 한다'는 것은 부산·경기·서울경찰청장 시절부터 초지일관 주장해온 것이었다.

경찰청장으로 취임할 때, 처음부터 '국가와 국민을 위한 경찰이 되겠습니다'를 슬로건으로 내세우고 국민중심 경찰활동을 강조했다. '국민의 필요와 욕구를 선제적으로 정확하게 파악'해 '불안과 불편 요소를 사전에 제거'하는 국민중심 경찰활동을 전개해야 한다고 생각했다. 국민중심 경찰활동을 전개하기 위해서는 우선 경찰이 국민의 목소리를 경청해야 했다. 더불어 경찰활동 평가와 시책을 국민중심으로 펼쳐나갈 필요가 있었다.

각종 워크숍이나 간담회, 현장체험 때는 국민의 소리를 직접 듣기 위해 노력했다. 2010년 10월 27일에는 시민과 경찰이 함께 하는 인권 세미나를 개최했다. 서보학 교수(경희대), 이발래 사무관(인권위), 박근용 팀장(참여연대), 오완호(인권행동)씨 등이 참여한 가운데 인권진단

영상 상영과 인권발전 방향을 토론했다. 다큐멘터리 형식으로 제작된 인권 진단 영상에는 지구대, 수사부서, 유치장, 집회시위, 전·의경 부대 등 다양한 경찰 부서의 불친절한 언행과 시민들의 불편 의견 등이 생생히 기록되었다.

2011년 3월 4일에는 충남 아산 경찰교육원에서 '국민과 함께 하는 경찰 워크숍'을 개최했다. 경찰지휘부, 현장경찰관, 일반 국민 등 400여 명이 참석했다. 워크숍은 기존의 방식에서 탈피해 2월 14일부터 25일까지 전국의 모든 경찰서, 지방청에서 지역주민 등을 초청하는 방식으로 전개되었다. 참석 인원은 경찰관 6,797명, 주민 3,022명 등 총 9,819명에 이르렀다.

그날 워크숍에는 조직문화 및 의식개혁, 국민만족과 성과에 기반한 조직운영, 인권의식 체질화 등 3개 분야에 걸쳐 집중 토론이 이어졌다. 방청석에는 150명의 토론 평가단(국민 50, 현장경찰관 50, 관리자 50)이 자리했는데, 토론 중간에 주요 쟁점에 관한 의견이 자연스럽게 오갔다. 또 트위터·블로그(폴인러브)를 통해 토론 내용과 사진을 실시간으로 게재해 직접 참석하지 못한 국민들의 간접 참여를 유도했다. 투표용 무선 키패드를 도입, 국민이 참가하는 토론 평가단 의견을 즉석에서 확인할 수 있었던 점도 신선했다는 반응이었다. 치안서비스의 고객인 국민과, 일선에서 직접 뛰는 현장경찰관의 진솔한 의견을 듣고 이해할 수 있어 의미 있는 시간이었다.

2011년 3월 25일에는 경찰수사 분야에서 국민들이 생각하고 느끼는 문제점들과 개선방안을 모색하기 위해 각계 전문가와 시민단체, 일반국민들이 참여하는 토론회를 개최했다. 경찰청 13층 대청마루에서 3시간 동안 진행된 토론회에 참여연대, 인권연대 등 시민단체와 서울지방변호사회, 국가인권위원회, 국민권익위원회 등 전문가 그룹이 참석해 경찰수사의 문제점을 지적했다. 일반 국민들도 수사과정에서 직접 피해를 입은 경험이나 제도 개선안 등 많은 의견을 제시해 주었다.

그런데 '혁신'이 일선 현장까지 전파되는 데는 시간이 필요했다. 2011년 4월 1일 대구경찰청 현장간담회 때 수성경찰서 만촌지구대 한 경찰관이 했던 이야기가 기억난다.

"아침에 출근할 때마다 오늘은 교통단속을 몇 건 해야 하나 고민하게 됩니다. 또 어떤 사건이 발생해도 이걸 보고해야 하나 말아야 하나 갈등이 생깁니다."

여러 번 반복해 지시했건만 아직은 의도했던 만큼 현장이 바뀌지 않은 것이다. 경찰처럼 거대한 조직의 소통문제가 얼마나 어려운 일인가를 여실히 느낄 수 있었다.

그래서 이를 제도적으로 정착시키기 위한 각종 평가제도를 과감하게 개선했다. 우선 경찰관서, 부서, 개인을 종합평가해 우수관서 포상과 성과상여금 지급에 주로 활용하는 치안종합성과 평가부터 개선했다. 기본 방향은 경찰활동의 궁극적 목적인 '국민 만족을 지향하는 평가'로 전환하고, 검거·단속 등 단순 실적이 아닌 실질적인 성과를 평가하는 것이었다. 평가요소 중 국민만족도 평가비중을 40%로, 하반기에는 최소 46%에서 최대 64%까지 확대했다. 그동안 평가에서 큰 비중을 차지했던 단속과 검거 실적은 평가에서 거의 반영하지 않았다. 과도한 실적주의의 폐해를 없애기 위해서였다. 또 경찰관서별 지역 주민으로 '치안정책평가단'을 구성해 관서별 자율과제 평가에 주민들을 직접 참여시켰다. 형사활동 평가, 지역경찰활동 평가, 교통경찰 평가 등도 국민중심 활동으로 대폭 개선해 시행했다.

더불어 국민생활과 밀접한 여러 가지 제도를 국민중심으로 바꾸었다. 대표적인 것으로 주말·공휴일에 재래시장 주변에 주정차를 허용한 것을 들 수 있다. 2010년 10월 2일부터 전국 137개 재래시장을 대상으로 주정차를 허용했는데, 이는 2011년 2월 25일 총리실 평가에서 '국민이 뽑은 규제개혁 BEST 10' 2위에 선정되었다. 이후 "평일에도 재래시장 주정차를 허용하는 방안을 검토하라"는 이명박 대통령의 지시에 따라 2012년 1월부터는 평일에도 전국 78개 전통시장 주변 주정차 허용을 시범운영하고 있다.

운전면허 취득 절차를 대폭 간소화했다. 장내기능시험에서 도로주행과 중복되는 항목은 11개에서 2개로 축소하고, 운전전문학원 의무교육도 25시간에서 8시간으로 최소화했다. 대통령의 수차례 지시에도 불구하고 답보 상태에 있던 것을 국민 입장에서 과감하게 고쳐 나갔다. 이에 따라 운전전문학원 평균 수강료가 74만원에서 38만 9천원으로 47% 감소했다. 도로주행시험 합격 후 본면허를 취득한 초보 운전자의 사고율도 2008년에서 2010년 3년 평균 0.418%에서 0.259%로 38% 감소했다.

나는 영국에서 운전면허를 땄다. 유효기간이 만 70세까지다. 우리나라는 1종 운전면허는 7년, 2종 운전면허는 9년마다 갱신해야 했다. 자칫하면 잊어버려 심지어 면허가 취소되는 경우도 있다. 얼마나 불편한가. 운전면허 유효기간을 영국처럼 70세까지로 바꾸려다가 점진적으로 접근하는 것이 좋겠다는 참모들의 의견에 따라 운전면허 적성검사 갱신기간을 10년으로 완화해 통일했다. 과태료는 인터넷으로 납부하게 했다. 음주운전자 처리 문제도 달라졌다. 단속 현장에서 조사하던 것을 일단 귀가한 후 나중에 술이 깬 다음 출석해 조사하는 방식으로 개선한 것이다.

수사관 교체요청제도를 도입하고 수사이의제도를 활성화한 것도 국민만족을 위한 경찰활동의 일환이다. 2011년 1월에는 경찰청에 '고객만족계'를 설치하고 서울시 다산콜센터처럼 '경찰 통합 콜센터'의 신설을 추진했다. 폭력사건이 발생했을 때의 처리도 달라졌다. 예전에는 피해자가 방어하다 부득이 폭력을 행사해도 가해자와 피해자를 모두 입건, 전과자를 양산하곤 했었다. 그러나 이제는 피해자가 정당방위 요건(8가지)에 해당하면 입건하지 않도록 하여 국민만족은 물론 형사법학계의 지지를 받았다.

이렇게 국민의 목소리에 경청하고 이를 토대로 각종 제도를 개선한 결과, 서서히 변화가 나타나기 시작했다. 경찰청이 매년 외부 전문리서치 기관에 의뢰해 조사하는 치안고객만족도가 2010년 69.9점에서 2011년 77.3점으로 대폭 상승했다. 한국능률협회에서 조사하는 만족도 조사에서는 2010년 48.4점에서 2011년 61.1점을 기록하며 가장 높은 상승폭을 보였다. 그리고 2011년 국민권익위 민원만족도 조사결과, 38개 중앙행정기관 중 '매우우수 그룹(4위)' 평가를 받았다. 그러나 절대 자만은 금물이다. 흐르는 강물에서 노를 계속 젓지 않으면 배가 뒤로 떠내려가듯 날로 높아지는 국민의 기대 수준을 맞추려면 끊임없는 노력과 반성이 필요하다.

의경 되려면 얼마나 기다려야 하나요

20 12년은 전·의경 제도가 시행된 지 41년이 되는 해다. 전경제도는 1971년, 의경제도는 1983년부터 운영했다. 전·의경 전역자 숫자만 모두 66만여 명이다. 그런데 군복무기간이 단축되면서 전·의경 정원이 매년 줄어들고 있다. 참고로 전의경 숫자는 2007년 41,800명, 2008년 37,440명, 2009년 28,117명, 2010년 23,917명, 2011년 23,609명이다. 이러한 상황에서도 전·의경들은 경찰업무를 보조하며 격렬한 집회시위 현장에서 온몸으로 법질서를 지켜왔을 뿐 아니라 방범·교통 등 민생치안 업무 보조에도 최선을 다해왔다. 이렇게 고생하는 전·의경들에 대한 대우는 상상을 초월할 정도로 미흡했던 것이 사실이다.

특히 잊을 만하면 한 번씩 언론에 보도되는 전·의경 구타·가혹행위 사건은 자식을 군대 보낸 부모들뿐 아니라 5천만 모든 국민들의 공분을 사기에 충분했다. 경찰청장에 재임하던 2011년 1월에도 강원청 307전경대 구타·가혹행위가 발생해 고개를 들고 다니지 못할 정도였다. 강원도 횡성 구제역 이동통제소에서 근무 중이던 강원청 307전경대 소속 신임대원 6명이 집단탈영을 한 것이다. 이미 2010년 연말까지 충북 흥덕서 방순대 자살시도, 충남 기동1중대 급성백혈병 사망 대원 상습 폭행의혹 사건 등이 연이어 발생해 전·의경 구타·가혹행위 근절을 강조하던 시점이었다. 또 연초의 함바 비리 사건으로 국민들의 비난이 극에 달해 있을 때이기도 했다.

사건 발생 경위를 조사한 결과, 결코 있어서는 안 될 부대 내의 구조적 악습이 드러났다. 가해자인 15명의 선임대원은 암기사항을 꼬투리 잡아 상습적인 욕설, 구타와 가혹행위를 해왔다. 한 선임대원은 현금을 갈취하기도 했다. 더구나 감독경찰관들의 경우, 피해 대원들이 부대 적응기간 중이었건만 함께 자면서 돌봐주는 근무를 형식적으로 하고 기율담당 전경에게 교육을 떠넘기는 등 직무를 유기했다. 더 심각한 문제는 중대장을 비롯한 지휘요원들이 피해대원으로부터 구타·가혹행위에 대한 신고를 받고서도 제대로 조치를 취하지 않고 방치한 것이었다. 구체적인 사실관계를 파악해 가해대원 처벌 등 조치를 했어야 하건만 중대장은 보고조차 하지 않았다. 대신 일부 가해대원들만을 자체 기율교육시키는 선에서 마무리했던 것이다. 이것은 피해대원들로 하여금 보복이 두려워 탈영하도록 만든 직접적 원인을 제공했다.

특단의 조치가 필요했다. 해당 부대인 강원청 307전경대를 즉각 부대해체했다. 사전에 알고서도 묵인, 방치하고 제대로 조치하지 않은 지휘관과 관리요원들은 형사입건·중징계 등 엄중한 조치를 했다. 2011년 1월 26~27일 이틀 간, 전국의 입대 6개월 미만 전·의경들 4,581명 전원을 한 곳에 집합시켜 구타·가혹행위에 대한 피해조사를 했다. 피해 사실을 직접 신고한 전·의경들은 특별휴가를 보내고, 해당 부대에 복귀시키지 않는 대신 각자 희망지에 배치시키거나 지방청에서 별도로 관리하게 했다.

조사결과는 충격적이었다. 4,581명 중 323명(7%)이 피해를 신고했는데 이 가운데 135명은 구타를 당했다고 고백했다. "돈을 빌려주지 않는다고 맞았다, 암기사항을 못 익히거나 취침 시 코를 곤다고 때렸다, 이름 대신 욕설로 불러도 관등성명을 대야 했다, 동기와 대화는

커녕 눈동자도 못 돌리게 했다"는 내용도 있었다.

　강력범죄를 저지르고 수감되어 있는 재소자도 이런 인권침해는 당하지 않는다. 사랑하는 아들을 전·의경으로 보낸 부모들이 마음 놓고 잠이나 잘 수 있겠는지, 기가 찰 노릇이었다. 구타·가혹행위는 가장 저급한 인권침해다. 행동은 자유로워도 실제 상황에 직면했을 때 '투철한 사명감'을 가지고 지휘명령에 따르는 것이 올바른 부대기강이다. 구타에 끌려다니며 상급자 눈치나 보면 사명감과 능동성은 잃기 마련인 것이다.

　위의 조사결과에 대해, 가해자 및 직무유기·태만 지휘요원들을 엄중히 조치했다. 그리고 이 조치가 일회성에 그치지 않도록 경찰청에 복무점검단(10명)을 신설했다. 24시간 피해신고를 접수받고 현장점검을 강화하기 위한 조치였다. 복무점검단은 악명을 떨치며 인권침해 사례들을 적발했다. 가해대원 442명을 징계하고 공적제재를 가했다. 전·의경 생활문화 개선에 성과가 보이면 특진, 포상과 같은 인센티브도 부여했다.

　전·의경 문제가 이렇게 방치되었던 것은 관리직원들의 정신상태 때문이었다. 관리직원들은 1년 단위로 경비부서에 차출되기 때문에 적당하게 때우거나, 승진시험 공부나 열심히 해서 나가면 된다는 생각에 제대로 신경을 쓰지 않는 경우가 많았다. 심지어 집회시위 현장에서도 고참들에게 부대지휘를 맡겨놓는 일도 있을 정도였다. 이러한 폐해를 차단하기 위해, 관리요원 선발 때부터 인사위원회를 구성해 부적격자를 원천 차단했다. 또 지휘요원의 교체주기도 연장해 능력 있는 관리요원은 몇 년이고 근무하도록 했다. 승진시험 준비를 한답시고 부대관리를 게을리하거나 기본임무를 소홀히 하는 경우는 엄중 문책했다.

　전·의경 관리 패러다임을 바꿀 필요가 있었다. 기존의 '통제'에서 벗어나 '근무는 열심히 하되, 쉴 때는 자기계발을 위해 완전히 자율을 부여' 하는 혁신적 패러다임으로 전환했다. 근무시간도 전경대·기동대는 주 45시간, 방순대는 주 50시간을 넘지 않도록 했다. 점호도 부대기강 유지에 필요할 만큼만(1주일에 하루 이틀 정도) 통제하는 식으로 관리했다. 근무시간을 채운 전·의경들은 휴무·외출을 허용해 여가선용과 자기계발 기회를 충분히 보장했다.

　전·의경들은 원래 치안업무를 보조하는 사람들이다. 이 업무만 잘해내면 된다. 물론 단체생활에 필요한 최소한의 질서는 필요하다. 이 부분만 보장된다면 굳이 생활공간을 제한하는 등 공포 분위기를 조성할 필요가 없다. 근무시간 이외에는 체육, 음악활동을 하거나 친구들을 만나거나 쉬는 등 자유가 주어져야 한다. 예를 들어 이 시간에 개인 공부를 한다면 개인은 물론 우리 사회를 위해서도 얼마나 바람직하겠는가?

　신임 전·의경 교육도 1주에서 3주로 연장했다. 인성교육과 생활

요령·소양교육을 강화했다. 고참과 신임대원의 관계를 수평적인 동료관계로 전환하려면 기수문화를 타파해야 했다. 형식적으로 운영되던 분대장 역할도 재정립해 실질적인 대원관리 체제를 마련했다. 우등형 전·의경 버스를 50대 도입했고, 행안위 국회의원들의 적극적인 도움으로 전·의경 숙영시설 신축예산 195억 원, 노후시설 개선 예산 39억 원을 확보했다. 이런 노력은 결실로 이어졌다. 2011년 1월에 구타·가혹행위는 76건이 발생했는데, 점차 줄어들어 하반기 이후에는 5건 이내로 줄었다.

2011년 6월 초, 한 미디어리서치 회사가 전입 6개월 이하 전·의경을 대상으로 1월과 비슷한 피해조사를 실시했다. 이번에는 전·의경의 부모까지 모두 1,000명을 대상으로 만족도까지 조사했다. 피해신고는 323건에서 9건으로 97.2% 감소했다. 반면 부대생활 만족도가 89.3%에 이르렀다. 6월 말에는 경찰청에서 전국 전·의경 17,423명을 대상으로 만족도 조사를 실시했다. 이때는 부대생활 만족도가 97.1%로 나타났다. 구타·가혹행위가 많이 줄어들고 전·의경 생활문화가 몰라보게 개선되었다는 반증이었다. 많은 전·의경들과 부모들이 나에게 고맙다는 편지나 이메일을 보내주었다.

의경 지원율이 급증한 것은 개인적인 뿌듯함을 넘어 경찰조직이 반길 일이었다. 전·의경 생활이 몰라보게 좋아지고 구타·가혹행위가 줄었다는 입소문이 나자 2011년 하반기부터 의경 지원율이 급증했다. 2012년 1~3월간 의무경찰 지원율을 보면 −강원 307전경대 등 구타·가혹행위가 발생한 2011년 1~3월에 비해− 지원자가 무려 266%(6,655명) 증가했다. 4월에 이미 10월까지의 입대인원이 다 확보되었다. 과거에는 경찰서별로 의경을 모집하기 위해 발품을 팔고 심지어 의경 모집실적을 평가하기도 했지만 이제는 거꾸로 부적합자를 걸러내기 위해 엄격한 선발시험을 치르고 있다. 불합격율도 2010년 13%에서 2012년에는 33%로 증가했다. 의경 경쟁률이 3:1이 된 것이다. 이러다보니 선발시험에 합격하고도 몇 달을 기다려야 하는 등 상황이 반전되었다. 이에 대해 경찰청에 근무하는 한 총경급 간부가 이런 인상적인 말을 했던 기억이 난다.

"아는 사람 아들이 의경을 지원하려 하는데, 어떻게 하면 갈 수 있겠냐고 질문하더군요. 변화를 실감했습니다."

2012년 2월 서울 강남경찰서장 김광식 총경이 나에게 편지 한 통을 보내왔다. 그는 내가 서울청장으로 있을 때 G20 기획팀장을 맡은 인물이었다. 당시 어느 회의 자리에서 전·의경 관리 문제를 논의한 적이 있는데, 편지에 그 일화에 대하여 적혀 있었다.

> 회의 중에 청장님이 물으셨죠. 전·의경 구타사고가 근절되지 않는 이유가 뭐냐고? 그때 저는 이렇게 대답했었습니다.
> "우리나라 자살률이 인구 10만 명 당 26명이고, 전·의경 자살률이 10만 명 당 24명입니다. 따지고 보면 전·의경 관리가 제도나 시스템적으로 크게 문제가 있는 것은 아닙니다. 너무 심각하게 고민하지 마십시오."
> 그런데 청장님이 들은 체도 안하고 혼잣말처럼 이렇게 말씀하셨던 기억이 납니다.
> "두고 봐라! 내가 구타·가혹 행위를 반드시 근절시킬 테니……."
> 그 모습이 참 인상적이더군요. 하지만 솔직히, 당시만 해도 저는 전·의경 구타와 가혹행위 문제해결에 대해 반신반의했었습니다. 그런데 요즈음, 새삼 격세지감을 느끼게 되는군요.

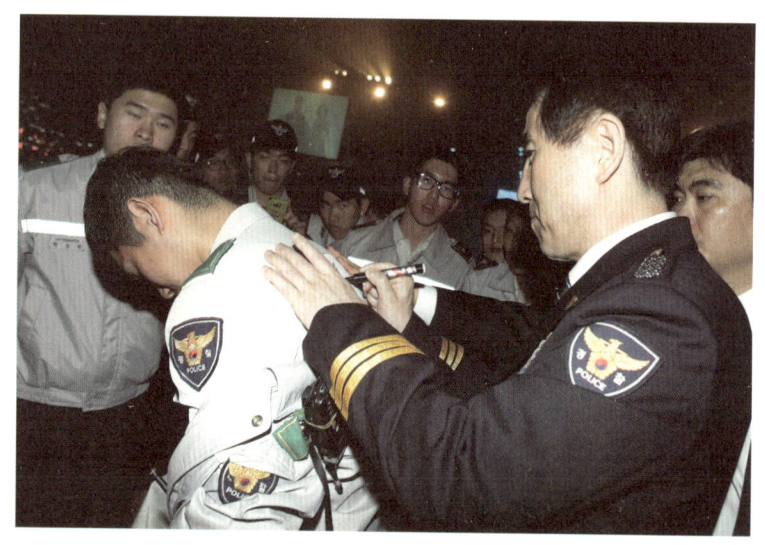

격세지감(隔世之感)이라는 그의 표현이 인상적이었다. 그 일이 있은 후 1년도 지나지 않아 지난 40여 년간 지속된 전·의경 구타와 가혹행위가 근절 수준으로 사라진 것이다. 신념은 때로 이 같은 마력을 불러일으킨다.

2012년 4월 18일 잠실체육관. 약 7천 명의 전·의경이 모인 가운데 전·의경 한마음 페스티벌을 개최했다. 핵안보 정상회의와 총선거 등을 대비하느라 지친 대원들을 조금이나마 위로하고자 만든 자리였다. 그 자리에 대원들이 가장 좋아하는 신세대 가수들을 초청했다. 고맙게도 에프엑스, 아이유, 티아라, 포미닛, 달샤벳, 나인뮤지스, 레인보우, 브레이브걸스 등 내로라하는 정상급 가수들이 찾아주었다. 이 자리를 빌어 정말 고마움을 표한다.

그런데 공연 도중 수많은 대원들이 내게 찾아와 사진을 같이 찍고 사인을 해달라고 부탁하는 것이었다. 어떤 대원은 자신이 입는 근무복에 매직펜으로 사인을 받아가기도 했다. 심지어 아이유가 노래를 부르는데도 계속 줄을 서서 기다려 급기야 행사진행 요원이 강제해산시킨 후에야 사인행사는 끝이 났다. 나는 3시간 동안 사인을 하느라 공연도 제대로 못보고 오른팔이 얼얼하고 아팠지만 싫지는 않았다. 마지막에 마이크를 잡고 이렇게 외쳤다.

"여러분은 질서유지의 선봉대입니다. 여러분은 법질서 유지의 선봉대입니다. 여러분은 민주주의의 선봉대입니다!"

7천 명의 청년들이 보냈던 함성과 박수소리가 아직까지 귀에 생생하다.

우리도 이제 법질서 선진국이다

과거 외국에 사는 재외동포들이 CNN을 타고 전파되는 한국의 과격 시위 모습에 얼굴을 붉히고 다닌 적이 있었다. 최근만 해도 2006년 평택미군기지 반대와 WTO 농업개방 반대, 2007년 한미FTA 비준 반대, 2008년 미국산 쇠고기 수입 반대 촛불집회 등 2000년대 우리나라 집회시위는 과격 폭력시위 양상이 많았다. 특히 2008년 미국산 쇠고기 수입문제는 광우병에 대한 근거 없는 유언비어와 왜곡보도로 인한 촛불집회가 확산되면서 불법폭력이 정점에 달했다. 시위공화국이라 불리던 우리나라에서 불법 과격·폭력시위가 현저하게 감소한 변곡점은 바로 2009년 쌍용자동차 사태다. 이 사태가 해결된 이후 불법폭력시위와 경찰 부상자가 획기적으로 감소하고 있다. 2009년 9월 쌍용자동차 사태 이후 2011년 12월 31일까지 불법폭력시위는 월 평균 2.9회 발생했다. 김대중·노무현 정부 10년간 8.8회에 비해 67%가 감소한 것이다. 경찰 부상자도 월 평균 7.5명으로 지난 정부 10년 46명보다 84% 감소했다.

특히 2010년 G20 정상회의를 대비하면서 도입한 '합법촉진·불법필벌'의 집회시위 관리 패러다임은 큰 주목을 받았다. 이는 종전의 '합법보장·불법필벌'이라는 합법-불법 이분법적 사고의 틀을 깨는 새로운 집회시위 관리 정책이었다. 기존의 소극적 합법보장에서 적극적인 합법촉진으로 전환하는 것이었다. 평화적 합법집회는 주최자의 자율적 개최를 최대한 보호하고, 비폭력 불법집회는 최대한 합법적 운영이 될 수 있도록 유도하되 채증을 통해 사후 사법조치를 원칙으로 한다. 그럼으로써 현장에서의 충돌을 최소화한다. 다만 폭력 불법집회는 그 정도에 비례해 한 단계 높은 물리력으로 엄정하고 단호하게 조치한다. 경찰폭행, 장시간 도로점거 등 묵과할 수 없는 불법시위는 현장에서 단호하게 해산 및 검거를 한다. 사후에도 민사책임까지 철저히 물어 엄정히 대응한다. 이것이 바로 '합법촉진·불법필벌'의 핵심 내용이다. 이러한 정책과 노력 결과 미국·영국·캐나다 경찰도 못해낸 G20 정상회의의 성공적 뒷받침을 대한민국 경찰이 해냈다. 전 세계의 모범이 된 자랑스러운 성과다.

2011년에도 반값 등록금 등의 이슈로 집회시위가 이어져 왔으나 지속적인 합법촉진 활동과 함께 엄정하고 유연한 집회시위 대응으로 큰 변수 없이 관리할 수 있었다. 한편 불법행위자에 대한 사법처리는 더욱 엄정히 했다. 2011년 집회시위 사범에 대한 사법처리는 총 5,564명. 2010년 4,220명에 비해 32%가 증가한 수치다. 2008년 미국산 쇠고기 수입반대 촛불집회 때는 하루 평균 18명을 사법처리했지만, 2011년 한진중공업 버스시위 때는 하루 평균 40명을 사법처리했다.

이전에는 경찰의 집회관리 방식과 과잉진압을 비난하는 언론보도가 많았다. 그러나 근래에는 불법시위에 대한 비난 여론이 더 높은 것으로 파악되었다. 2003~2011년 발행된 일간신문 사설 중 '집회시위'에 관한 540건을 분석한 결과 노무현 정부 때는 경찰에 대한 비난이 불법시위에 대한 비난보다 3배나 높았으나 쌍용차 사태 발생 이후인 2009년 9월~2011년 12월간은 오히려 불법시위에 대한 비난이 경찰에 대한 비난보다 약 5.4배 높은 것으로 나타났다. 특히 집회시위 관리와 관련한 경찰 인권침해 등 과잉대응 비난 보도는 거의 없었다.

다만 제주 강정마을 민군복합항 건설현장 등 몇몇 집회시위에서는 경찰의 무기력한 대응으로 국민들의 비난을 샀다. 그러나 경찰이 배치되는 집회시위 건수가 연간 1만 건 이상인 현실에서 한두 건 관리를 제대로 못했다 해서 전체적인 잘못을 말할 수는 없다. 2011년 5월부터 얼마간, 한국대학생연합이 주축이 된 반값등록금 집회시위로 서울 도심 도로가 점거된 일이 몇 차례 있었다. 이때 일부 언론은 경찰이 너무 소극적인 대응을 한다며 비난하기도 했다. 시시각각 변화하는 집회시위의 속성과 경찰의 대응방식을 큰 틀에서 이해하지 않으면 그런 비난이 나올 수 있다.

반값 등록금 문제만큼 대한민국 국민 모두에게 민감한 사안도 없을 것이다. 그런 민감한 이슈에 대해 기계적인 법집행과 물리력을 행사하면 국민지지를 받을 수 없다고 생각한다. 2011년 5월 29일 한대련 대학생들이 거리로 뛰쳐나왔을 때 많은 사람들이 걱정을 했다. 2008년 촛불시위가 재현되지 않을까 하는 우려였다. 나는 걱정 말고 전적으로 경찰에 맡겨달라고 강조했다.

국민적 감성을 민감하게 자극할 수 있는 이슈에 대해 다른 때처럼 엄정한 물리력을 행사하면 자칫 인권침해 소지가 발생할 수 있었다. 제대로 집회시위 관리를 못한다고 욕을 먹더라도 일시적으로 탄력적인 법집행을 했다. 시내 중심가에 경찰 나름의 수비선을 정하고, 그 선을 넘지만 않는다면 일정 부분 도로점거가 있다 해도 바로 현장조치를 하지 않고 사후 사법처리를 하는 방향으로 관리했다. 바로 존 디펜스(zone defence) 개념이다. 경찰에 대한 비난도 물론 없지 않았지만 도로를 점거한 시위대에 대한 비난은 훨씬 더 컸다.

집회시위 관리도 생물이라고 생각한다. 시위대의 정서와 문화는 시대에 따라 변한다. 경찰 대응도 이에 따라 탄력적으로 변해야 한다. 경찰은 법집행 기관이다. 법은 곧 정의다. 경찰력을 행사하는 것이 과연 정의로운가 하는 문제를 늘 염두에 두고 법집행을 해야 국민의 공감과 지지를 얻을 수 있다. 이러한 의식 없이 기계적인 법집행을 하려 하면 자칫 엄청난 불행을 초래할 수 있다.

선진 법질서 확립을 위해서는 집회시위에 참여하는 시위 참가자들의 의식 전환도 필요하다. 집회시위의 자유는 헌법에 보장된 기본권이다. 민주주의를 제도적으로 뒷받침하는, 민주주의 가치를 실현하는 가장 중요한 기본권 중의 하나가 집회시위의 자유다. 그렇지만 이 기본권도 우리 사회의 질서와 안녕을 위해 헌법상 제한을 받을 수 있다. 한 사람이 누릴 수 있는 권리는 무한정 보장되어 있지 않다. 한 사람의 권리는 다른 사람의 권리가 시작되는 곳에서 끝난다. 다른 사람의 권리를 짓밟으면서 자기의 권리를 무한정 주장하는 것은 허용되지 않는다. 이것이 헌법정신이다.

도로를 점거한 시위대들. 거리로 뛰쳐나오게 된 사연은 정말로 안타깝다. 반값등록금 문제를 봐도 그렇다. 적지 않은 대학생들이 정상적으로 학교 수업을 받지 못하고, 한 학기 마치고 아르바이트 해서 다음 학기 등록하는 등 안타까운 사정들이 있다. 어려운 학창시절을 보낸 나로서는 그 학생들의 심정을 충분히 이해한다. 하지만 굳이 도심 대로를 막고 귀가길의 많은 시민들로 하여금 발을 동동 구르게 해야 할 것인가?

2011년 4월 일본 도쿄에서 열린 15,000명 규모의 원전 반대시위. 그 많은 인원이 편도 4~5차로 큰 대로를 행진하는데, 최하위 2개 차로만 밀집대형으로 인도에 바짝 붙어서 걷는 모습이었다. 우리나라 집회시위에 대한 권리도 그런 식으로 행사되어야 국민들의 지지를 받을 수 있다. 자신들의 주장은 충분히 알리면서 다른 사람들의 권리를 최대한 존중하는 것이 성숙한 시민정신이다. 우리나라는 1천 명만 되어도 세종로, 태평로, 을지로 등 주요 대로의 전 차로를 다 차지하려 한다. 이것은 민주시민으로서 기본 자세가 아니라고 생각한다.

2011년 10월, 미디어리서치에서 전국 1천 명을 상대로 집회시위와 관련한 국민여론조사를 실시했다. 집회시위로 인한 피해 경험을 묻는 질문에 79%가 '도로점거로 인한 교통체증'을 꼽았다. 그 다음 23%가 '확성기를 이용한 소음문제'였다. 교통흐름을 방해하는 도로점거 시위가 발생했을 때의 경찰 조치에 대해 81%가 '강제해산을 긍정적으로 평가'했다. 일반국민들이 불법시위에 대해 어떻게 생각하는지를 잘 알 수 있는 조사결과다.

집회시위 문화를 개선하기 위해서는 경찰의 노력뿐 아니라 전 사회적인 동참이 필요하다. 2011년 7월 26일 미국 워싱턴DC의 백악관 앞, 시민단체 운동가 11명과 함께 땅바닥에 앉아 이민정책에 항의하는 시위를 벌이던 루이스 구티에레즈 하원의원이 경찰에 체포되었다. 일리노이 출신의 10선 의원인 그는 오바마 대통령의 정치적 고향 출신이었다. 이처럼 미국은 불법시위를 하면 하원의원 신분이건 워싱턴DC 시장이건 수갑 채워서 연행을 하는데, 왜 우리나라 경찰은 못 그러느냐는 지적을 자주 듣는다.

변명 같지만 미국인들과 달리 우리나라 사람들은 그렇게 엄정하게 법집행하는 것을 당연하게 받아들이지 않는다. 오히려 정치 탄압, 공안정국 조성 등 온갖 비난을 듣는다. 언론의 비난은 물론이고 해당 정치인 소속 정당에서 떼로 몰려와 거칠게 항의한다. 국회 상임위 등 각종 회의에서도 엄청난 비난을 받아야 한다. 민주주의의 기본인 법질서를 확립하기 위해, 법은 힘 센 자에게도 서민들과 똑같이 집행된다는 정의 실현을 위해 경찰은 나름대로 노력할 명분을 가질 것이다.

법원이 제대로 된 판결과 결정을 해주지 않는다면 경찰은 더욱 위축될 수밖에 없다. 경찰의 힘만으로는 이 문제를 근본적으로 해결할 수 없다. 경찰이 주된 책임을 가진 것은 분명하다. 그러나 언론·정치권·법원 등 사회 모든 부문의 관심과 동참이 어우러져야 엄정한 법 집행을 통한 선진 법질서가 확립될 수 있다.

과격 폭력시위를 주도하고 건전한 집회시위 문화 정착을 방해하는 소위 '상습 시위꾼'들 문제도 반드시 짚고 넘어가야 한다. 이들 상습 시위꾼들은 각종 집회시위에 상습적으로 참가해 과격시위를 선동하는 것은 물론 심지어 국가정체성을 부정하는 일도 서슴지 않는다. 상습시위꾼들은 2006년 미군기지 이전 반대와 관련한 평택사태, 2008년 미국산 쇠고기 수입반대 촛불집회, 2009년 재개발 철거방해 용산사태, 2011년 부산 한진중공업 정리해고 반대 버스시위, 2012년 제주 민군항 건설저지 강정마을 사태 등 중요 시위 현장에 어김없이 나타나 과격 폭력시위를 주도했다.

지역주민을 선동하고, 인터넷 공간에서 특정 사안을 왜곡 선전하고, 경찰의 정당한 공권력 행사를 교묘히 방해하는 일도 다반사로 벌이고 있다. 경찰이 폭력시위 현장에서나 사후 검거를 통해 이들을 지속적으로 사법처리하고 있음에도 불구하고 단시간 내에 그 세력을 약화시키는 것은 현실적으로 어렵다. 경찰활동만으로는 곤란하다. 정치, 사회, 언론, 사법 모든 분야의 관심과 동참만이 건전한 집회시위 문화 정착을 이끌어낼 수 있음을 다시 한 번 강조한다.

평택의 여름, 쌍용차 파업 77일

평택 쌍용자동차 파업은 경기경찰청장 시절인 2009년 5월 22일~8월 6일까지 77일간 지속되었다. 파업 초기에는 노사문제 자율해결 원칙을 존중해 노사대화를 중재하고 인명피해 가능성이 있는 물리력 행사는 자제했다. 그러나 노조 강경파에 의한 협상 결렬, 파산 위기 고조로 인해 쌍용차 회생과 협력업체 등 10만 명(회사측 주장으로는 20만 명)의 생존권이 위협받게 되었다. 이 상황에서 단계적으로 경찰력을 투입할 수밖에 없었다.

2009년 8월 5일 전격적으로 진행된 공장 진입 · 해산은 큰 불상사 없이 성공적으로 완료되었다. 쌍용차 사태와 관련한 경찰 부상자는 중상 22명을 포함해 143명이었다. 노조원 부상은 총 21명이었다. 이 가운데 사측과의 충돌로 인해 발생한 11명을 제외하고 순수 경찰진입으로 부상당한 인원은 진입 당일인 8월 5일 경찰력이 조립공장 옥상을 확보하는 과정의 8분 동안 벌어진 중상 2명과 경상 8명이 전부였다. 그중에서도 같은 노조원이 발사한 볼트총에 맞거나 도망가다가 다친 부상자를 제외하면 5명에 불과했다.

노사 양측에 대한 경찰의 지속적인 중재 · 설득 노력과 2009년 8월 5일 공장진입 성공 이후 노조 강경파는 정리해고안을 수용하고 불법 파업을 종결지었다. 나는 2010년 8월 경찰청장 인사청문회 자리에서 가장 자랑스러운 업적 중 하나로 쌍용자동차 사태 해결을 꼽았었다. 피눈물을 흘리는 해고 노동자들이 있는데 자랑스러운 일로 이야기하

는 것이 맞느냐는 비난도 받았다. 물론 일부 정리해고자의 고통은 안타까운 일이다. 그러나 노조의 생산시설 불법점거 상황을 해소하고, 기업의 회생과 협력업체 종사자 10만여 명의 생존권을 구한 것은 지금 생각해도 보람 있는 일이라고 생각한다.

쌍용차 노사협상 타결은 민주노총·금속노조 등이 개입한 노사분규 현장에서 대규모 정리해고를 수용한 사실상 첫 사례가 되었다. 이후 쌍용차는 중단된 생산라인을 다시 가동했다. 직원을 감원해도 차량 생산량은 25% 증가했다. 회사가 정상화되어 하루 빨리 더 많은 인력이 필요해 당시 해고자를 복직시키기를 희망한다. 하지만 노사간 상호불신의 골이 워낙 깊어 간단하지가 않다. 거리로 뛰쳐나가 서로를 비난하는 것보다는 상호신뢰를 쌓아가는 노력이 보다 바람직한 문제해결 방안인데 안타까울 뿐이다.

쌍용자동차 사태 해결은 일개 기업의 문제를 넘어 우리나라 노사문화를 화합과 상생의 길로 한 단계 업그레이드하는 전환점이 되었다. 곧이어 발생한 금호타이어 파업과 직장폐쇄 사태도 많은 사람들의 걱정과 달리 큰 불상사 없이 원만하게 타결되었다. 이는 쌍용차 사태 해결이 가져온 학습효과로 생각된다. 쌍용자동차 사태가 법질서 확립의 중요한 계기가 되었다는 점 역시 부인할 수 없는 사실이다. 쌍용자동차 사태 해결을 계기로 이후 불법폭력 시위는 월 평균 2.9건이 발생했다. 지난 정부 10년간 월 평균 8.8건에 비해 67%나 대폭 감소한 것이다. 경찰 부상자도 쌍용차 이후 월 평균 7.5명이 발생해 지난 정부 10년간 월 평균 46명에 비해 84%나 감소한 것으로 나타났다.

쌍용차 사태가 평화적으로 해결되었던 것은 국민의 성원과 정치권, 언론, 정부부처 등 관계자 분들의 노력이 있었기 때문이다. 또한 당시 사태를 안전하게 관리한 경찰특공대와 경찰관 기동대, 전·의경 등 경기경찰의 노고도 빼놓을 수 없다. 나 또한 현장 총 책임자로서 숱한 어려움과 아찔한 위기를 여러 차례 경험했다. 이 글을 쓰는 동안에도 2009년 여름의 기억이 생생히 떠오른다.

쌍용자동차 파업의 배경

경기경찰청장으로 부임하기 전인 2009년 1월, 쌍용자동차는 판매 부진에 따른 적자누적과 경제상황 악화로 기업회생 절차가 진행 중이었다. 사측은 기업회생 절차의 핵심 내용으로 전체 직원의 35%에 해당하는 총 2,646명 감축, 운휴자산 매각 등 구조조정 방안을 발표했다. 쌍용차의 대주주는 51%의 지분을 소유한 중국 상하이차였다. 상하이차는 쌍용차 경영에 대해 큰 관심을 두지 않고 추가 투자를 회피했다. 이로 인해 자동차 제조기술만 빼내가고 나 몰라라 하는 '기술먹튀' 논란이 생기는 등 안팎으로 어려움이 가중되고 있었다.

채권단, 주채권은행인 산업은행 등은 쌍용차 문제의 핵심은 구조조정이며, 강도 높은 구조조정이 없으면 독자 생존이 어려울 것으로 보고 자금지원이 불가하다는 입장이었다. 기업가치도 강력한 구조조정을 전제로 할 때 존속가치가 청산가치에 비해 3,890억 원 정도 높다는 평가가 나왔다. 어쨌든 파산에 이은 청산은 그 타격이 너무 큰 상황이었다. 이런 중에도, 노조는 구조조정을 반대하며 총고용 보장 요구를 굽히지 않았다.

1998년 IMF 경제위기 때 경남경찰청 경비과장과 울산남부서장으로 근무할 당시 울산 현대자동차가 위기극복을 위해 대량해고를 단행했고 이에 대해 노조가 극렬하게 반발하며 심각한 노사분규가 발생했다. 경남경찰청 경비과장으로 부임한 것이 1998년 4월 초였다. 당시 경남경찰청 경비과는 노조의 불법점거 농성으로 인한 공장가동 중단을 예상하고 이를 해소시키기 위한 제반 준비를 착실하게 진행하고 있었다. 경비계장 김성근 경정을 비롯한 직원들의 업무능력과 열정에 깊은 감명을 받은 바 있다. 이런 경찰관들이 있기에 우리 사회의 질서가 이나마도 지켜지고 있구나 하는 생각이 절로 들었다. 솔직하게 이야기해서 직원들로부터 업무를 배웠다고 해도 과언이 아닐 터였다.

항공사진을 이용한 진입 계획, 위험물질관리, 작전 우선순위, 경찰력 투입 규모와 장비, 경찰부대 숙영시설 등 제반 계획을 꼼꼼하게 준비했다. 헬리콥터를 타고 회사 상공을 수차례 비행하면서 공장 지형을 익히다보니 우선순위에 대한 개념이 나름대로 명확하게 잡혔다. 자동차 공장에는 자동차를 도색하기 위한 도장공장이 있는데 페인트 작업을 위해 시너를 사용한다. 시너는 폭발성, 인화성이 매우 강한 물질로 평소 도장공장 내에 있는 양만으로도 공장이 쑥대밭이 될 만큼 위험한 요소가 있었다. 2009년 1월 30일 경기경찰청장에 부임한 직후 업무보고를 통해 조만간 쌍용차 노조가 공장을 불법점거하리라는 판단을 하게 되었다. 울산 현대자동차 때의 경험을 되살려 경비과에 경찰력 진입계획을 세우도록 지시했다. 한편으로 회사 측은 시너와 휘발유 같은 폭발성·인화성 물질을 미리 이전시키도록 수차례 협조를 구했다.

쌍용차 노조 파업 돌입

우려했던 대로 노조는 2009년 5월 21일 총파업에 돌입, 22일부터는 1,100여 명이 평택 공장을 점거하고 소위 옥쇄파업에 들어갔다. 사측은 두 차례나 내 집무실로 찾아와 불법점거 중인 노조원들을 공장에서 몰아내고 공장을 하루빨리 정상화시켜 달라고 요청했다. 나는 "왜 시너 등을 분산해 옮기지 않았느냐, 시너·휘발유 같은 폭발성·인화성 물질이 35만 리터나 있는데 어떻게 진입을 하느냐"며 경찰력 투입을 거절했다. 며칠 지나지 않아 협력업체 대표단 7명이 방문해 경찰력 투입을 요청했다. 이때도 마찬가지로 거절했다. 일부 언론은 노조원들이 불법적으로 공장을 점거해 회사가 심각한 손해를 보고 있음에도 아무런 조치를 취하지 않는 경찰과 정부를 비난했다. 그리고 하루빨리 경찰을 투입해 노조원들을 끌어낼 것을 주문했다.

노사분규는 어디까지나 당사자끼리 대화와 협상을 통해 해결하는 것이 바람직하다. 사측도 평소 노무관리에 관심을 기울여 건전한 노사관계를 유지했어야 했다. 이러한 노력은 게을리 하면서 분규가 발생했을 때 무조건 경찰력을 동원해 사태를 해결하려 하니 곤란한 노릇이었다.

2009년 5월 31일, 사측은 노조의 불법점거 시설에 대한 관리권을 회복하기 위해 직장폐쇄를 단행했다. 6월 2일에는 그동안의 희망퇴직, 분사자 1,670명을 제외한 976명에 대해 정리해고를 통보했다. 노사는 뚜렷한 타협점을 찾지 못한 채 파국을 향해 나아가고 있었다.

쌍용차 문제의 핵심은 '회사 측의 경쟁력이 현저히 떨어져 독자 생존이 불가능하다'는 점과 그 기저에 '정리해고 등 구조조정을 받아들이지 않는 강성노조가 버티고 있다'는 점이었다. 정리해고 대상 976명 때문에 다른 노조원 4,500명과 협력업체 노동자 포함 10만 명 이상이 생계의 터전을 잃게 될 상황이었다. 사측과 일부 언론은 '공권력 뒷짐' 운운하며 불법파업에 대해 경찰이 미온적으로 대처하고 있다는 비난을 계속했다. 그러나 노사대화가 충분히 이루어지지 않은 상태에서 경찰이 파업 중인 노조원들을 진압하는 데는 어려운 문제가 있었다. 이는 대화에 의한 해결 가능성을 원천적으로 차단하는 셈이었다.

대다수의 여론은 연초 발생한 용산 철거현장 화재사고를 상기하며 경찰력 투입에 대해 신중해야 한다는 입장이었다. 경찰력 투입 과정에서 인명피해가 한 명이라도 발생한다면 좋아할 쪽은 법질서 파괴세력이었다. 노조의 파업은 그 목적과 수단상 분명한 불법파업이었지만 노사간 충분한 협상이 이루어지지 않은 데다 폭발성·인화성 위험물이 다량 보관된 상태에서 경찰력을 투입할 경우 큰 불상사가 발생할 수 있다는 부담이 있었다. 따라서 위험을 무릅쓰고 경찰력을 투입하기보다는 우선 대화와 협상을 중재하는데 주력할 필요가 있었다. 또한 외부세력이 가세하지 못하도록 차단해 파업 장기화를 막는 것이 바람직했다.

경찰은 사측과 노조 집행부의 대화를 여러 차례 주선했다. 아울러 노조 집행부를 상대로 불법파업에 따른 민·형사 책임 부과 방침을 지속 경고했다. 불법파업이 장기화되면 노사가 공멸하게 되니 총고용 보장만을 주장할 것이 아니라 희망퇴직이나 무급휴직 등 대안을 가지고 협상을 하도록 노조를 설득해 나갔다. 농성자들은 경찰 진입에 대비해 화염병·볼트총·쇠파이프·쇠창 등으로 무장하고 도장 1, 2공장과 복지동에 거점을 구축했다. 도장 2공장 공조실에 무기제작실을 차려 사제 쇠뇌박격포, 화염방사기, 석궁까지 만들고 있다는 이야기도 들렸다. 공장 각 진입로에는 컨테이너·파렛트·철구조물 등으로 차단벽을 만들고 농성 거점지역인 도장공장은 대다수 출입구를 용접해 폐쇄했으며, 각 층 계단은 기름을 칠하고 장애물까지 설치해놓고 있었다.

무엇보다 도장공장을 중심으로 시너, 휘발유 등 35만 리터에 이르는 폭발성·인화성 물질이 보관되어 있었다. 자칫 화재가 발생할 경우 용산 화재사고와 비교가 안 될 대형 참사로 이어질 가능성이 컸다. 최하 6개월 이상 생산중단도 불가피한 상황이었다. 경찰이 진입할 경우 장기간 파업에 따른 비이성적 노조원의 돌출행동은 물론 극렬행위자, 외부세력에 의한 고의적인 사고 위험성도 매우 높은 실정이었다. 불법파업의 '법질서 훼손, 공공위험' 보다 경찰력 투입으로 인한 대형 참사 위험부담이 더욱 컸던 셈이다. 경찰비례의 원칙상 신중한 판단이 필요했다. 이러던 중 2009년 6월 27일 사측이 공장 탈환을 위해 진입을 시도했다. 이에 맞선 노조측이 지게차 6대를 돌진시키고 화염병과 쇠파이프를 휘두르며 저지하는 과정에서 많은 부상자가 발생했다.

경찰력 배치

2009년 6월 30일 노사간 폭력사태 확산을 막고 불법파업 장기화의

원인이 되는 외부 지원세력 가세를 차단하기 위해 공장 외곽에 부대를 배치했다. 주간 8개, 야간 5개 부대 규모였다. 무엇보다 연이은 사측의 시설보호 요청을 모른 척할 수만은 없는 상황이었다. 7월 1일에는 평택서에 특별수사본부를 차려 쌍용차 사태와 관련한 폭력행위와 불법적인 외부세력 개입을 수사토록 했다. 7월 11일에는 정문·북문·남문 등 공장의 주 출입문을 장악해 확보했다. 노조의 불법파업을 중단토록 압박하고, 파업 장기화를 부추기는 외부세력을 실질적으로 차단키 위해서였다.

2009년 7월 11일부터 농성 노조원들의 가족으로 구성된 가족대책위원회가 정문 앞 공터에 천막을 치고 농성을 시작했다. 7월 28일부터는 민노당 당직자들이 가세해 천막을 치고 농성에 돌입했다. 7월 16일 사측은 정문에 '5.31 직장폐쇄로 식료품을 포함한 모든 물품반입 금지' 내용의 공고문을 게시했다. 같은 날 금속노조 1,500여 명이 평택시청 앞 광장에서 집회를 개최하고, 집회장소에서 이탈해 쌍용차로 진입을 시도했다. 이 가운데 300여 명이 탑승한 관광버스 8대가 쌍용차 방면으로 이동하려는 것을 경기청 교통안전계 기동순찰대 소속 곽인선 경사가 맨 앞 버스를 사이카로 차단하며 저지했다.

이에 격분한 노조원 300여 명이 하차해 항의했지만 곽 경사는 "쌍용차 방면으로는 더 이상 절대 이동 못한다"고 버텼다. "경찰 한 명이니 밀어내고 가자"면서 노조원 여러 명이 곽 경사를 밀쳐 상의 근무복 단추가 떨어졌다. 곽 경사는 근무복을 벗고 소지하고 있던 수갑을 꺼내 "누구든 한 명은 체포하겠다"고 고함쳤다. 노조원들이 주춤했다. 노조원들이 "지독한 경찰관"이라며 재차 버스에 탑승해 쌍용차로 이동하려 했다. 그러자 곽 경사는 관광버스 범퍼 앞에 드러누워 "쌍용차로 가려면 나를 치고 가라, 그렇지 않으면 절대 못 간다"고 버텼

다. 노조원 300여 명은 할 수 없이 전원 하차해 약 3.5km를 도보로 이동할 수밖에 없었다. 이로써 곽 경사는 경찰부대가 충분한 시간을 가지고 대비할 수 있도록 결정적인 기여를 했다. 곽 경사의 용기 있는 업무수행과 사명감에 찬사를 보낸다.

2009년 7월 18일, 불법 점거농성이 58일째 접어들어 지나치게 장기화되고 있었다. 경찰은 각 출입문을 통제하는 수준에서 상황을 관리하고 있었으나, 7월 20일 공장을 사측에 인도하라는 강제집행을 앞두고 법원으로부터 원활한 강제집행 시행을 위한 경찰원조 요청을 받았다. 민사집행법에 따르면 경찰은 정상적인 법집행이 이루어지도록 원조할 의무가 있었다. 사측도 때를 맞춰 임직원 전원을 공장으로 출근시킬 계획이었다. 경찰은 방관만 하고 있을 수 없었다.

7월 20일, 법원의 강제집행을 지원하고 노조의 불법 폭력행위를 해소하기 위해 경찰부대를 공장 안으로 전진 배치했다. 전체적으로 주간 32개 부대, 야간 14개 부대의 규모였다. 공장 안에 9개 부대를 배치했다. 법원 집행관 3명이 3회에 걸쳐 강제집행을 시도했으나 노조원들의 공격으로 접근조차 못하고 철수했다.

　같은 날 사측은 공장 내 단수 조치를 취하고 가스 공급을 차단했다. 하루 빨리 불법 파업을 해소시키고 회사를 정상화시키기 위한 결정이었다. 노조집행부는 경찰력 투입에 대비해 특수부대 출신 노조원 약 150명을 선발했다고 한다. 이들로 하여금 6월 초부터 한 달여간 쇠파이프 사용법과 화염병 투척방법, 제식훈련, 기습방법을 집중 훈련시켰다고 한다. 일반 노조원들에게도 2~3일에 한 번씩 사이렌이 울리면 쇠파이프와 헬멧 등을 소지하고 각 거점으로 뛰어가 경찰 진입에 대비하는 전술훈련을 했다고 전해 들었다.

　농성자들은 주로 도장 1공장과 복지동에서 숙식하고 있었다. 그런데 대의원 이상의 노조 간부급 말고는 자신의 행동반경 외의 상황은 잘 모르고 있었다. 농성 인원은 약 900여 명으로 추정되었다. 노조 간부들이 공장 일대를 순찰하면서 밖으로 나가려는 노조원을 설득해 돌려보내고 있다는 소문도 들었다. 노조원들은 TV, 라디오, 인터넷은 사용할 수 없었으나 DMB 휴대폰으로 뉴스를 접했고 전화 통화로 외부 사정을 파악하고 있었다.

　파업이 길어지면서 농성자들의 피로가 누적되고 있었다. 일부는 "농성을 풀고 나가봐야 특별한 대안이 없고, 이때까지 파업을 이어온 것이 억울하고 아까워 끝까지 투쟁하겠다"고 했다. 사측과의 극적 타결을 기대하거나 "차라리 빨리 경찰력이 투입되어 상황이 끝났으면 좋겠다"는 노조원들도 있었다. 농성자들은 특별한 대안을 찾지 못한 채 막연한 투쟁만을 요구하는 집행부에 대해 불만을 표출하고 있었다. 지도부에 대한 신뢰도 날이 갈수록 떨어져갔다. 경찰력 투입설, 회사 파산설로 인한 불안은 커져만 갔다.

　2009년 7월 22일, 금속노조 등 2,300여 명이 경찰의 쌍용차 사내 진입을 규탄하기 위해 평택역에서 집회를 개최했다. 집회 참가자 중 1,400여 명이 곳곳에서 쌍용차 진입을 시도했다. 경찰이 안팎의 상황에 모두 대처하느라 어수선한 사이에 노조는 사전 치밀한 계획을 세우고 타격대 80명을 차출해 조직실장의 무전지휘 하에 정문 안쪽에 배치된 경찰부대를 습격했다. 뜻밖의 기습에 많은 경찰관들과 전·의경들이 부상을 입었다. 화염병 때문에 몸에 불이 붙어 쓰러진 2기동대 배 순경을 노조원 4~5명이 둘러싸고 쇠파이프로 폭행했던 상황도 있었다. 소속 팀장 등이 테이저건 4발을 발사하며 가까스로 경찰관을 구해냈다. 이날 노조원의 공격으로 경찰관 13명과 전·의경 7명 등 20명이 부상했고 경찰관 2명은 손가락·허벅지 등에 큰 화상을 입었다.

2009년 7월 24일, 3개 부대와 특공대 1개 제대를 투입해 농성 주거점장소 중 한 곳을 장악했다. 복지동 연결통로와 마주한 로디우스 차체공장 옥상이었다. 농성자들은 7월 20일 회사 측의 단수와 가스차단 이후 하루 세 끼 주먹밥을 먹고 있었다. 밥에 참치, 다진 고기, 김, 당근 등을 섞어 공기밥 1개 반 정도 분량으로 만든 주먹밥을 매끼 지급받았다. 식수는 부족하지 않을 정도였으나 샤워나 빨래할 물은 부족하다는 정보였다. 쌍용차 사태 기간 중 노조원들은 대치한 경찰을 향해 수시로 대형 볼트총을 이용한 부속품들을 쏘았고, 이런 상황에서 경찰은 불법행위를 하는 농성자들을 해산하고 압박하기 위해 최루액을 사용하지 않을 수 없었다. 통상 최루액은 헬기에서 살포했는데 최루액과 물의 배합비율을 1:100으로 하여 안전에는 문제가 없었으나, 농성자들은 헬기에서 뿌리는 최루액 때문에 고통이 매우 크다. 최루액을 물에 섞은 비닐봉지 수십 개를 헬기에 실은 후 불법농성 현장 상공에서 살포했는데 이 비닐봉지가 바닥에 터지면서 최루액이 자연 비산되어 최루효과가 더 커진 것이다.

나도 직접 헬기를 타고 현장 상공을 순시했다. 한번은 노조원들이 대형 볼트 새총으로 쏘는 커다란 너트가 헬기 꼬리에 정확히 맞아 프로펠러 판을 관통했다. 헬기 꼬리 프로펠러는 헬기가 빙빙 돌지 않게 균형을 잡아주는 중요 부위로 이 프로펠러가 손상되면 바로 추락할 수도 있었다. 그때 내 운이 죽을 정도는 아니었나 보다. 어쨌든 그런 상황으로 가슴을 쓸어내린 적도 있다. 공장으로 들어가는 가스를 차단하자 악에 받친 일부 농성자들은 각 층별로 엄청난 양의 시너통을 비치했다. 경찰특공대 투입에 대비해 옥상에도 많은 양의 시너를 가져다 놓았다. 일부 극렬 노조원들은 경찰력이 투입되면 방화하겠다는 말을 공공연히 하고 다녀 집행부에서조차 통제가 어렵다는 말이 들렸다.

날이 갈수록 회사의 파산 위기가 고조되자 노사는 더 이상 협상을 미룰 수 없다고 판단하고 7월 30일~8월 2일까지 이른바 끝장교섭을 진행했다. 대다수 노조원들은 협상이 잘될 것이라는 기대심리가 컸으나 집행부는 뉴스에서 나온 수준만 전달할 뿐 세부적인 협상진행 경과를 설명치 않아 내부 불만이 커지고 있었다.

우여곡절 끝에 8월 2일 노사는 고용보장 40%, 정리해고 60%의 구두합의에 이르렀다. 대규모 사업장에서 한 번도 정리해고를 받아들이지 않았던 금속노조도 파산이 임박한 쌍용차 상황에서는 구조조정이 필요하다고 본 것이었다.

그러나 노조 강경파는 "총고용이 보장되지 않는다면 투쟁의 의미가 없고 정리해고를 절대 받아들일 수 없다"며 협상을 이끈 지부장을 몰아세웠다. 지부장은 일반 노조원들에게 합의안을 제대로 설명하지도 못한 채 재차 '정리해고 철회'를 주장하며 협상을 원점으로 되돌렸다. 노사 구두합의가 결렬되자 농성자들은 농성 지속 여부에 대한 찬성과 반대파로 나뉘었다. 그리고 옹기종기 모여 대화를 나누는 모습을 보였다.

8월 2일, 협상 결렬의 원인이 강경파의 집행부 협박 때문임을 알게 된 일부 노조원들은 "집행부가 무리하게 정리해고 철회만 주장하고, 협상 경과와 내용을 전혀 공개하지 않는 등 노조원들을 기만한다"며 대표적 강경파인 기획부장에 대해 집단 폭행을 시도했다. 농성장 내부에 심각한 분열이 생겨났다. 농성 노조원 다수가 조기 타결을 희망했음에도 쌍용차 사태가 77일이나 장기화된 이유는, 노조 집행부와 강경파 150여 명의 고집 때문이었다. 그들이 '정리해고 절대불가'를 끝까지 주장하며 협상을 거부하고, 파업 지속 시 '총고용 보장' 쟁취가 가능하다며 노조원들을 끈질기게 설득했던 것이다.

경찰진입 성공과 협상 타결

노사협상 결렬로 평화적 해결 가능성이 무산된 가운데 2009년 8월 6일, 협력업체 채권단이 법원에 파산을 신청하겠다고 나섰다. 쌍용차의 회생 가능성이 멀어지고 협력업체 등 노동자를 포함한 10만 명 이상의 생존권이 심각하게 위협받고 있었다. 결단이 필요했다. 그러나 주변에서는 절대 다수가 경찰 투입에 반대했다. 나를 아끼는 사람들의 진심어린 충고였다. 하지만 그래봐야 우선 한두 달을 그럭저럭 넘길 수 있을 뿐이었다. 회사 파산이 현실화되어 10만 명 이상이 일자리를 잃으면 경찰과 정부에 대한 비난이 엄청나게 쏟아질 터였다. 이렇게 심각한 불법행위가 자행되고 있는데도 위험하다는 이유 때문에 방치시켜두어야 할 것인가. 그렇다면 경찰과 정부가 무엇 때문에 필요하단 말인가. 결국 불법 점거농성을 해소키 위한 공장 진입을 결심했다.

공장 내부 상황, 특히 노조원들의 심리상태 등을 고려할 때 단계적이고 치밀한 작전계획을 수립해 추진하면 성공할 수 있으리라는 확신이 섰다. 능력이 걸출한 주상봉 정보분실장을 비롯한 정보관들의 헌신적인 노력과 수집한 정보의 정확성을 신뢰해서 내린 판단이었다. 도장공장의 시너 등 위험물질로 인한 화재와 인명피해를 감안해 무엇보다 안전을 중시하는 진입계획을 세웠다. 2009년 8월 4일을 D-Day로 삼았다. 그 이틀 전부터는 밤새도록 경찰력을 이동시키며 밀고 당기기를 계속했다. 노조원들도 이틀간 밤잠을 설쳤다.

8월 4일, 12개 부대와 특공대 4개 제대를 동원해 우선 복지동 방면 제공권 확보를 위해 폐수처리장 옥상을 장악했다. 또 조립공장 옥상 장악도 시도했다. 그러나 소방 고가 사다리차 3대를 이용한 동시 진입은 싱거운 실패로 끝나고 말았다. 소방 공무원들과 손발이 맞지 않아 사다리차를 조립공장 옥상에 제대로 접안도 못했던 것이다.

안타깝게도 이날 중상 4명, 경상 46명의 많은 부상자가 발생했다. 옥상에 진입하는 경찰관을 향해 노조원들은 화염병·볼트 총·벽돌·타이어 휠을 투척 발사하고 쇠파이프·쇠창을 휘둘렀다. 특공대원 3명이 안면 골절, 코뼈 골절, 전신 타박상을 입었다. 2기동대 경찰관 1명도 왼쪽 팔이 골절되는 중상을 입었다. 헬기 3대도 날개부위와 전면 유리창 등이 훼손되는 피해를 입었다. 강희락 경찰청장으로부터 "진입을 안 하는 것이 좋겠다"는 전화를 여러 차례 받았다. 그러나 나는 물러서지 않았다. "더 이상 불법상태를 방치한다면 경찰과 정부에 대한 불신이 극에 달해 경찰이 설 자리가 없어질 것이며, 안전하고 변수 없이 노조원들을 제압할 수 있으니 걱정하지 말라"고 거듭 설득해 허락을 받았다.

2009년 8월 5일 새벽, 민간 대형 크레인 3대와 컨테이너 3대를 동원해 조립공장 옥상으로 진입 계획을 세웠다. 28개 부대와 특공대 4개 제대를 투입했다. 새벽 5시 20분부터 민주노총·대학생 등 600여 명이 쌍용차 주변에서 경찰차량 소통을 방해하고 각목과 쇠파이프를 휘둘렀다. 경찰 진입을 방해할 목적이었다. 이 탓에 5시 30분으로 계획했던 진입 개시 시간이 지연되고 있었다. 강희락 청장으로부터 진입계획을 중지하라는 지시가 내려왔다. 나는 헬기를 타고 농성장 주변을 살폈다. 쌍용차 교차로 주변에 모여든 시위대들은 진입에 큰 방해가 되지 않을 것으로 판단했다. 노조 집행부에게 진입 시작과 동시에 최후 거점인 도장 2공장에는 진입치 않겠다는 것을 알려 반발을 최소화하고, 부대가 진입할 조립공장 옥상도 옥상 전체가 아닌 2/3지점까지만 진입시킨다면 큰 변수는 없을 것이라는 확신이 들었다. 강희락 청장에게 전화해 진입하겠다고 보고했다. 강 청장은 확고하게 재차 중지 지시를 내렸다. 나는 할 수 없이 청와대에 직접 연락해 허락을 받아냈다.

내 개인적인 이해관계만 생각했다면 결코 진입하지 않았을 것이다. 그러나 이런 과격폭력 행위에 굴복해 회사가 파산하고 수많은 노동자들과 관계자들이 일자리를 잃고 거리로 나앉아서는 안 될 일이었다. 최악의 상태는 막아야 했고 최소한의 법질서는 확립해야 했다.

5시 45분 대형 크레인 3대를 조립공장 방면으로 이동시켰다. 노조원 200여 명이 조립공장 옥상 등 6개 장소에서 화염병·볼트총·쇠파이프·벽돌·타이어휠 등을 투척 발사하며 극렬하게 저항했다. 크레인에 빈 컨테이너를 장착해 화염병을 소진시키고 조립공장 옥상에 노조원들이 설치한 장애물들을 제거했다.

8시 7분 컨테이너를 이용해 경찰특공대원들이 조립공장 옥상에 진입했다. 8분 후인 8시 15분 주 작전지역인 조립공장 옥상을 장악하고 끝까지 경찰관을 공격하던 11명을 검거했다. 농성 노조원들이 도장 1공장 옆 자재창고와 공장 곳곳에 불을 질러 시커먼 연기가 치솟았다. 10시 25분 경찰특공대가 헬기 레펠을 타고 내려와 도장 1공장 옥상을 장악했다. 노조원들의 주 거점지역인 도장 2공장과 복지동만을 남기고 모든 구역을 장악했다. 총 153분이 소요된 작전이었다.

특이한 점은 2009년 8월 4일, 20명의 부상자가 발생한 조립공장 옥상에서 이 날은 4명의 부상자밖에 발생치 않았다는 사실이다. 경찰특공대가 다목적발사기로 스펀지탄 35발을 발사하며 노조원들의 기세를 제압한 덕분이었다. 다목적발사기 없이 경찰 방패와 60~120cm 길이의 경찰봉만으로 대비했다면 화염병과 쇠파이프로 무장한 노조원들과의 마찰로 양측 모두 많은 인명피해가 발생했을 것이다.

진입 전날인 8월 4일, 테이저건이나 다목적발사기 사용 여부에 대해 많은 고민을 했다. 경찰청에서는 변수 발생이 우려되니 테이저건이나 다목적발사기를 사용치 말라고 금지했지만 나는 강행했다. 부하직원을 사지로 몰아넣으면서 정당한 경찰장비를 사용치 말라는 것이 말이 되냐는 생각에서였다. 피해를 최소화시키고 시위대와 경찰을 동시에 보호하기 위해, 특히 다목적발사기의 사용이 꼭 필요하다고 판단했다.

조립공장 옥상을 확보하는 주 진입시간 8분 동안 노조원 10명이 부상했다. 경찰 진입으로 인한 노조원 부상은 이들이 전부였다. 노조원 2명이 추락해 중상을 입었다. 그중 1명은 도주 중 노조원들이 경찰을 향해 쏜 볼트총을 맞고 10m 아래로 추락했고, 1명은 도주 중 사다리가 휘어져 3m 아래로 추락한 것이다. 부상자 5명은 조립공장 옥상에 진입하는 경찰관들에 끝까지 저항하다가 제압당하며 다쳤다.

나머지 3명은 최루액으로 인한 일시적인 호흡곤란을 호소한 것이었다. 큰 불상사 없이 안전하게 마무리된, 성공적인 진입이었다.

2009년 8월 5일 오후 2시 경기경찰청 기자실에서 기자회견을 가졌다. 기자들에게 진입 상황과 농성장 내부 사정을 설명했다. 강경파의 협박으로 노사 구두합의안을 제대로 설명하지 못하고 협상이 결렬됐다는 내용, 소수 극렬 행위자로 인한 방화위험으로 대형 인명피해가 우려되었다는 내용 등을 설명했다. 그리고 8월 6일까지 농성장을 자진 이탈할 경우 법이 허용하는 범위 내에서 최대한 선처하겠다는 방침을 밝혔다. 기자회견 내용이 보도되면서 강경파가 주도하던 농성장의 분위기가 반전됐다. 강경파의 입지가 현저히 약화되고 지도부에 대한 비난이 커져갔다. 농성자들 본인은 물론 가족들도 극렬 행위자들로 인한 인명피해 위험성을 정확히 알게 되었다. 가족들은 경기경찰청장이 선처하겠다고 공언한 만큼 하루 빨리 농성장을 빠져 나오도록 노조원들을 설득했다.

경찰의 진입 성공과 기자회견 이후 노조는 불법 농성파업을 지속할 동력을 상실했다. 8월 6일 협상 타결 전까지 76명이 자진 이탈했다. 이 중 68명을 귀가 조치했다.

8월 6일, 결국 노조는 정리해고를 수용했다. 노사협상이 타결됐다. 최종 농성자는 외부세력 10명을 포함해 458명이었다. 법에 따라 선처하겠다는 약속을 지키기 위해 이 중 362명을 현장에서 귀가 조치했다. 노조 집행부와 폭력행위 등 범죄 행위가 드러난 96명만을 연행했다. 최종적으로 노조 380명, 외부세력 334명, 사측 47명 등 총 761명이 사법처리되었다. 이 중에 불법파업을 주도한 노조집행부, 살상무기를 제작·사용한 폭력행위자, 파업지원 외부 세력 등 총 88명을 구속했다. 특히 6월 27일 사측 직원들을 향해 지게차를 돌진시킨 노조원들, 7월 22일 경찰관을 습격한 노조원들, 8월 4~5일 폭력행위자들을 빠짐없이 수사해 엄중한 책임을 물었다.

쌍용차 파업기간 중 경찰은 연 1,723개 부대 141,034명을 동원하고 27종 7,460점의 장비를 투입했다. 헬기, 물포, 조명차 등 기존 장비는 물론 화염병과 볼트총을 방어하기 위해 방패막과 각종 투척물을 막기 위한 방석망도 새롭게 제작했다. 물포와 헬기로 최루액 2천여 리터를 사용하고 테이저건 4발과 다목적발사기용 스펀지탄 35발을 사용했다. 앞에서 언급한 것처럼 경찰관 부상은 중상자 22명을 포함해 143명에 이르렀다. 물적 피해도 헬기 3대, 경찰버스 등 총 148점에 피해액만 21억 3,776만원에 이르렀다. 인적·물적 피해에 대해 민주노총·금속노조·쌍용차 노조 등 3개 단체와 그 구성원 101명을 상대로 총 22억 6,243만 원의 손해배상을 청구했다.

사측 직원들도 노조원의 공격으로 중상자 7명을 포함해 총 158명이 부상당했다. 또 생산차질 3,160억 원, 시설피해 214억원 등 총 3,374억원의 피해가 발생했다. 노조원 부상은 중상 2명 포함 총 21명으로 이 중 경상 11명은 사측 직원과의 마찰 과정에서 또는 같은 노조원이 발사한 볼트에 맞아 다쳤다. 경찰로 인한 부상자는 앞서 언급한 바와 같이 10명에 불과했다.

파업 종료 후 경찰은 농성장에서 폭력시위용품 101종 8,580점을 수거했다. 쇠뇌박격포 6문을 비롯해 쇠창 36개, 대형 표창 45개, 화염병 1,685개, 볼트총 63개, 쇠파이프 890개 등 막대한 물량이었다. 농성장에는 생수 6,720리터를 보관 중이었고 식량창고에는 쌀 790kg, 라면 9,032개, 즉석비빔밥 300개, 보리건빵 885봉지 등 최종 농성자 458명 기준 11.5일 분의 식량을 비축 중이었다.

쌍용차 사태를 안전하게 마무리하기까지 경찰특공대와 경찰관 기동대의 경찰관들, 전·의경들의 활약상을 빼놓을 수 없다. 이들은 노조원들이 볼트총으로 발사하는 볼트와 너트, 화염병과 쇠파이프를 겁내지 않고 당당하고 용감하게 업무를 수행했다. 기동대원들은 쌍용차 사태를 성공적으로 마무리하고 상당한 시간이 지난 뒤에도 수시로 그때의 일화들을 주고받는다고 한다. 그것은 무더운 여름날 쌍용차 사태 해결을 위해 고생했던 여경들도 마찬가지다.

쌍용차 사태에 동원된 기동부대 대원들을 볼 때마다 안쓰러움을 금할 수 없었다. 한여름 더위 속에 노조원들의 볼트총을 피해 임무를 수행하면서 아침, 점심, 저녁 하루 세끼를 도시락으로 해결하느라 얼마나 지겨웠을 것인가. 모두들 심신의 피로가 말할 수 없이 컸다. 대원들의 건강을 생각해 과일과 채소를 매끼마다 최대한 지급토록 조치했으나 경찰 예산의 한계 때문에 미흡한 점이 많았다.

돌이켜봤을 때 제일 아찔했던 순간은, 조립공장 옥상 진입을 개시한 지 얼마 안 되어 노조원 2명이 공장 옥상에서 추락했다는 무전이 흘러 나왔을 때였다. 일순간 정적이 흘렀다. 이들이 사망한다면 내가 모든 책임을 져야 하는 것이다. '이제 집에 가는구나' 하는 생각이 들었다. 그러나 곧 '어차피 그만둘 건데 상황을 확실하게 끝내야겠다'고 마음을 다잡았다. 공황상태에 빠져 있던 경찰관들에게 정적을 깨고 무전 지시를 내렸다. 그리고 나머지 공장 진입을 계속 진행해 깨끗하게 마무리지었다. 오후 들어 다행히도 그들이 생명에 지장이 없다는 보고를 받았다. '내가 여기서 그만둘 운은 아닌가 보다' 라는 생각이 들었다.

3D에서 매력 있는 직업으로

경찰은 치안일선 현장에서 온갖 궂은일을 도맡아 처리하며 항상 높은 위험에 노출되어 왔다. 그러나 아쉽게도 처우는 다른 공무원에 비해 상대적으로 열악한 형편이다. 앞에서도 설명했듯이 경찰청장에 취임하면서 추진한 경찰개혁 7대 과제 중, 경찰처우개선과 관련된 항목은 '보수체계 개선', '직급구조 개선', '근무체계 개선' 3개 항목이었다. 경찰청장 재임 내내 이 문제를 조금이라도 해결해보고자 국회와 관계 정부기관들을 설득했다.

경찰처우 개선은 경찰만의 문제가 아니다. 13만 경찰조직이 사명감을 가지고 맡은 역할과 기능을 제대로 수행할 수 있도록 여건을 만들어주는 것은 국가와 국민을 위해 꼭 필요한 일이다. 처음 경찰에 들어와 경찰청장에 재임할 때까지 항상 느껴왔던 점이 있다. 힘들고 어려운 여건에서도 대다수의 일선 경찰관들은 묵묵히 제 역할을 다해왔다는 사실이다.

치안수요 변화와 인력증원 변화 추이를 보면 현재 우리 경찰이 얼마나 힘든 여건에서 근무하고 있는지를 쉽게 알 수 있다. 2010년 치안수요를 5년 전인 2005년과 비교해보자. 5대 범죄는 21%, 112신고 건수는 55%가 증가했지만 전·의경 대체인력 증원을 제외한 경찰관 순수 증원은 1%에 불과했다. 경찰관 1인당 담당인구도 미국(354), 영국(380), 독일(301), 프랑스(300) 4개국의 평균 333명에 비해 우리는 501명으로 무려 34% 더 많다. 전문기관에서는 2만여 명의 경찰력 증원이 시급하다고 연구결과를 발표하고 있다. 그러나 실상은 1년에 몇십 명을 증원하기도 어려운 실정이다.

하지만 사정이 어렵다고 해서 치안상태를 악화되도록 방치시켜 둘 수는 없지 않는가? 그래서 개인별로 일을 더 하도록 성과주의를 도입하기도 했고, 치안수요가 급증하는 경기도에 서울 인력을 빼내 보강하는 소위 '아랫돌 빼 윗돌 괴는' 식의 임시 처방책을 쓸 수밖에 없었다. 경찰 예산도 마찬가지다. 2010년 국회 입법조사처 자료에 의하면 미국·영국·독일·일본·프랑스 5개 선진국의 1인당 GDP 대비 치안예산 비율평균은 0.93%이나 우리나라는 0.42%에 불과하다.

경찰보수도 문제가 많다. 경찰은 잦은 휴일과 야간 근무, 돌발적인 비상근무, 위험하고 스트레스를 많이 받는 업무를 맡고 있음에도 보수는 다른 공무원과 마찬가지로 '공무원 보수규정'에 일괄 규정되어 있다. 공안업무를 수행하는 경찰이 보수에서는 공안직 공무원 보수를 받지 못하고 있는 것이다. 교도관, 국회 경위, 감사원 공무원, 검찰 사무직, 출입국관리직이 공안직 공무원 보수를 받는데, 경찰은 여기에서 제외되어 있다. 공안직 공무원 보수는 일반직 공무원과 비교해 기본급 우대율이 5%다.

미국의 경우는 경찰 보수가 연방공무원보다 많다. 미국 경찰 대부분이 고졸이고 연방공무원 대부분이 대졸인데도 그렇다. 가장 적게 받는 경찰 중의 하나인 LA경찰도 8시간 이상 초과 근무할 경우에 FBI보다 더 많이 받을 수 있는 구조. 기본급의 150%를 주는 초과근무수당(overtime pay) 때문이다. 2010년 말 해외 한인경찰관들이 경찰청을 방문했었다. 이때 미국 뉴욕경찰국(NYPD)에 근무하는 한 순경급 수사관이 한 말에 따르면 "경찰 입문 10년 정도 되어 경사급이 되면

주당 43시간 기본근무를 할 경우 시간당 47달러의 보수를 받는데, 초과근무를 할 경우 50% 가산한 70달러를 받기 때문에 희망자가 많다"고 한다.

미국과 달리 우리나라 공무원의 초과근무수당 체계는 주간근무 위주의 일반직 공무원 중심으로 되어 있다. 초과근무수당 단가 산정을 '기본급과 제수당이 포함된 통상임금'이 아닌 '해당 계급의 10호봉 기본급의 55%'만을 기준금액으로 한다. 그래서 초과근무수당 단가가 통상임금 대비 33% 수준에 불과하다. 실례로 경사의 기준금액은 '10호봉 기본급 2,139,600원의 55%인 1,176,780원'에 불과해 월 통상임금인 3,559,879원에 비해 33% 수준이다. 이에 따른 시간외·야간·휴일근무수당 역시 적정수당의 33% 수준밖에 미치지 못하고 있는 것이다.

더욱이 일반직공무원의 초과근무는 주간에 수행하지 못한 업무를 추가로 수행하는 것이지만 경찰의 70%에 달하는 교대근무자 등 현업 대상자들은 심야시간대를 포함한 야간과 명절을 포함한 휴일에도 동일한 강도로 수행한다. 이에 비추어 볼 때 경찰 입장에서는 더더욱 불리할 수밖에 없는 임금체계. 이에 따른 한 달간의 현업 대상자 근무에 대한 보상을 분석하면, 기본근무인 월 174시간까지는 시간당 16,594원을 보상 받지만 175~240시간까지는 —NYPD처럼 연장근로 50% 가산을 통해 24,891원을 보상받아야 함에도— 8,446원만 보상받고 있는 것이다.

그러다보니 장시간 야간근무와 불규칙한 교대 등 건강상 문제점을 초래하는 교대근무에 대한 보상이 미흡할 수밖에 없다. 장기적 관점에서의 개선이 필요하다. 24시간 365일 불규칙한 근무로 안정적인 가정생활조차 어려운 경찰의 직무 여건을 보상할 수 있도록 독자적인 보수체계가 반드시 필요하다.

　타 기관 이직 공모에 경찰관들의 지원이 대거 몰린 것 또한 한국경찰의 열악한 치안 인프라를 증명하는 사례다. 2010년 7월 법무부에서 출입국관리직 8급 수사경력 부문에 5명을 모집한다고 공모했다. 여기에 현직 경찰관이 217명이나 지원했다. 그중에는 7급 상당인 경사들도 78명이 포함되어 있었다. 경쟁률이 43:1이었다. 또 2010년 12월에는 도로교통공단 운전면허시험 관리단에서 경찰관 184명을 민간인 신분으로 특채하는데 경찰관이 2,654명이나 지원했다. 경쟁률이 14.4:1이었다. 일반적으로 도로교통공단이 '신의 직장'이라 불릴 정도도 아닌데 그러했다.

　교보생명의 다윈(DA-WIN)센터는 2010년 12월 경기 일산경찰서 직원들을 상대로 설문조사를 벌였다. 조사결과 '조직 소속감과 자부심이 부족하고 경찰로서 피해의식, 패배감, 냉소주의가 팽배해 있다'는 내용이었다. 보수 만족도 점수가 53.5점, 직장 만족도가 64.1점에 불과했다. 사명감 점수도 68.5점으로 매우 낮았다.

경찰청장이 되기 전부터 경찰 처우에 문제가 있다고는 생각했지만 청장 재임 초기에 이러한 분석 결과들을 보고받고는 '정말 이 정도인가' 싶은 충격을 받았다. 이제 경찰관 개개인의 헌신만을 일방적으로 강요할 수 있는 시기는 지났다. 직장에서의 좋은 대우는 개인의 자긍심까지도 더불어 높일 수 있다. 그럼에도 경찰에게만 사명감을 가지고 일해 달라고 하는 것은 문제가 있지 않을까. 경찰관의 내부 만족 없이 외부고객인 국민들을 치안서비스에 대해 만족시키기란 어려운 일이다.

내부고객인 경찰관 만족을 위해 적어도 일한 만큼 보상받는 처우 개선은 반드시 수반되어야 한다고 생각했다. 이 문제를 해결하지 않는 한 불평불만이 어디선가 나올 수밖에 없을 것이다. 경찰관이 열정을 가지고 일할 수 있는 여건을 조성하는 것이 정말 중요하다고 보았다. 이것이 바로, 경찰청장이 된 직후부터 경찰처우 개선을 위해 노력한 이유다. 그러나 경찰청장에 취임한 직후인 2010년 하반기에는 현실적으로 가능한 수사활동비와 초과근무수당을 올리는 과제에 집중했다. 예산안의 윤곽이 거의 짜여 있었기 때문이다. 취임하고 얼마 지나지 않아 기획재정부와 국회를 상대로 열심히 뛰었다. 나뿐만 아니라 경찰청 지휘부가 총 출동하다시피했다. 주요 인사들을 수시로 만나 설득했고, 국회에 출석해서도 만나는 국회의원마다 붙잡고 협조를 부탁했다. 하도 집요하게 뛰다보니 어떤 국회의원들은 먼발치에서 나를 보면 슬그머니 피하기도 했다.

2005년 이후 수사활동비는 한 번도 오르지 않고 420억 원 수준이 계속 유지되고 있었다. 형사들이 자비를 들여 수사하는 잘못된 관행도 남아 있었다. 이러한 문제들이 겹쳐 형사부서 기피 현상이 날로 심화되고, 형사 고령화 현상을 우려하는 목소리가 언론에도 심심찮게 보도되었다. 2009년 5월 수사경과자들을 대상으로 한 설문조사결과에 따르면, 형사기피 요인으로 '휴일 없는 근무와 과도한 업무량'이 70%가 넘었다. 형사를 이런 식으로 방치하면 대한민국 치안이 무너질 수밖에 없었다. 결국 1990년 '범죄와의 전쟁' 당시로 다시 돌아갈지도 모른다는 생각이 들었다. 사건수사비는 범죄를 수사하고 범인을 추적, 검거하는 데 소요되는 제반 경비를 말한다. 2008년 수사관 18,139명을 대상으로 한 설문조사결과 사건 1건당 적정 수사비는 49,500원으로 분석되었다. 하지만 2010년 수사비 예산 총액은 420억 원으로 1건 당 수사비가 21,330원에 불과했다. 이러니 차량유류비, 통신비, 수사정보비 등을 형사들 사비로 충당할밖에 없었다. 수사 활동이 위축되거나 부실수사를 초래하고 비리로 빠져들 가능성이 높은 심각한 상황이었다. 치안서비스의 질적인 하락이 우려될 수밖에 없었다. 두 달을 꼬박 노력한 끝에 결국 2011년 사건수사비를 60억 원 증액시키는 데 성공했다. 수사차량 구입비 293대 분 84억 원, 업무용 휴대폰 구입비 2,115대 예산 6억 원을 포함해 총 150억 원 상당을 증액했다. 2005년부터 한 번도 오르지 않고 420억 원을 유지하던 수사활동비를 한 번에 480억 원으로 14.3%나 인상시킨 것이다.

인상된 사건수사비 배분방식도 바꾸었다. '내·외근 나눠먹기식'이 아니라 외근 형사 개인이 쓴 만큼 지급토록 개선했다. 자연 내근 경제팀보다는 외근 형사팀 위주로 배정되었다. 일선 형사들로부터 '수사비가 늘었다'는 감사 편지와 이메일이 폭주했다. 이듬해인 2012년 수사비도 4.2%인 20억 원을 인상시켰다. 현재 수사비는 500억 원 상당이다.

2011년 초과근무수당도 유례없이 1,736억 원(27.1%)을 증액했다. 이후에도 기획재정부, 국회를 상대로 경찰 처우개선 필요성을 지속적으로 설명하고 협조를 구해 2012년에도 초과근무수당을 2,477억

원(30.4%)이나 증액했다. 취임할 무렵 6,415억 원이던 초과근무수당을 1조 628억 원으로 인상시킨 것이다. 덕분에 일선 형사·지구대·기동부대 등 현업 대상자는 실제로 일한 만큼 초과근무수당을 보상받을 수 있게 되었다. 초과근무수당 현실화 이후 과거 경찰 내 소위 '3D' 기능이 인기부서로 탈바꿈했다.

일선 형사의 경우 2010년에 1인당 월평균 80만 원 정도 수령하던 초과근무수당이 2011년은 150만 원, 2012년은 195만 원 정도를 수령하게 되었다. 심야근무를 밥 먹듯이 하며 새벽이슬을 맞고 다니는 일선 형사들에게 위 금액이 충분한 보상이 될 수는 없겠지만 적어도 일한 만큼 대우 받는 체제를 갖추었다는 점에서 큰 의미가 있을 것이다.

초과근무수당이 대폭 인상되면서 허위근무 또는 부당수령 문제를 어떻게 하면 극복할 수 있을지도 관심사가 되었다. 기본적으로 내근 근무자들은 일이 없으면 바로 퇴근하는 분위기를 정착시키도록 노력했다. 내근 근무자들 가운데 며칠씩 밤을 새워가며 일해야 하는 특별한 이들은 한시적 현업을 인정해 초과근무수당을 지급했지만 일도 없이 사무실에 남아 있거나 퇴근했다가 다시 들어와 지문체크를 하는 경우는 엄히 단속하고 처벌했다. 부당수령액을 환수하기도 했다. 형사·지구대·기동대 등 현업부서가 초과근무수당을 일한 만큼 충분히 수령하는데 비해 그러지 못하는 내근부서 근무자들은 상대적 박탈감으로 사기가 저하되곤 했다. 이 문제도 신경 쓸 부분이었다. 이를 현장인력 보강과 결부해, 내근 근무자들의 현업부서 자원근무제를 시행했다. 내근 근무자들이 일과 후에 지구대나 파출소, 형사, 교통에 자원근무를 하고 일한 만큼 초과근무수당을 받을 수 있도록 조치한 것이다.

보수·수당 증액과 각종 사업비 인상 노력에 힘입어 경찰 총예산이 2012년에 드디어 8조 원을 넘어섰다. 2012년 경찰청 인건비는 전년보다 7.6%가 늘어난 5조 5,570억 원 규모였다. 경찰을 제외한 정부 인건비 예산이 전년보다 3.3% 인상된 것에 비추어봤을 때 7.6% 인상은 상당한 수준이라 하지 않을 수 없다. 아직 부족하긴 하지만 나름대로 의미 있는 결실을 거두었다는 사실에 보람을 느낀다.

이런 성과는 나뿐 아니라 재정담당관실을 비롯한 경찰청의 많은 직원들의 노력의 결실이었다. 무엇보다 경찰의 이런 사정을 알고 적극적으로 도와준 국회의원들과 기획재정부에 진심으로 감사드린다.

장기적으로는 24시간 현업부서인 경찰이 독자적인 보수체계를 가지는 것이 옳다고 생각한다. 그래서 경찰청장에 재임하면서 행안부와 기재부 측에 접촉하며 숱하게 관철 노력을 했지만 실패로 끝났다. 그럼에도 초과근무수당을 2년에 걸쳐 4,000억 원가량 증액해 총 1조 628억 원을 운용하게 된 것은 상당히 다행스러운 일이다. 앞으로도 단기적으로는 공안직 공무원 보수를 받는 문제, 장기적으로는 독자적 보수체계를 가지는 문제 등 처우개선을 위한 노력이 계속되어야 한다고 생각한다.

수사비와 보수·수당 문제에 이렇게 집착하는 이유 중 하나는 부정부패를 근절시켜 청렴한 경찰로 거듭나기 위해서다. 부정부패 문제를 극복하지 않고는 국민들로부터 신뢰받는 경찰이 될 수 없다. 정권의 존립이 흔들리기를 매번 반복했던 게 바로 부정부패 때문이었다. 경찰은 물론 국가발전을 위해서 부정부패는 반드시 근절시켜야 한다. 우리나라뿐 아니다. 선진국치고 깨끗하지 않는 나라가 없다. 후진국들은 대부분 부정부패 때문에 고통을 받고 있다. 법이 곧 정의다. 법집행 기관인 경찰이 부정부패에 찌들어 있어서야 안 될 말이었다. 초과근무수당을 현실화시켜준 박재완 기획재정부 장관에게 진심으로 감사드린다. 박 장관의 배려가 청렴한 대한민국 만들기를 크게 앞당길 수 있을 것이다.

5분을 위한 5시간의 기다림

열악한 경찰 직급구조를 개선하려는 노력에도 심혈을 기울였다. 경찰의 직급구조는 놀랄 만큼 열악하다. 성실하고 능력 있는 경찰관들의 발전 가능성이 제한된, 일선 근무자들의 사기 저하가 우려되는 구조인 것이다. 경찰 직급구조는 상위직이 매우 적은 '압정형'으로, 경위 이하가 절대 다수(93.3%)를 차지하고 있다. 경찰과 입직구조가 비슷한 국세청, 관세청의 경우 6급 이상이 30% 전후이지만 경찰은 경감 이상이 5.2%에 불과하다. 일반직은 7급 이하 퇴직이 26.3%인데 경찰은 경위 이하 퇴직이 83.4%다. 5급(경정)까지 평균 승진 소요연수도 일반직은 27.5년이 걸리는데 경찰은 35.1년이 걸린다. 이는 연금액 차이로 이어진다. 평균 퇴직연금을 보면 국가 일반직은 202만 원, 공안 분야는 220만 원인데 경찰은 181만 원에 불과하다.

상위직도 다른 부처에 비해 너무 적다. 과다한 지휘통솔 범위로 비효율적인 조직운영 문제가 초래될 우려가 있는 것이다. 13만 조직의 책임자인 경찰청장은 차관급 대우를 받는다. 실제 기본급은 일반 부처 차관보다도 약간 적다. 군은 장관급인 대장이 9명, 차관급인 중장이 34명이나 되고, 법무부와 검찰에는 차관급 검사가 54명이다. 그런데 경찰은 경찰청장 1명에 불과하다. 3급 이상 국가 일반직 고위공무원 비율이 0.95%인데 비해 경찰은 경무관 이상이 0.06%다.

기회 있을 때마다 "경찰청장을 장관급 대우로 격상되어야 한다"고 말해왔다. 이것이 일부 언론에도 보도되었다. 내 스스로 장관급 벼슬을 받고 싶다는 뜻이 아니었다. 13만 거대 조직을 관장하고 치안을 책임지는 경찰청장이 다른 부처 차관급보다도 보수가 적은 것은 온당치 않다는 생각에서였다. 더욱 큰 이유는 따로 있다. 경찰청장을 장관급 보수기준으로 격상하면 이하 직급의 경찰 보수도 자연스럽게 한 단계씩 올라갈 수 있을 터였다. 경찰관 1인당 평균 연금수령액 181만원과 일반 공무원 연금수령액 202만원의 차이를 없앨 수 있는 것이다.

2011년 6월 29일, 드디어 경찰공무원법 개정안이 국회를 통과했다. 근속승진 범위가 경감까지 확대되고 경위 이하 근속승진 기간은 기존의 '6년→7년→8년'에서 '5년→6년→7.5'년으로 2년 6개월 단축한다는 내용이었다. 이로써 현장 실무를 담당하는 경위 이하 전 계급에 걸쳐 골고루 혜택이 돌아가게 되었다. 일반직과의 상대적 불이익도 상당 부분 완화되었다. 경감까지 근속으로만 승진할 경우 33년에서 30.5년으로 2.5년이 단축되었다. 일반직 6급(27년)과는 기존 6년에서 3.5년으로 간극이 좁혀진 것이다. 뿐만 아니라 계급승진에 걸리는 시간이 2.5년 줄어들면서 생애급 보수도 경감으로 퇴직 시는 3,300만원, 경위로 퇴직 시는 약 1,000만 원 정도 인상되는 효과도 생겼다. 장기근속 경위들의 숙원이었던 경감 근속승진 도입으로 퇴직 시까지 희망을 잃지 않고 직무에 전념할 수 있는 토대가 마련된 것이다.

경찰의 열악한 직급구조 문제를 푸는 데도 나름대로 노력을 아끼지 않았다. 중간관리자 비율 확대를 위해 행정안전부와 기획재정부를 끊임없이 설득했다. 결국 경찰청장 취임 1개월 만인 2010년 10월 초, 총 1,076명(경감→경정 51명, 경위→경감 1,025명)에 대한 직급조정안을 2011년 정부예산안에 반영할 수 있었다. 경정 승진 T/O가 51개, 경감승진 T/O가 1,025개 더 생기는 셈이다. 직원들의 반응이 뜨거웠다. 늘어난 경감승진 T/O는 시험과 심사 승진에도 대폭 반영했지만 앞에서도 보았듯이 특진비율을 30%로 대폭 늘렸다. 그래서 2011년 한 해 동안 성과우수자 379명을 특진으로 승진시킬 수 있었다. 일하는 분위기 조성에 큰 효과가 있었다. 그리고 2011년에는 경정 62명, 경감 476명 등 총 538명의 직급을 조정했다.

이런 성과는 그저 얻어진 것이 아니었다. 담당 실무자에서부터 지휘부까지 혼연일체가 되어 피땀 흘려 노력한 결과인 것이다. 통상 직급조정 과정을 설명하면, 경찰청에서 올린 인원이 행안부에서 대폭 깎이고, 그 다음 2차로 기재부에 넘어가 그나마 행안부에서 요구한 인원도 심사에서 상당수 깎였다. 그래서 실무자들은 까칠하기로 소문난 기재부 담당과장을 단 5분만이라도 만나 설득하기 위해 기재부 복도에서 5시간을 기다리기도 했다. 그 5분이면 담당 사무관과 과장이 화장실을 갈 때 복도에서 만나 잠깐 면담할 수 있다는 것이다. 그렇게 5분씩이라도 10일을 만나면 총 50분 이상의 효과가 있다는 것이 실무자들의 생각이었다.

그럼에도 2011년 추석연휴 때 기재부에서 수사팀장 직급조정 경감 471명을 전원 삭감하려 한다는 보고를 받고, 쉬고 있던 민갑룡 기획조정담당관에게 전화를 해 즉시 기재부로 달려가라고 했다. 이에 담당 과·계장들이 기재부로 총출동해 새벽 2시 반까지 설득하기도 했다. 직원들이 얼마나 끈질기게 설득을 했던지 결국 기재부에서는 행안부 원안대로 반영해주었다. 직급조정 역사상 행안부에서 요청한 인원이 기재부에서 모두 인정된 것은 그때가 처음이라 한다. 아침 회의 때 그 소식이 전해지자 함께 모인 국장들이 모두 힘찬 박수를

쳤다.

　이외에도 부산·인천 지방경찰청장 치안정감 승격, 제주청 차장 신설, 경찰청 교통국장 신설 등 고위직 직급조정도 추진했다. 그러나 하위직 처우개선에 역량을 집중하다보니 다 이루지는 못하고, 부산 경찰청장 직급 상향만 성공했다. 부산 청장을 치안정감으로 상향한 것은 2003년부터 노력한 끝에 8년 만에 이룬 성과였다. 이로써 경찰도 5명의 치안정감 시대를 맞이하게 되었다. 총경 이상 고위직 직급 구조 개선의 핵심은 복수직급제와 경무관 서장제다. 복수직급제는 이미 다른 부처에서 1994년부터 시행해오던 제도다. 경찰은 아직도 도입하지 못하고 있다. 계급제의 영향이 비교적 적은 경찰청, 소속기관 정책기획 부서에는 복수직급제 도입이 꼭 필요하다. 복수직급제가 도입된다면 경찰청과 지방청의 주요 과장을 경무관으로 보할 수 있고, 또 주요 계장과 경찰서 주요 과장도 총경으로 할 수 있다. 경무관과 총경 수를 지금보다 대폭 늘려 조직 내 숨통을 틔울 수 있는 것이다.

　2011년 12월 29일 경무관 서장제 도입이 가능하도록 경찰법이 개정되었다. 경찰의 오랜 숙원이 해결된 것이다. 현재는 서울 시내 70만 이상을 관할하는 경찰서장과 지방에 2~3만 군 단위를 관할하는 경찰서장이 다 같이 총경이다. 기초자치단체장은 인구 50만 이상이면 1급, 15만 이상이면 2급, 15만 미만은 3급이다. 임명직인 부단체장조차 인구 50만 이상 2급, 15만 이상 3급, 15만 미만 4급이다. 지역 경찰서장 직급이 부단체장보다도 낮은 현실. 이래서 관내 기관들과 협업을 이끌어가는 데 애로가 있다. 1개 자치단체를 복수의 경찰서가 담당하는 지역의 중심경찰서 서장과, 치안수요가 과중한 인구 50만 이상 지역의 경찰서 총 31개 정도는 경무관으로 경찰서장을 보임해야 맞는다고 생각한다.

경찰청장 재임 중 미력하나마 처우개선과 직급체제 개편의 성과를 낸 것에 대해 개인적으로 큰 보람을 느낀다. 아직 남은 숙제가 많다. 앞으로도 이런 식으로 차근차근 처우개선과 직급조정 노력을 계속해야 한다. 이로 인해 경찰의 사기와 사명감은 더욱 커지고, 이는 바로 국가와 국민을 위한 헌신과 봉사로 이어질 것이라 확신한다.

보이지 않는 자산, 경찰문화 개선

외교관 생활을 하다 경찰에 처음 들어와서 느낀 점 하나. 경찰조직이 정말 충성스럽고 일사불란한 지휘체계로 움직이는 조직인 반면 조직문화는 매우 경직되어 있다는 점이었다. 경찰청장이 되어서도 이 느낌은 좀처럼 바뀌지 않았다. 개방적이지 못한 조직 분위기나 계급 중심의 사고체계가 그런 결과를 낳지 않나 생각한다. 경찰청장이 한마디 하면 일사불란하게 움직이는 것은 좋은데, 경직된 사고의 틀이 유지되어 유연한 현장 대응이나 적극성은 좀 떨어지는 경향이 있었다.

이러한 경직된 조직문화를 바꾸려 나름대로 많은 노력을 기울였다. 경직된 사고의 틀을 과감하게 벗는 경찰이 되도록, 수동적이고 피동적인 경찰 활동에서 적극적이고 능동적인 경찰 활동을 할 수 있도록 지속적으로 독려했다. 눈치보기식 조직문화는 걷어내야 한다고 생각했다. 일과시간 후의 대기, 불필요한 비상근무나 명절연휴 근무 등이 눈치보기식 관행의 대표적인 사례였다.

우선 출퇴근 문화부터 바꾸었다. 어느 조직이건 관서장이 퇴근하지 않으면 참모들이 따라서 퇴근하지 못하는 경향이 있긴 하다. 그런데 특히나 24시간 치안업무가 늘 가동되는 경찰 분위기를 보면 지휘관이 일과 후 퇴근을 하지 않고 있는데 참모들이 퇴근한다는 것은 현실적으로 있기 힘든 일이다. 참모들이 퇴근하지 못하면 따라서 전체 직원들의 발이 묶일 수밖에 없다. 특별한 일이 있다면 모르지만 그렇지 않은 경우에도 일과 후 대기가 관행처럼 굳어진 것이다. 조직은 경직화되고 조직원들의 스트레스는 이루 말할 수 없이 심해질밖에 없다.

 지방청장을 할 때나 경찰청장에 재임할 때 나로 인해 직원들이 불필요한 대기를 하지 않도록 노력했다. 오후 6시 공식일과가 종료되면 가급적 일찍 퇴청하려 했다. 공휴일에 꼭 필요한 중요한 일이 없으면 출근하지 않았다. 못 본 서류가 있으면 가방에 싸 가지고 퇴근했다. 물어볼 일이 있으면 해당 직원에게 전화를 했다. 그럼에도 일부 부서에는 관성이 남아 있어 불필요한 대기가 그대로 유지된다는 보고가 있었다. 그래서 감찰을 동원해 불필요한 대기 여부를 점검했다. 몇 달이 지나서야 불필요한 일과시간 후 대기와 휴일 출근이 많이 없어졌다.

 하지만 일과시간에는 굉장히 밀도 있게 일을 챙겼다. 아침부터 퇴근까지 잠시도 쉴 사이 없이 보고서를 읽고 회의와 행사를 주재했다. 청장인 내가 일과시간에 엄청 바쁘게 일을 하니, 경찰청의 각 기능도 일과시간 중에는 정신없이 돌아갔다. 한 번은 경찰청 이발소를 찾았는데 이용자가 부쩍 줄어 면도사 한 명이 퇴직했다는 소리를 들었다. 이전에는 직원들이 이발하러 와서 면도와 안마까지 받았는데 이제는 이발만 간단히 하고 급히 올라가므로 면도사 2명이 필요 없어졌다는 이야기였다. 일과시간에는 열심히 일하고 일찍 퇴근하는 문화가 정착되고 있음을 확인할 수 있는 대목이었다.

 일선 지방경찰청장과 경찰서장들이 월 2회 정도 관내를 벗어나 휴식을 취할 수 있도록 주말 휴무제를 허용했다. 기존에는 휴가 며칠 외에는 관내를 벗어나지 못했다. 지방경찰청장과 경찰서장 생활이 귀양살이나 다름없다는 소리가 있을 정도였다. 또 휴가를 떠날 때도 형식적인 휴가신청 외에 전화나 문자메시지 같은 별도 휴가신고를 받지 않았다. 아예 금지했다. 휴가를 한 번 가려면 윗사람에게 별도로 신고해야 하니 눈치 보이고 부담스러워 휴가를 포기하는 경우가 다반사였다. 휴가란 윗사람이 베푸는 보너스가 아니라 공무원이 가지고 있는 권리다. 휴가조차 마음 편히 못 간다면 이 또한 잘못된 조직문화 아니겠는가?

대통령이 해외순방을 나갈 때 전국에 자동으로 비상을 거는 관행을 없앴다. 대통령이 해외를 나가건 그렇지 아니하건 일선 경찰의 근무 내용은 달라지지 않는다. 또한 대통령이 해외에 나간다 해도 평시처럼 치안을 유지하는 데 문제가 없다는 자신감도 있었다. 일선에서는 비상근무인지조차 모르는 경우가 많은데 관행적으로 비상을 거는 것은 형식적인 절차일 뿐이었다.

설과 추석명절에는 필요한 부서의 최소인력만 비상근무를 하고 나머지는 연휴를 갖도록 했다. 통상적으로 명절 기간은 평상시보다 치안수요가 훨씬 떨어진다. 도둑들도 명절에는 쉬는 경우가 많다. 그럼에도 경찰은 명절에 오히려 비상을 걸고 평상시보다 많은 인력과 장비를 투입해왔다. 국민들 세금으로 지급되는 초과근무수당이 헛되이 낭비되고 있는 것이다. 24시간 체제로 근무해야 하는 지역 경찰이나 형사, 교통은 물론 예외다. 그 나머지 부서는 필요한 인원을 제외하고는 쉬도록 했다. 내근직원 중에 상황 유지를 하는 최소한의 경찰관들에 대해서는 한시적 현업부서 근무로 인정해 일한 시간만큼 초과근무수당을 제대로 지급했다.

명절 비상근무를 처음으로 없앤 2011년 설날 연휴기간에는 전국 내근근무자가 전년 대비 16%나 감소했다. 특히 경찰청의 경우는 비상근무자가 작년 같은 기간과 비교해 79%나 감소했다. 근무자가 줄다보니 초과근무수당을 전년 3억 6,210만원에서 3억 627만원으로 16% 절약할 수 있었다. 근무인원을 대폭 줄여도 치안 성과는 오히려 좋았다. 강절도 30% 감소를 포함해 살인·강도·절도 등 5대 범죄가 전체적으로 29%나 줄었다. 교통사고는 24% 감소, 교통사고 사망자도 5.2%나 감소했다. 연휴기간 중 근무 경찰관들이 자발적으로 열심히 순찰근무를 한 결과다. 2011년 추석에는 기존보다 38% 적은 인원을 투입했음에도 강절도 발생이 3% 가량 줄어들고 검거인원은 11% 증가했다. 교통사고도 전체 발생이 12%, 사망사고가 11% 줄어들었다.

경찰은 일반적인 직업군과는 성격이 조금 다르다. 하고자 하는 의욕을 가지고 하면 좋은 성과를 거둘 수 있다. 반대로 불만에 가득 차 의욕 없이 투입되면 성과가 전혀 나지 않는다. 경찰문화가 일하려는 의욕, 사기를 북돋아주는 쪽으로 가야 하는 이유가 여기에 있다.

소통문화도 개선하려 많은 노력을 했다. 자신의 의견을 당당히 표현하기가 쉽지 않은 조직문화를 깨고 싶었다. 일선경찰관들의 이메일을 직접 검토해 조치를 취하도록 노력했다. 국장 이상만 참석하던 지휘부 일일회의를 희망하는 모든 직원들에게 개방했다. 그리고 직위 고하를 막론하고 자신의 의견을 개진토록 했다. 서울경찰청장과 경찰청장으로 근무할 때는 아침 지휘부 회의 때마다 많게는 100명에 가까운 직원들이 참석했다. 치안감과 경무관의 의견을 경정·경감, 심지어 경위급 이하가 반대하는 진풍경을 보이기도 했다. 처음에는 조직문화에 맞지 않아 아주 무례하게 비춰지기도 했다. 그러나 뒤에 가보면 정확한 현장 의사를 반영하는 방향으로 정책 결정이 되다보니, 나중에는 아주 자연스럽게 받아들여졌다. 국장 참석 회의 후 국장은 과장들을 모아 회의를 하고, 과장은 계장들을 상대로 회의를 하고, 계장은 직원들을 상대로 전달 지시를 했던 분위기. 시간도 낭비지만 의사전달이 여러 단계를 거침으로써 왜곡된다는 점이 문제였다.

현장간담회도 활성화시켰다. 지방경찰청장 때는 소속된 전 경찰서를 돌며 의견을 나누었고, 경찰청장 때는 16개 지방경찰청과 경찰교육기관을 평균 두 번 정도인 총 40여 회 정도 직접 방문했다. 그래서 7천여 명과 간담회를 가졌다. 또 주말에는 지방경찰청이나 경찰청에 근무하는 각 기능 직원들과 수시로 산상간담회를 가졌다. 산에 오르면서 참석한 직원들 한 사람 한 사람과 오가며 대화를 나누다보면 의외로 좋은 아이디어와 의견들을 들을 수 있었다.

현장간담회 등을 통해 참석자들의 의견을 직접 경청해보니 지휘부의 정책과 생각이 현장경찰관들에게 잘못 이해되고 알려지며 일선직원들이 오해하는 경우도 적지 않았다. 심지어 지방경찰청이나 경찰서 간부들도 지휘부의 정책이나 의도를 제대로 이해하지 못하는 경우도 많았다. 아무래도 몇 단계를 거쳐 정책이나 지시사항이 내려오니 조금씩 왜곡되어 나중에는 처음 의도와는 전혀 달라지는 경우도 있었다.

지방경찰청장 때부터 정책 추진 사항과 당부 사항을 회의에 배석하는 과장, 계장이 메모해서 내부망에 올리도록 했다. 그럼으로써 일선 경찰관들도 청장을 비롯한 지휘부의 생각과 정책의도를 생생하게 이해할 수 있도록 했다. 서울경찰청장 때는 내부망에 올리는 당부사항 조회수가 1만여 건에 달할 정도로 반응이 뜨거웠다. 직원들이 직접 댓글을 달아 자신들의 의견을 밝히기도 했다. 반응이 좋았다. 직접 청장의 뜻을 이해할 수 있고 또 의견을 개진할 수 있어 의미가 크다는 평가였다.

경찰관이란 직업은 때로 극도의 희생을 요구한다. 희생당한 본인에 대한 추모는커녕 가해자가 오히려 국가로부터 보상을 받는 기가 막힌 일이 벌어지기도 한다. 미망인은 가장을 잃은 슬픔에서 벗어나기도 전에 생계를 위해 아이들을 팽개치고 파출부 등으로 일해야 하는 현실이다. 이런 분위기에서 국가와 사회가 희생을 요구할 때 누가 선뜻 나서겠는가? 이런 취지로, 국가를 위해 희생한 순직 경찰관의 명예를 드높이고 이들이 사회로부터 존중받는 사회적 풍토를 만들어 나가고자 많은 노력을 기울였다. 2011년 12월 29일 '동의대 사건 희생자의 명예회복 및 보상에 관한 법률'이 통과되었다. 관련 희생자들에 대한 명예회복과 특별보상금을 지급받을 수 있는 길이 열려 무척 다행스러웠다.

1989년 5월, 부산 동의대에서 입시부정과 관련해 학교측 비리에 항의 시위를 벌였다. 이 과정에서 교문 밖으로 진출한 학생들이 전경들을 납치하고 학교 도서관에 감금하는 일이 있었다. 경찰이 이들 전경을 구출하려는 과정에서 학생들이 경찰에게 화염병을 던져 경찰관과 전경 7명이 사망했다. 동의대 사건 희생자 명예회복 특별법은 이들 희생자에 대한 명예회복 및 보상을 추진하는 내용이다.

2004년 4월 민주화운동 관련자 명예회복 및 보상심의위원회는 동의대사건 시위자 46명을 민주화운동 관련자로 인정하고 그중 39명에게 평균 약 2,500만원의 보상금을 지급했다. 하지만 당시 순직한 경찰관과 전경은 국가로부터 충분한 보상을 받지 못했다. 오히려 정당한 법집행을 했음에도 민주화운동을 탄압했다는 평가를 받았다. 경찰관은 물론 유가족들에게 무척 충격적인 일이었다.

이러한 잘못을 바로잡기 위해 2009년 이인기 의원이 법안을 대표 발의, 어렵게 국회를 통과했다. 그리하여 당시 순직하거나 부상당한

경찰과 전경에게 5천만 원에서 1억 6천만 원까지의 보상을 하는 한편 매년 추모행사 등을 실시할 수 있는 근거를 마련하게 되었다. 무엇보다도 동의대 희생자에 대한 역사적 평가를 다시 함으로써 정의를 바로 세웠다는 것에 더 큰 의의가 있다고 하겠다. 뜨거운 불길에 생을 마친 순직자 분들에게 늦게나마 보상과 명예회복을 해드릴 길이 생겨 조금은 위안이 되었다.

여러 기업체 복지재단과 경찰청간 협약체결을 통해 순직경찰관 유자녀에게 교육비를 지원하게 된 것도 기억에 남는다. 2011년 2월, 경찰박물관 13층 스카이라운지에서 열린 순직경찰 유가족 초청·위로 행사. 이 자리에서 정말 눈물 나는 사연을 들은 기억이 난다. 한 유자녀가 말하기를 "자신은 경찰관이 되는 게 꿈"이라고 했다. 그런데 노량진의 경찰학원에 다니려면 최소한 한 달 50만 원의 수업료를 내야 하는데 집안 형편이 어려워 그게 너무 부담이 된다는 이야기였다.

〈라이언 일병 구하기〉라는 영화를 감명 깊게 본 후 미국이 국가 정체성을 어떻게 지켜나갈 수 있는지를 실감했었다. 우리나라도 나라를 위해 순직하신 분들의 자녀가 경제적 어려움 때문에 학업을 중단하는 일은 없어야 하지 않을까. 이러한 취지로 사회공헌 활동에 뜻이 있는 기업과 협약을 통해 장학금을 지급할 수 있도록 노력한 것이다. 그 결과 2012년 삼성화재, 신한재단, 현대백화점 등 6개 재단과 협약을 맺었다. 총 15억 1,000만 원의 장학금을 확보해 259명에게 혜택을 줄 수 있게 되었다.

장학금 전달 행사에 참석한 한 순직자 미망인. 31살에 혼자되었는데 그때 5살, 3살, 또 한 아이를 임신하고 있는 여인이었다. 20여 년간 힘들게 세 아이를 키운 사연을 소개하며 소리 없이 눈물을 흘렸다. 또 한 학생은 이렇게 말하며 눈시울을 붉혔다.

"어릴 때 친구들이 아빠가 없다고 놀린 적이 있었는데, 이제 우리 아빠가 얼마나 훌륭하신 분인지 알게 되었습니다."

가슴이 벅차올라 나도 모르게 눈물이 흘렀다. 그런 어려운 여건 속에서도 구김살 없이 잘 커준 유자녀들이 고마웠다. 그 어린 자녀들을 위해 식당일에 파출부일도 마다 않고 반듯하게 키워준 순직자 미망인들이 정말 존경스러웠다.

경찰문화 개선의 노력들은 현장경찰관의 자긍심을 고취시켜주었다. 덕분에 매년 60점대를 맴돌던 직무만족도가 2011년에는 73점으로 크게 상승하는 의미 있는 결과를 낳았다. 최근 현장직원들과 이야기를 나누다보면 과거에 비해 경찰에 대한 자긍심이 많이 생겼다는 이야기를 자주 듣는다. 수당이나 봉급을 올려주는 것도 중요하지만 이처럼 현장경찰관의 자긍심을 높여주는 것도 중요하다. 현장경찰관의 자긍심은, 보이지는 않지만 국가와 국민을 위한 소중한 자산임에 틀림없다.

| 제3부 |

경찰이 가야 할 또 다른 길

학교폭력, 이제는 멈춰야 할 때

우리나라 치안은 어느 나라와 비교해도 안정적인 상태다. 그러나 학교폭력만큼은 후진국 수준을 벗어나지 못하고 있다. 아니, 세계적으로 가장 심각한 수준일지도 모른다. 경찰청장을 할 때 비서실 직원의 고등학생 아들이 일진회 학생들의 학교폭력을 견디다 못해 이모가 살고 있는 캐나다로 유학을 가는 일도 있었다. 그 직원이 말하길 "아들이 일진회 학생들로부터 학교폭력을 당해 학부모 입장에서 학교를 찾아갔으나, 학교로부터 아무것도 기대할 수 없었다"고 한탄했다. 경찰관인 자신도 할 수 있는 일이 없다는 무력감에 결국 유학을 보냈다고 했다. 필리핀에서 한국으로 귀화한 한 여성은 "치안 상태는 필리핀이 매우 불안하지만 학교폭력만큼은 한국이 필리핀보다 더 심각하다"고 말했다.

통계를 보면 더욱 기가 막힌다. 2011년 청소년폭력예방재단 조사에 의하면 조사 대상 5.7%가 '학교폭력 때문에 자살을 생각한 적이 있다'고 대답했다. 이 비율을 초등학교 5학년부터 고등학교 2학년까지 441만 명에 적용하면 약 15만 명이 자살을 생각한 경험이 있는 것이다. 2012년 3월 교육과학기술부에서 실시한 설문조사에 따르면 전체 응답자 139만 명의 12.3%가 '1년 이내 학교폭력 피해를 경험했다'고 대답했다. 학교폭력 행태도 갈수록 잔인해지고 있다. 가해학생이 피해학생을 땅에 파묻고, 야구방망이로 폭행하고, 담뱃불로 지지고, 얼굴에 칼집을 내는 사건도 발생했다.

학교폭력이 점점 심각해지는 원인은 무엇일까? 입시 위주의 지나친 경쟁 스트레스를 해소할 수 있는 분출구가 없거나 결손가정 문제, 폭력을 조장하는 게임의 범람, 조직폭력배를 미화하는 대중매체의 영향 등 다양한 원인을 생각해볼 수 있다. 학교폭력은 1990년대 중반부터 본격적으로 사회문제가 되기 시작했다. 1995년 서울의 한 고등학생이 선배들에게 구타와 괴롭힘을 견디다 못해 유서를 남기고 자살했다. 이것이 사회문제가 되었다. 당시 김영삼 대통령은 특단의 조치를 강구하라고 지시했고 정부는 온갖 대책을 쏟아냈다. 심지어 1997년에는 검찰이 나서 '자녀 안심하고 학교보내기 운동'을 벌이기도 했다.

그러나 17년이 지난 지금 학교폭력은 점점 더 심각한 상황이 되었다. 입시위주 교육 분위기에서 학교는 폭력이 발생하더라도 쉬쉬하는 태도를 보였고, 그러는 사이에 이미 암세포 같은 폭력문화가 온 학교에 전이되었다. 2010년 청소년폭력예방재단의 설문조사에 의하면 피해학생의 58%가 학교폭력을 당하고도 신고하지 않는 것으로 조사되었다. 신고하지 않는 이유는 '보복을 당할까봐 두려워서'거나 '신고해봤자 학교나 경찰에서 제대로 조치하지 않는' 때문이었다. 친구들이 폭력을 목격하고도 신고하지 않는 비율은 2007년 35%에서 2010년 62%로 증가했다. 학교폭력을 당하는 학생의 입장에서 보면 이 얼마나 답답하고 막막한 현실인가? 이런 현실에서 꽃다운 나이의 학생들이 자살을 선택하고 있다. 참으로 안타까운 일이다.

사실 경찰도 이런 책임에서 자유로울 수 없다. 그간 경찰은 '학교폭력이 교육당국의 책임'이라는 인식과 "대부분의 가해학생이 14세 미만인 형사미성년자여서 마땅한 처벌수단이 없다"는 이유로 소극적으로 대응해오곤 했다. 이러한 대응방식의 저변에 깔려 있는 것은

'경찰은 범죄행위가 있어야 나선다는 형사법적 사고방식'이다. 이는 우리나라 형사사법 제도상 검찰이 경찰을 압도하는 비정상적인 상황이 지속되면서 경찰 스스로의 정체성과 주체적 역할을 망각하는 소극적 업무행태가 고착된 때문이 아닌가 생각한다.

어린 학생들을 범죄의 두려움으로부터 해방시키고 생명과 신체의 안전을 지켜내는 것. 이는 분명한 경찰의 임무다. 따라서 경찰은 학교폭력을 예방하기 위해 더 적극적으로 나설 필요가 있다. 실제 학교폭력의 개념을 보더라도, 대부분 '경찰이 나서야' 하는 범죄라는 것을 알 수 있다. 학교폭력 예방 및 대책에 관한 법률을 보면 학교폭력을 '학교 내외에서 학생을 대상으로 발생한 상해, 폭행, 감금, 협박, 약취·유인, 명예훼손·모욕, 공갈, 강요·강제적인 심부름 및 성폭력, 따돌림, 사이버 따돌림, 정보통신망을 이용한 음란·폭력·정보 등에 의해 신체·정신 또는 재산상의 피해를 수반하는 행위'로 정의하고 있다. 극히 일부를 제외하고는 대부분이 형법상으로도 범죄를 구성하는 것임을 알 수 있다. 다만 그 대상이 '학생'이라는 특수한 대상이기에 다른 범죄보다 경찰의 개입에 신중함과 제약이 따르는 것이다.

2011년 12월 말부터 학생들의 자살사건이 연이어 발생했다. 이에 학교폭력에 대한 경찰의 선제적 대응이 필요하다고 생각되었다. 가장 이상적인 것은 학생과 교사, 부모가 주체가 되어 학교폭력을 예방하는 것이리라. 그러나 이를 기대할 수 없는 상황에서 경찰마저 뒷짐을 지고 있다면 그 어린 학생들이 누구를 의지하겠는가? 한 번만이라도 학생의 입장에서 생각할 일이었다. 이 또한 내가 그토록 강조해온 '국민중심 경찰활동' 아닌가? 일단 경찰이 개입해 붐을 일으키고, 학교폭력을 어느 정도 정상화시킨 후 2012년 5월부터는 주도권을 학교와 교사에게 넘기려 했다. 경찰의 정체성을 확립하기 위해 형사법적

사고의 틀을 벗어나 행정법적 사고로 전환하자고 주장한 것과도 일맥상통하는 의지였다.

하지만 현장 직원들 사이에서 "이제 학교폭력까지 경찰이 떠맡아야 되느냐"는 볼멘소리도 들려왔다. 일부 언론에서조차 경찰이 학교폭력에 너무 개입하는 것 아닌가 하는 우려 섞인 목소리를 내기도 했다. 어느 식사모임에서 잘 아는 중견 언론인이 내게 "학교폭력은 절대 없어지지 않으니 공개석상에서 자꾸 근절시키겠다는 말을 하지 말라"고 충고하기도 했다. 하지만 나는 공언했다. 4월 말까지 학교폭력을 근절 수준으로 만들겠다고. 두고 보라고.

우선 경찰 내부의 인식부터 바로잡는 것이 필요할 터였다. GE의 CEO였던 잭 웰치는 "100번 이상 말하지 않으면 말하지 않은 것이다"라고 했던가. 2011년 12월 31일 전국 경찰관에게 생중계되는 화상회의를 시작으로 수차례의 지휘관 회의, 각종 워크숍, 간담회를 통해 귀에 딱지가 앉도록 강조했다. 학교폭력의 심각성과 경찰 역할에 대해 주지시킨 것이다. 특히 경찰청에서 개최하는 회의 내용은 그날 오후 정리해 중간관리자급부터 이메일로 전파했다. 효과가 있었다. 어떤 경찰서장은 "마치 경찰청 회의실에 참석해 있는 것처럼 회의 내용을 알 수 있었다"고 말했다. 누군가는 "반복해서 이야기를 듣다 보니 청장 하는 말을 다 외울 정도"라고 농담을 했다. 그만큼 학교폭력에 대한 메시지가 직원들에게 전파되면서 공감을 얻기 시작했다.

2012년 1월 13일, 지독한 감기몸살에 걸려 몸은 천근만근 힘들던 날, 전국 경찰지휘관 워크숍에 참석해 학교폭력에 대한 인식 전환과 능동적인 대처를 강조했다. 1월 14일 청와대에서 열린 장차관 워크숍에서는 학교폭력 근절 대책에 대한 지정토론을 했다. 이 자리에서 "학교폭력에 경찰이 적극 나서겠지만 경찰만으로는 해결하기 어려우니 관계부처에서도 법령과 제도를 개선하고, 인력증원도 적극 협조해 줄 것"을 부탁했다. 이명박 대통령께서는 "학교폭력은 경찰이 주된 책임을 져야 하는 것은 아니지만 적극적으로 나서야 한다. 경찰이 가해 학생을 부르기만 해도 예방효과가 있고, 피해 학생에게는 위로가 될 것이다"라며 경찰의 적극적인 역할을 당부했다.

설 연휴가 끝난 2012년 1월 26일에는 전국 지방경찰청장을 경찰청에 소집해 학교폭력 대책회의를 가졌다. 학교폭력에 대한 적극적 대책 수립을 지시하고 1달 만에 개최하는 회의였다. 약 30여 명의 언론사 카메라 기자가 촬영을 할 정도로 학교폭력에 대한 뜨거운 관심을 실감할 수 있었다. 이날 모두발언에서 "학교폭력이 지금 대한민국의 가장 큰 현안이며 전·의경 가혹행위를 근절한 것처럼 경찰이 의지를 가지고 조금만 노력하자"는 입장을 밝혔다. 그리고 경찰청 학교폭력 담당인 여성청소년 과장으로 강한 업무추진력으로 정평이 난 박재진 총경을 기용했다. 그러나 한두 부서에서 학교폭력 문제를 전담하는 것은 어려운 일이었다. 관련 부서와 브레인이 모두 참여하는 학교폭력 TF를 구성토록 했다. 총경급 6명을 포함한 학교폭력 추진점검단을 선발해 권역별로 전국을 순회하면서 현장직원의 의견과 실태를 파악하도록 했다.

학교폭력 근절의 핵심은 '신고의 활성화'다. 그래서 신고번호를 117로 통합해 전국에 확대했다. 학생들에게 "신고는 정의로운 것이고, 모두에게 이익이 된다"는 의식과 자긍심을 심어주기 위해 노력했다. 신고사건에 대해 효율적으로 대응하기 위해 경찰서별로 생활안전, 수사·형사, 정보기능이 총괄 참여하는 '안전드림팀'을 운영했다. 사안이 경미해 경찰의 개입보다 가해자에 대한 선도가 필요한 경우는 선도대상으로 분류했다. 반면에 교내 일진이나 상습폭행, 보복폭행, 장기간 따돌림 등은 처벌대상으로 분류해 엄정 대응토록 했다. 특히 일진회에 대해서는 현황을 파악하고, 각 학교별 담당형사를 지정했다.

신고 학생에게는 지속적인 연락관계를 유지해서 보복폭행을 방지했다. 피해학생에게는 경찰관과 '멘토-멘티'를 맺어 심리상담, 피해보상 등을 자문해주었다. 가해학생에게는 담당형사가 학생뿐 아니라 학부모에게도 주기적으로 연락을 하는 예방활동을 펼쳤다. 한번은 전북 전주에서 이런 일이 있었다. 선배한테 2만원을 빼앗기고 폭행당한 피해학생이 또다시 가해학생들에게 불려가자 옆 친구에게 몰래 멘토 경찰관의 명함을 건네고 신고해줄 것을 부탁했다. 친구가 긴급하게 전화로 도움을 요청해 경찰관이 바로 출동했다. 피해학생은 멘토 경찰관이 바로 출동해 경호원처럼 든든했을 뿐 아니라 자신이 신고한 사실을 밝히지 않고 해결해주어 무척 안심이 되었다는 소감을 밝혔다.

이처럼 학교폭력을 전담하는 경찰관의 배치는 무엇보다 중요하다. 그런데 정원을 확보해 전담경찰관을 배치하는 것은 시간이 걸리기에, 우선 다른 부서의 현원을 조정해 학교폭력 전담경찰관 306명을 배치했다. 학교폭력 전담경찰관은 범죄예방 교육과 피해사례 접수, 학교폭력대책 자치위원회 참석 등 학교폭력 업무를 전담하면서 경찰과 학교 사이의 가교 역할을 맡았다. 하지만 그들은 담당한 것은 1인당 36.2개 학교였다. 미국 LA의 1인당 2.1개교, 뉴욕의 1인당 0.3개교에 비해서는 과도하게 많았다. 최소한 한 달에 1개 학교를 돌아보기 위해서는 1인당 21개교 정도를 맡겨야 하는데, 그러면 514명의 인력 증원이 필요했다. 하지만 인력증원만큼 힘든 일이 없지 않은가. 청장 재임 중 전담경찰관 증원은 결국 성공하지 못하고 117 통합센터 운영인력 68명만 확보하는 데 그쳤다.

학교폭력 문제의 당사자인 학생, 학부모, 교사들의 생생한 목소리를 직접 듣기 위해 현장으로 달려갔다. 약 3개월에 걸쳐 전국 16개 시·도를 모두 방문해 현장간담회를 가졌다. 울산간담회에 참석한 한 여학생은 "공부는 못하지만 왕따 없는 반을 만들겠다"라고 공약하고 반장이 되었다고 했다. 부산에서는 한 학생이 학교에 '광견병' 또는 '독사' 같은 엄격한 학생부장 선생님이 있으면 학교폭력은 없앨 수 있을 거라고 말해 웃음을 자아내게 했다. 부산의 한 시민은 "아이가 캐나다에서 유치원을 다닐 때 다른 친구를 손으로 밀쳤다는 이유로 학교에 소환 당했다"는 이야기를 했다. 아이가 한 번만 더 친구를 밀치면 유치원에 못 다니게 하겠다고 경고를 하더라는 것이다. 학교 측의 관심을 촉구하는 말이었다.

경기도에서는 한 피해자 어머니가 "초등학교에 다니는 딸이 폭행을 당했는데, 경찰에서 홍보한 대로 117에 신고를 했더니 이틀 만에 해결되고 가해자가 사과편지까지 보내왔다"고 말했다. 2012년 2월 27일 서울 코엑스에서 개최된 학교폭력 세미나에서 참석자들에게 "학교폭력처럼 언론에 연일 2개월 이상 보도된 이슈가 있습니까?"라고 물었다. 정성희 동아일보 논설위원은 "학교폭력은 2개월이 아니라 1년 이상 지속되어야 할 이슈다"라며 경찰의 학교폭력 근절 노력을 높이 평가했다. 3월 9일 경북에서는 패널로 나온 김충영 학교운영위원회 연합회장이 "조직폭력 100명을 잡는 것보다 학교폭력을 근절시키는 것이 더 중요하다. 경찰이 100년 동안 한 일 중에 가장 잘한 일이 될 것이다"라며 의미를 부여했다. 이 같은 국민적 공감대가 형성된 사안은 처음이었다. 수십 년 동안 방치되어온 학교폭력에 대한 우려와 관심들이 이만큼 컸던 것이다.

2012년 3월 13일에는 〈학교폭력, 어떻게 만들어지는가?〉의 저자 문재현 마을공동체 연구소장을 초청해 특강을 들었다. 서울, 경기, 인천 등 수도권 총경을 포함한 경찰관 600여 명이 참석했다. 문재현 소장은 "경찰이 학교폭력을 근절시키기 위해서는 일진들이 만들어놓은 벽, 학교가 만들어 놓은 벽, 가해자 부모가 만든 만리장성 같은 벽을 넘어야 한다"고 강조했다. 이날 오후에 방문한 인천의 한 학교에서는 어느 학생이 "새 학기가 시작되면 학생 간 서열이 정해지므로 3월 초가 가장 중요한 시기"라고 말하면서 처벌보다는 사전 예방과 관심을 부탁했다.

2012년 3월 21일 전북에서는 다른 지역보다 많은 쓴소리가 쏟아져 나왔다. 한 학생은 "경찰이 많은 정책을 추진하고 있지만 학생들이 공감하고 현장에 적용될 내용은 많지 않다. 학생들의 목소리에 보다 더 경청해야 한다"고 강조했다. 이날은 또 학교폭력 가해자였던 학생이 내소사 템플스테이를 통해 참회를 하면서 직접 만든 108 염

주를 내게 선물해주어 가슴이 찡했다. 3월 29일 강원도에서는 패널로 나온 학부모가 "경찰은 학교폭력보다 민생치안이라는 본연의 임무에 충실해야 한다"고 주장했다. 그런데 평창고에 다니는 한 학생이 "학교폭력 예방이 경찰 본연의 임무가 아니고 무엇인가?"라며 여성 패널의 주장을 반박하기도 했다. 16개 지방경찰청을 모두 돌아본 결과, 학교폭력에 대한 국민들의 관심이 얼마나 대단한지 느낄 수 있었다.

학교폭력 예방을 위한 국민적 관심이 식지 않도록 다양한 홍보와 붐 조성이 필요했다. 지역 실정에 맞게 토론회, 범죄예방 교실, 부모와 함께하는 봉사활동을 펼치도록 했다. 전국에서 톡톡 튀는 아이디어도 많이 나왔다. 경찰청 박우현 총경은 '나는 학부모다' 라는 프로젝트를 준비하고 자신의 아들이 다니는 초등학교에 강사로 나가 뜨거운 반응을 얻었다. 광주경찰청에서는 전·의경들이 개그콘서트에서 유행하는 '애정남'을 패러디하기도 했다.

2012년 2월 10일 경찰청은 가수 아이유 양을 학교폭력 홍보대사로 위촉했다. 홍보대사 위촉식에는 수십 명의 사진기자와 직원들이 모여 아이유의 인기를 실감했다. 아마 경찰청 창설 이래 가장 많은 기자들이 모이지 않았을까 싶다. 아이유 양은 "얼마 전까지 학생이었으니 자신도 학교폭력을 없애는 데 조금이나마 힘을 보내고 싶다"고 말했다. 2월 21일에는 〈앵그리 버드〉 캐릭터를 활용한 학교폭력 예방 홍보를 위해 관련 회사와 업무협약을 체결했다. 〈앵그리 버드〉는 1년에 약 6억 명이 다운로드를 받을 정도로 전 세계적으로 인기를 끌고 있으며 우리나라 학생들에게도 친근한 게임 캐릭터다.

경찰의 대대적인 홍보와 범죄예방 교육 덕분에 117 신고전화 건수가 급증했다. 2012년 1~3월간 117에는 4,126건이 접수되었다. 이는 전년 동기간에 비해 172배가 증가한 수치다. 폭행 48%, 갈취 17% 순으

로 많았다. 왕따도 11% 수준이었다. 발생 장소는 교내 74%, 등하교길 13%, 인터넷 6% 순이었다. 이에 따라 가해학생 6,920명을 처리했다. 전년 같은 기간보다 76%가 많아졌다. 경미한 가해학생에 대한 선도 차원의 처리도 2.2배 증가했다. 피해학생 보호를 위해 6,436명에 대해 멘토링을 실시했다. 피해학생 방문조사 1,207회, 가해학생 재범방지를 위한 선도프로그램 연계 2,368명 등 사후관리에도 최선을 다했다.

일진 등 불량서클은 총 449개 5,394명에 대해 담당 형사 4,464명이 집중 대응했다. 이 가운데 146개 서클 1,345명을 해체했고, 범행에 이르지는 않았지만 우려되는 303개 서클 4,049명은 세심하게 선도활동을 폈다. 불량서클 중에는 '선배에게는 무조건 복종, 싸움이

나면 동원 보복하기' 등 자체 행동강령을 가진 서클도 있었다. 심지어 성인조폭과 연계되는 경우도 있었다. 안성의 '파라다이스파' 조직폭력배들은 중·고생 일진을 조직원으로 가입시켜 학생에게 군고구마 장사를 시키고, 그 수익금을 갈취하다 검거되었다. 더욱 충격적인 것은 '여학생 일진' 유형이었다. 서울에서는 여고생 5명이 중학교 동창생인 피해자에게 성매매를 하도록 협박한 일도 있었다. 스마트폰 채팅으로 성 매수 남자를 구해 성관계를 하도록 한 후 1년 8개월 간 성매매대금을 갈취하다 검거되었다.

학교폭력 근절을 추진하는 과정에서, 대부분의 학생들이 우려하는 보복폭행은 거의 발생하지 않았다. 약 3개월에 걸친 학교폭력 근절 활동 중 6,920명을 검거했는데 그 과정에서 발생한 보복폭행은 34명에 불과했고, 사회적으로 큰 문제가 된 것도 없었다. 2012년 2월 서울 양천경찰서에서 학교폭력 신고를 5번이나 받고도 아무런 조치를 취하지 않은 교사를 직무유기로 입건한 예외적인 경우도 있었다. 그러나 시간이 지나면서 경찰과 교육당국이 상호 협력자로서의 역할을 인식하고 MOU를 체결하는 등 협력이 강화되었다. 학교생활을 정상화시키기 위해서는 무엇보다 교권 회복이 가장 중요하다. 교육계에서도 공감을 했다. 경찰이 마냥 끌고 갈 수는 없지 않은가?

2012년 2월 13일, 발렌타인데이를 하루 앞두고 전주의 한 여학생이 학교폭력 방지 노력에 감사하다는 편지와 초콜릿을 보내왔다. 감회가 새로웠다. 3월 신학기가 시작되자마자 언론에서도 학교의 분위기가 확연히 달라지고 있다고 보도했다. 예전엔 멋대로 '왕따'를 시키고 '빵'도 뜯었지만 경찰이 대대적으로 학교폭력 근절에 나서면서 '일진' 학생들이 몸을 움츠리고 있다는 것이었다. 3월 16일 총리실 주재 국가정책 조정회의에서 청소년 음란물 대책회의가 열렸다. 이날 회의에 참석한 장관들이 "청소년 음란물을 어떻게 근절시키겠느냐?"며 회의적인 반응을 보였다. 맹형규 행안부 장관의 주장이 기억에 남는다.

"학교폭력에 대해서도 처음에는 그것을 어떻게 근절시키겠느냐고 모두 회의적이었습니다. 하지만 경찰이 강력하게 추진하니 분위기가 확 바뀌지 않았습니까?"

2012년 4월에 접어들면서 학교폭력 분위기는 엄청나게 바뀌었다. 거의 1990년대 중반 이전 수준으로 정상화되었다. 학교폭력에 대한 '체감안전도' 역시 획기적으로 개선되었다. 체감안전도는 학생과 학부모를 상대로 학교폭력에 대해 실제로 느끼는 심각성을 측정하는 것이다. 그 조사결과를 보면, 2012년 2월에는 학교폭력의 피해 경험을 묻는 질문에 17.2%가 '그렇다'고 응답했으나 5월에는 8.9%(-8.3%)만이 '그렇다'고 대답했다. 또 학교폭력이 어느 정도 심각한지를 묻는 질문에 2월에는 20.3%가 '심각하다'고 응답했으나, 5월에는 9.5%(-10.8%)만이 '심각하다'고 응답했다. 그리고 작년에 비해 학교폭력이 증가 또는 감소했느냐는 질문에 대해서는 61.2%가 '감소했다'고 응답했다. 이 조사는 경찰청의 의뢰에 의해 여론전문 조사기관이 모두 1만 명 이상의 학생과 학부모를 대상으로 실시한 것이어서 신뢰도가 높다고 할 수 있다.

현장직원들의 반응도 달라졌다. 처음에는 왜 경찰이 학교폭력에 개입해야 하느냐며 냉소적이었다. 그러나 2012년 4월이 되면서부터는 "경찰관으로 자부심을 느낀다"고 했다. 이런 반응은 4월 3일 충북과 충남을 방문하면서 두드러졌다. 학생과 학부모들 사이에 '경찰은 우리를 지켜주는 사람'이라는 인식이 널리 퍼졌다는 것이다. 나도 그런 경험을 많이 했다. 현장을 방문할 때 어떤 시민은 악수를 청하며 고맙다는 인사를 전하고, 식당에 가면 주인이 함께 사진을 찍자고 했다.

2012년 4월 5일 전남 무안 남악고등학교에서 열린 범죄예방 골든벨 행사 때의 감격은 잊을 수 없다. 강당에 들어가는 순간 2백여 명의 학생들 열기가 뜨거웠다. 행사가 끝나고 강당에 모인 학생들과 기념사진을 찍는 시간이 되자 학생들이 함성을 지르며 내 주위에 모여들었다. 어떤 남학생은 내 어깨에 손을 올리고 어깨동무를 하기도 하고, 어떤 여학생은 그 와중에 사인을 해달라고 종이를 내밀었다. 휴대폰을 들이대며 서로 사진을 찍자고 해서 하마터면 압사를 당할 지경이었다. 그 순간만큼은 유명 연예인이 된 느낌이 들었다. '학생들의 학교폭력에 대한 관심이 이 정도구나' 하는 것을 느꼈다.

학교폭력 근절 노력을 통해 국민들의 경찰에 대한 인식이 바뀐 것은 분명한 사실이다. 그리고 경찰은 그런 신뢰를 바탕으로 다시 국민을 위해 봉사하는 선순환을 만들어냈다. 이에 적잖은 보람을 느꼈다. 이야말로 경찰이 나아가야 할 방향이 아닌가 생각한다.

사회갈등 조정과 경찰의 역할

2010년 미국 뉴욕에서 시작된 反월가(Occupy the Wall Street) 시위. 전 세계 82개국 1,500여 도시로 급격히 확산되며 지구촌의 최대 이슈가 되었다. '1%의 탐욕과 부패를 참지 못하는 99%의 시민'이라는 구호와 함께 월스트리트 금융자본의 탐욕을 비판하던 목소리는 전 세계로 이어지며 다양한 메시지를 파생시켰다.

프랑스 파리와 스페인 마드리드에서는 높은 실업률에 불만을 품은 청년들이 '일자리를 달라'며 시위를 벌이는가 하면, 그리스 시민들은 정부의 긴축정책과 복지비 삭감에 반대하며 거리로 나섰다. 이처럼 각 나라 현안은 점령시위라는 이름으로 분출되었다. 점령시위의 이면을 자세히 들여다보면, 하나의 공통된 주장을 찾을 수 있다. 그것은 '점증하는 경제적 불평등에 대해 기득권층에게 보내는 약자들의 분노와 항변'으로 해석된다. 신자유주의의 흐름에서 2008년 금융위기로 더욱 심화된 양극화가 일반 시민에게 더욱 무거운 짐을 더하면서 사회적 갈등이 증폭되었다는 분석이다. 금융자본으로 대표되는 가진 자들이 그러한 고통을 분담하라고 촉구하는 게 대체적인 공통점이다.

이러한 문제로부터 우리 사회 역시 자유로울 수 없는 상황이다. 한국 사회는 지난 세월 분단과 전쟁의 폐허를 딛고 반세기 만에 산업화와 민주화의 결실을 맺었을 만큼 눈부시게 성장해왔다. 1953년 한국

전쟁이 막 끝났을 무렵 고작 67달러에 불과하던 1인당 GDP는 2010년에는 2만 달러를 넘어섰다. 인구 5천만이 넘는 국가들 중 2만 달러 이상 국민소득을 유지하고 있는 전 세계 7개 국가 중 하나의 반열에 오른 것이다. 세계 9번째로 무역규모 1조 달러를 돌파하기도 했다. 2차 대전 이후 독립국 중 민주화와 산업화의 2마리 토끼를 잡은 유일한 국가로 높이 평가 받고 있는 나라가 바로 대한민국이다.

그러나 급격한 압축성장의 이면에 어두운 그림자도 자리를 잡고 있었다. 외환위기 이후 경제적 양극화는 극심해지고 가계부채는 폭증했다. 공동체의 유대는 깨지고 개인의 삶은 점점 더 불안해지는 추세다. 인구 10만 명당 28.4명으로 OECD 평균(11.2명)의 3배에 달하는 높은 자살률, 현재의 삶에 만족하고 있다는 국민이 36%에 불과한 행복지수 통계. 화려해 보이는 양적 성과에 가려진 우리 사회의 부끄러운 성적표다. 〈한국을 위한 OECD 사회정책 보고서〉의 첫머리에 이런 문구가 등장한다. "성장만으로는 우리의 모든 문제가 해결되지 않는다." 폭발적인 성장 과정에서 드러난 우리 사회의 문제점들을 가장 잘 나타내고 있다.

문제는 이러한 현상이 심각한 사회적 갈등으로 이어지고 있다는 점이다. 2011년 6월 한국갤럽과 파이낸셜뉴스가 공동 조사한 결과에 의하면 국민 10명 중 9명이 우리 사회의 갈등 수위를 심각하게 보고 있다. '앞으로 5년 후 사회적 갈등이 현재와 비교해 어떻게 달라질 것인가'에 대한 질문에 갈등이 줄어들 것이라고 응답한 사람이 16.7%에 불과했다. 연령·이념·경제적 차이를 초월해 갈등의 불안 요소가 사회 전반에 견고하게 자리 잡고 있는 것이다.

이러한 갈등의 구체적인 양상을 우리 사회 곳곳에서 어렵지 않게 찾아볼 수 있다. 복지 포퓰리즘 논란을 둘러싼 좌·우의 이념 갈등,

한미 FTA를 둘러싼 논쟁, 카드 수수료 인하 문제를 놓고 벌어지는 카드사와 영세음식점 간의 다툼, 기업형 슈퍼마켓 입점과 관련된 재래시장·영세상인의 반발, 대기업과 중소기업 간의 상생 문제 등. 이러고보니 갈등이 사회를 지배하는 화두로 자리 잡은 것만 같다.

더욱 심각한 문제는, 이러한 갈등을 관리해야 할 사회 조정 메커니즘이 제대로 작동 못하고 있다는 점이다. 기실 갈등이 존재하지 않는 사회는 있을 수 없다. 다만 이러한 갈등을 어떻게 합리적으로 조정해 나가는가의 차이가 있을 뿐이다. 선진국의 경우는 대화와 타협, 중재의 문화로 갈등이 빚어내는 위기를 극복해가고 있다.

독일은 2005년 기민당 대표 앙겔라 메르켈이 총리에 취임하면서 정치적으로 대립하던 사회당과 대연정을 구성하고, 전임인 슈뢰더 총리가 추진해온 경제정책을 계승해 정치 갈등을 극복하고 경제도약을 이루었다. 덴마크도 복지국가론이 가져오는 부작용을 해결하기 위해 공적부조와 일할 의무를 교환하는 '질적 사회복지'를 도입해 계층·세대 간 갈등을 효율적으로 극복했다. 설령 이러한 시스템 내에서 갈등이 조정되지 않더라도 최종적으로는 사법부의 판결을 통해 당사자가 이를 수긍하는 형태로 갈등을 해결해나가고 있다.

우리 사회도 갈등 해소를 위해 보다 근본적인 문제부터 접근해야 하지 않을까? 미국의 경우, 건국 100년도 채 안 되어 남북전쟁을 겪고는 사회지도층 인사들이 발 빠르게 모여 머리를 맞대었다. 전쟁이 일어난 갈등 요인이 무엇인가, 어떻게 하면 더 이상 피를 흘리는 상쟁을 멈출 수 있겠는가. 몇날 며칠 거의 폐쇄된 공간에서 먹고 자면서 토론을 나누어 결론을 내렸다 한다. 그리하여 "이념을 버리자. 이제 미국의 국가 지도이념은 프래그머티즘(pragmatism 실용주의)이다"라는 결론에 도달할 수 있었다. 이후 100년 이상을 큰 혼란 없이 이끌어오고 있는 것이다.

우리 사회의 현실은 어떠한가? 사회갈등 해소 장치가 제대로 작동하는지 평가하는 사회적 자본지수 조사에서 OECD 내 조사 대상 29개국 중 22위로 최하위권에 머무르는 현실이다. 대화와 타협은커녕 사법부에서 최종적으로 내린 판결과 결정조차 인정하지 않고 끝까지 저항하는 사람들이 적지 않은 것이 지금 우리 사회의 모습이다. 사회의 저조한 갈등 조정 능력이 당사자들을 집회와 시위라는 극단적인 형태로 내몰고, 이것을 길거리에서 경찰이 다 받아내고 있는 현실이다. 참으로 안타까운 일이다.

경제적 성장과 민주주의를 이뤘다고는 하지만 사회 전체에 갈등이 만연한 국가를 선진국가라고 하기는 어렵다. 삼성경제연구소 조사결과에 의하면 우리 사회의 갈등 비용이 300조 원으로 GDP의 27% 수준에 이른다. 높은 갈등 수준이 지속가능한 성장을 저해하는 막대한 사회적 비용으로 이뤄지는 구조인 것이다. 진정한 선진 일류 국가로 도약하기 위해서는 이러한 사회적 갈등을 해소하고 역동적 국가 발전의 에너지로 승화시켜 나가야 한다. 우리 사회도 이제는 한번쯤 사회 모든 지도층 인사들이 머리를 맞대고 진지하게 입을 모을 필요가 있다. 좌와 우, 여와 야를 불문하고 해결책을 모색하는 노력이 필요한 것이다.

갈등 문제의 해법은 무엇일까? 우선 한국사회의 갈등을 관통하는 근본 원인을 명확히 이해해야 한다. 앞에서 언급했지만 우리 사회 갈등의 핵심은 '사회가 이뤄낸 경제적 성과를 (성장 동력을 잃지 않는 범위 내에서) 어떻게 분배해 나갈 것인가'의 문제로 귀결된다. 압축성장 과정에서의 승자독식 구조가 빚어낸 불신과 분열의 문제가 외환위기 이후 심화된 양극화와 결합해 갈등의 증폭으로 이어지고 있는 것이다. 한국개발연구원의 조사에 따르면 한국의 삶의 질 수준은 조사 대상 39개국 중 27위에 불과했다. 특히 국가와 자치단체 등이 국민의 최저생활을 지원하는 '공공부조 등 사회지출 영역'은 조사항목 중 최하위권인 31위다. 이는 우리 사회가 소외계층 및 약자에 대한 배려 등 사회적 균형의 문제에 얼마나 취약한가를 여실히 증명한다. 정치권을 중심으로 전개되고 있는 복지와 포퓰리즘 논쟁, '정의란 무엇인가'에서 촉발된 정의 신드롬 등은 모두 이러한 문제의식이 근저에 자리 잡고 있다.

존 롤스, 마이클 샌델 등 세계적 석학들은 이러한 문제에 대한 해법을 세 가지 정도로 요약해서 제시한다. 적어도 출발선은 같아야 한다는 기회의 균등, 공정한 게임의 룰을 적용해야 한다는 것, 그리고 게임이 끝나면 승자가 게임에 패배한 최소 수혜자에게 보내는 이해와 배려. 소외된 계층을 배려해 갈등을 치유하고 사회통합을 이루자는 것이 골자다. 경찰 역시 사회갈등 해소를 위해 사회 약자 배려에 각별한 관심을 기울여야 한다. '무전유피 유전무피(無錢有被 有錢無被)'라는 말이 있다. 과거의 '유전무죄 무전유죄'와 달리 이제는 피해자의 상당수가 저소득 계층에서 발생하고 이들에게 피해 비용이 고스란히 전이됨을 빗대어 이르는 말이다.

2011년 〈도가니〉라는 영화 한 편이 사회적으로 깊은 충격을 안겨주면서 아동·장애인 등에 대한 성폭력 범죄의 심각성이 사회 이슈가 되었다. 참모들과 함께 영화를 관람했는데, 물론 실제 현실과는 다소 다른 점이 있었다. 대화가 통하지 않고 외출조차 자유롭지 못했던 피해 아동을 조사하기 위해 수화 통역가를 대동하고 학교 주변에서 접선하듯 어렵게 만나 4개월 넘게 사건을 수사한 담당 형사의 입장에서는 자신이 영화 속에서 부정한 권력과 결부된 인물로 묘사되고 있는 점이 무척 억울했을 것이다.

영화를 보기 전에는 당시 경찰이 두 사람에 대해 구속영장을 청구했고, 1심에서 5년형을 선고 받을 정도로 열심히 수사한 사건에 대해 '경찰을 잘못 묘사한 부분은 문제가 있다'는 생각을 가졌던 것이 사실이다. 하지만 영화를 보고 나서는 생각이 바뀌었다. 그리하여 전 경찰관들에게 이런 이야기를 하게 되었다.

"영화와 실제 사건과의 차이보다는 작가가 이 사회에 던지려 하는 메시지를 제대로 받아들일 필요가 있습니다. 소외 받는 사람들에 대한 국가 차원에서의 배려가 대단히 빈약한 현실입니다. 우리 경찰도 그간의 활동 중에 미처 살피지 못하고 간과한 부분은 없는지, 진실한 반성을 통해 진정성 있게 다가갑시다."

성폭력 문제뿐이 아니다. 조직폭력, 보이스피싱 등 서민 상대 침해 범죄에 대한 강력한 대처는 물론 38만여 가구에 이르는 다문화가정,

2만 명에 달하는 새터민 등에 대한 보호와 지원 또한 경찰이 결코 간과하지 말아야 할 부분이다. 앞으로 경찰은 사회적 약자와 소외계층을 이해하고 배려하는 치안활동을 지속 전개해야 한다. 그리하여 우리 사회 통합의 밑거름이 되도록 더욱 매진해 나가야 한다.

갈등 해소를 위한 또 다른 중요한 해법은 사회적 자본의 확충이다. 사회적 자본이란 사회 공동체 구성원 사이의 협력을 증진시키는 무형의 자산을 의미한다. 사회적 자본은 구성원 간의 신뢰, 사회적 네트워크, 제도와 규범 등을 포함하고 있다. 그중의 핵심은 바로 구성원 간의 신뢰 형성이다. 일찍이 공자는 "정치에서 가장 중요한 것이 무엇이냐"는 제자 자공의 질문에 경제(足食), 국방(足兵), 신뢰(足信)의 세 가지 요소를 들면서 그중 가장 중요한 것은 신뢰라고 설파했다. 미국 존스홉킨스대학의 프란시스 후쿠야마 교수 또한 갈등을 제어하고 사회 협력을 이루기 위한 요소로 신뢰의 중요성을 강조했다.

그렇지만 아쉽게도 우리 사회의 신뢰 수준은 그다지 높지 못한 것이 사실이다. 세계경제포럼이 발표한 2011년 국가경쟁력 순위에서 우리나라는 4년 연속 하락해 22위를 기록했다. 조사 대상 142개국 중 정책결정 투명성(128위), 정치에 대한 공공의 신뢰(111위), 공무원 의사결정의 편파성(94위), 노사협력(140위) 등 사회적 신뢰 수준을 나타내는 주요 지표가 최하위권을 면치 못했다. 구성원 간 신뢰는 공정한 룰의 존재와 사회적 합의 준수에서 시작된다. 여기서 사회적 합의와 공정한 룰이란 결국 법질서를 의미한다. 따라서 법질서 확립을 견인하는 치안이야말로 사회 전체적 신뢰를 증대시켜 갈등을 해소하고 사회통합을 조성하는 핵심 기반이라 할 수 있다.

경찰은 선진 집회시위 문화 정착, 사회 부조리 척결 등 사회 전반에 법질서 분위기를 조성해 신뢰 수준을 높여가는 데 앞장서고 있다. 경찰의 집회시위 관리 등이 또 다른 사회갈등의 단초를 제기하는 것이 아닌가 이의를 제기하는 이들도 있을 것이다. 하지만 "나의 자유는 다른 사람의 자유가 시작되는 곳에서 멈춘다"는 옛 법언을 기억하자. 자신의 주장을 관철시키기 위한 시도가 구성원 간의 합의 틀을 넘어선다면 또 다른 갈등을 양산하고 증폭시킬 뿐이다. 경찰은 사회의 다양한 목소리가 법질서의 틀에서 공존할 수 있도록 함으로써 갈등을 합리적으로 조정하기 위해 노력하고 있다. 특히 집회시위 관리 기조를 '합법촉진 불법필벌(합법집회는 충분히 보호하고 불법에는 단호히 대처)'로 전환해 법집행에 대한 국민의 공감과 지지를 확보하기 위해 노력하고 있다.

평화적인 집회시위 문화를 만들어가기 위해서는 치안문제에 대한 전 사회적인 관심과 지지도 반드시 필요하다. 2011년 4월 11일 미국 워싱턴DC에서 한 양복 입은 남성이 뒤로 수갑이 채워져 경찰에 체포되는 모습이 언론에 소개되었다. 흔한 체포 장면이 사회적 이목을 받았던 이유는 체포된 이가 바로 빈센트 그레이 워싱턴DC 시장이었기 때문이다. 지위고하를 막론하고 엄정하게 법을 집행하는 경찰, 그에 항의나 반항하지 않고 순응하는 시장의 모습. 우리의 법집행 실태와 비교되는 부분이다. 경찰도 법집행에 있어 국민의 공감과 지지를 얻기 위한 노력을 계속해나가야 한다. 더불어 언론·법원·정치권 역시 법질서 준수 풍토를 만들기 위한 노력을 함께 전개할 필요가 있다.

우리 사회의 갈등을 해결하기 위해 경찰은 나름대로 최선을 다하고 있다. 그러나 경찰의 노력만으로는 분명한 한계가 있다. 사회통합을 통한 선진 일류국가 도약을 위해서는 이념의 좌우, 소득의 많고 적음을 떠나 전 사회적인 노력이 반드시 수반되어야 한다. 분배의 문제나 신뢰를 통한 사회적 자본의 확충 등 머리를 맞대고 해법을 논하면 해결책이 분명히 나온다.

사회적 대타협과 함께 조정기구의 내실화를 비롯한 정교한 시스템의 구축도 함께 고민해나가야 한다. 무엇보다 우리 사회의 기득권층이 소외된 약자들을 위해 조금 더 내려놓는 마음으로 접근해나갈 필요가 있다. 일반 국민들도 기득권층이 자발적으로 동참할 수 있는 사회적 분위기를 만들어가야 한다. 경찰 역시 사회갈등의 관리자, 갈등관리의 중재자로서 역할을 다해야 한다. 갈등이 합리적으로 조정되고 대화와 타협을 통해 더불어 발전할 수 있는 나라. 선진 대한민국의 꿈을 이뤄나갈 수 있기를 기대한다.

경찰의 정체성과 주체성에 대해

2012년은 경찰 창설 67주년되는 해이자 경찰청 승격 21주년이 되는 해다. 지난 시간, 대한민국 경찰은 격동의 현대사에서 많은 굴곡과 시련을 겪었다. 때로는 역사의 현장에서 국가와 국민이 필요로 할 때마다 늘 함께하며 묵묵히 주어진 치안 책무를 완수해왔다. 이처럼 세계 어느 경찰과 비교해도 뒤지지 않을 만큼 높은 경쟁력을 갖추고 있는 대한민국 경찰. 그러나 아직도 국민에게 충분한 신뢰와 지지를 얻지 못하고 있는 것 또한 부인할 수 없는 현실이다.

이러한 경찰의 문제를 해결해 '국가와 국민의 경찰로 바로 설 수 있는 방법이 무엇일지' 경찰 내·외부를 가리지 않고 다양한 사람들의 목소리를 들어왔다. 처음에는 막연했던 과제였지만 끊임없는 대화와 토론을 통해 명확한 방향을 설정할 수 있었다. 그 과정에서 경찰에 대한 깊은 애정으로 기탄없는 의견을 개진해 준 많은 분들께 지면으로나마 감사의 마음을 전한다.

새로운 경찰의 길을 정립하기 위한 첫걸음은 '경찰은 무엇인가', '경찰의 정체성은 무엇인가'에 대한 질문으로부터 시작한다. 그간 경찰 활동은 범죄의 예방과 진압에만 초점이 맞춰진 것이 사실이다. 범죄의 진압과 수사, 장해의 제거와 같은 사후적 조치들에 거의 모든 경찰의 역량이 집중되어왔다. 그러다보니 형사법적 사고의 틀에 갇혀 합법인가 불법인가의 구분에만 매몰되곤 했다. 그리하여 불법행위가 발생하기 전에는 적극적으로 개입하지 않는 문제점이 발생했었다.

이런 소극적 업무 행태를 버리고 '국민의 요구를 선제적으로 파악해 적기에 대응하기 위해' 필요한 것이 행정법적 사고방식이다. 행정법적 사고란 무엇인가? 개별적 상황을 합리적으로 파악해 "어떤 행위나 사태를 그대로 방치하면 가까운 장래에 손해가 발생할 가능성이 있는 경우에 경찰권을 발동할 수 있다"는 논리다. 그간 행정법 학자들은 이러한 경찰권 발동에 부정적이었다. 경찰의 권한남용을 우려했던 것이다. 하지만 최근 경찰에 대한 신뢰가 높아지면서 이러한 필요성에 공감하는 학자가 늘고 있다. 오히려 명백한 위험이 있음에도 경찰이 적절히 대응하지 않아 손해가 발생한 경우 경찰의 불법행위 책임을 부과하는 판례도 나타나고 있다.

예를 들어 마스크에 모자를 쓴 누군가 집 앞을 기웃거린다고 가정해보자. 그 사람이 왜 그런 행동을 하는지는 모른다. 그러나 그 사람 때문에 시장에서 장을 보고 돌아오는 아내나 학교를 다녀오는 딸, 학원에서 돌아오는 아들이 걱정된다. 하지만 그 사람을 강제로 쫓아버리자니 타당한 이유를 댈 수 없다. 그래서 경찰에 신고하자 경찰관이 그 사람을 신고인의 집 근처에서 다른 곳으로 이동하도록 했다. 이 행위는 어떤 성질의 것인가? 하나의 예를 더 들어, 이번에는 집단 민원현장을 생각해보자. 단체의 구성원들이 집행부 선임을 두고 파벌이 갈려 다툼을 벌이고 있다. 한편의 구성원들이 차지하고 있는 임원 사무실에 반대 측에서 난입을 시도하려는 상황이다. 양측이 맞부딪칠 경우 대규모 충돌 가능성이 예측되는 일촉즉발의 순간이다.

위의 두 사례에는 한 가지 공통점이 있다. 실질적으로는 아무런 위법행위도 발생한 바가 없다는 것. 하지만 시민이 생각하기에, 위의 두 사례에서 경찰이 무언가 조치를 취해야 함은 분명하다. 과연 여기서 경찰권이 발생해야 할 근거는 무엇인가? 경찰은 위법행위가 발생하고 나서야 어디든 개입할 수 있는 것일까? 이러한 질문에 대한 대답이 바로 '위험의 제거'다. 경찰은 불안을 야기한 위험 상태에 대한 사전 배려를 할 의무가 있다. 그로써 시민의 불안을 해소하고 위해를 방지하는 활동을 전개할 수 있는 것이다.

그럼에도 현장에서의 법적용 판단이 쉽지 않은 경우가 적지 않다. 2011년 여름 발생한 우면산 산사태 때, 한 경찰관의 신속한 교통통제로 많은 인명피해를 예방했었다. 그 결과로 경찰의 현명한 판단과 예방조치를 칭찬하는 여론이 많았다. 이야말로 위험을 예상한 사전 배려의 대표적인 사례다. 그러나 역으로 생각해, 만약 산사태가 일어나지 않았다면 어떻게 되었을까? 출근길 폭우로 인해 가뜩이나 막혔던 도로는 교통통제로 인한 우회 조치 탓에 한두 시간의 지각은 기본이었을 것이다. 또한 일어나지도 않을 산사태를 우려한 경찰의 과잉대응이라며 엄청난 비난을 받았을 것이다. 아마 천문학적 규모의 송사가 발생했을지도 모른다. 이런 상황에서 '통제조치가 정당하다'는 근거가 명확하지 않으면 현장경찰관은 판단을 주저할 수밖에 없다.

이제 경찰은 단순히 법의 위반 여부를 판단하는 범죄 척결자의 역할을 넘어서야 한다. 국민이 진정으로 필요로 하는 부분을 채워줄 수 있는 문제해결사이자 안전과 인권의 수호자로 정체성을 재정립해야 한다. 기존의 경찰 개념인 '범죄의 예방과 진압'에서 '위험의 관리'로의 확장이 필요하다. 경찰관 직무집행법을 적극적으로 해석하고 적용해 '위험과 장해의 방지와 제거활동'을 더 널리 펼쳐야 한다. 공중과 개인을 보호하는 활동을 장차 경찰의 가치로 삼아 나가야 한다.

　경찰청장에 재임하면서 경찰이 용역폭력 등 집단 폭력사태의 초기 단계부터 적극 대응 의지를 밝힌 바 있다. 또 서울 송파경찰서 관내 거여·마천동 지역 대학생 피라미드 조직에 대해 고소·고발을 기다리지 않고 선제적으로 개입해 정책적으로 이슈화시키기도 했다. 모두 이러한 맥락의 일환이었다. 향후 경찰은 경찰법이나 경찰관 직무집행법에 따른 위험의 사전적 제거와 방지의 개념을 명확히 담을 수 있도록 노력해야 한다. 법 개정 전에도 현행법의 적극적 해석을 통해 가정폭력, 학교폭력, 용역폭력 등의 분야에 적극적으로 적용해 나가야 한다.

　경찰의 정체성 확립과 관련해 또 하나 강조하고 싶은 것은 '회복적 사법정의'의 개념이다. 그간 형사사법시스템은 범죄자에 대한 응보와 재사회화에만 관심을 두었다. 피해자는 상대적으로 소외되어온 것이 사실이다. 이제는 '어떤 죄를 범했는가? 어떻게 처벌할 것인가'에 집중하던 것에서 벗어나야 한다. 그리하여 '누가 피해자인가? 피해의 회복을 위해 필요한 것은 무엇인가?'의 개념을 생각할 필요가 있다. 용서와 화해를 기반으로 한 피해와 자아 회복에 경찰활동의 초점을 맞춰나가야 한다. 이를 위해 현재 검사에게만 인정되고 있는 형사조정제도를 경찰 수사 단계까지 확대하는 방안, 소년범에 대한 다이버전(diversion)을 도입할 필요가 있다. 다이버전은 범죄인에 대한 형사처벌을 중지하고 심리치료, 화해조정 등 프로그램을 통해 사회복귀를 돕고자 하는 형사정책이다.

회복적 사법도 민사적 합의 도출과 업무경감 수단에서 벗어나 '가해자와 피해자 간의 소통절차에 의한 치유 및 관계회복' 수단으로 활용할 필요가 있다. 아울러 제도적 장치 이외에도 경찰관 개개인의 회복적 사법에 대한 인식이 제고되어야 한다. 기계적인 사건 처리에서 벗어나 피해자와 가해자, 지역사회 요구 사이의 균형점을 찾는 조정자로서의 역할을 수행해야 한다. 수사과정 및 처리 결과를 상세히 설명해 피해자가 범죄로 인해 입은 피해를 빠른 시일 내에 회복할 수 있도록 도와야 한다. 또한 회복적 사법 프로그램들이 효과를 거둘 수 있도록 전문 조정자 양성, 법률·의료·피해회복의 종합적인 지원 방안 마련 등 지역사회와의 협력을 강화해야 한다.

'경찰의 정체성 재정립'과 더불어 '경찰의 주체성 확립'을 위한 노력 또한 중요하다. 2011년 6월 30일 국회 형사소송법 개정을 통해 경찰은 그간의 숙원과제였던 수사주체성을 확보하는 성과를 거두었다. 그렇지만 검사의 지휘 범위를 세부적으로 규정하는 대통령령에는 경찰의 수사주체성이 형해화되는 규정이 많다. 1954년 형소법 제정 당시부터 수사구조의 틀로 규정되어온 '수사에 대한 검사들의 포괄적인 지휘' 규정 때문이다. 이제부터는 경찰 수사주체성에 대한 논란을 잠재우고 명실 공히 수사주체로서의 권한에 걸맞은 책임수사체제를 확립해나가야 한다. 이를 위해 형소법 196조 1·3항 삭제 등 근본적인 처방이 있어야 할 것이다. 수사권에 대한 자세한 사항은 다음 장에서 이야기하겠다.

경찰은 지금까지 경호는 경호처, 정보는 국정원, 작전은 국방부 식으로 타 기관에 수동적인 자세를 취해왔다. 이제는 국제행사 안전관리나 대테러 안보 분야 등 치안과 관련된 전 분야에서 주체성을 확립할 필요가 있다. 일은 경찰이 다하면서 타기관의 통제만 받는 식으로는 조직경쟁력과 사기에 큰 문제가 생기지 않을 수 없다. 경찰 조직 차원뿐 아니라 경찰관 개개인이 주체적인 입장에서 자율과 책임의 원칙에 따라 자기주도적으로 일을 처리할 수 있는 문화를 조성해주어야 한다.

57년만의 형소법 제196조 개정

2005년 허준영 경찰청장 때 의욕적으로 추진하다 실패했던 경·검 수사권 조정문제. 이후 2010년까지는 패배주의에 빠져 추진하려는 여건 조성도 충분히 안 되어 있는 상태였다. 경찰지휘부는 물론 현장경찰관들조차 아무리 해도 안 된다는 분위기들이었다. 수십 명에 달하는 검찰 출신 국회의원들에 비해 경찰 출신 국회의원은 행정안전위원회 소속 이인기 의원 단 1명이 고군분투하는 상황이었다.

2010년 2월 18일 '사법제도 전반에 걸친 개혁방안' 마련을 위해 국회 내에 사법제도개혁특별위원회가 구성되었다. 처음에는 경찰을 논의에 참여시키지 않던 사개특위는 2010년 7월, 6차 소위부터 검찰관계법 소위에 4회에 걸쳐 박종준 경찰청 차장을 출석시켰다. 그리고 수사권 조정 및 여타 형사사법개혁 의제에 대해 입장을 피력할 수 있도록 했다. 수사권 조정 문제는 2010년 8월 경찰청장 부임 직후 추진한 7대 경찰개혁 과제 외의 여덟 번째 과제로 이미 선정했던 것이었다. 덕분에 사개특위 참여와 때를 맞추어 적극적인 준비태세를 갖출 수 있었다.

사개특위는 2010년 12월 6일 이주영 사개특위 위원장 등 6인으로 특별소위를 구성하고, 2011년 3월 10일 여·야 합의안을 발표했다. 6인 소위 합의안에는 검사의 권력남용 방지를 위한 독립적 수사기관인 '특별수사청(가칭)' 설치, 중수부 폐지 등 검찰개혁 방안 외에 경찰

수사권 관련 내용이 두 가지 포함되었다. 하나는 경찰의 수사개시권 명문화(형소법 제196조)와 다른 하나는 검찰청법에 규정된 경찰의 복종의무 삭제(검찰청법 제53조)였다. 검찰청법 제53조 폐지는 만시지탄(晩時之歎)이었다.

검찰은 6인소위 합의안에 대해 반대 입장을 공식 표명했다. 또 긴급 고검장 회의를 열고 김준규 검찰총장이 '정치인 몇 명이 모여 만든 것을 개혁이라 할 수 있느냐'라고 하는 등 강력히 반발했다.

경찰은 3.10 합의안이 만족스러운 내용은 아닐지라도 합의안 통과를 위해 다방면으로 뛸 수밖에 없었다. 사개특위 위원 등 국회의원들을 대상으로 공감대를 확산시키고, 매일 아침 수사구조개혁 관련 진행사항을 보고하게 했다. 또 한국헌법·공법학회 간담회 개최(3.19), 수사경찰 공정성 확보 대국민 토론회(3.25), 인권보호 직무사례 발표회(4.12) 등을 통해 국민신뢰 확보를 위한 경찰의 노력을 홍보했다. 그간 추진해왔던 폭력사건 쌍방 입건 개선, 수사과에서 경무과로 유치장 소관부서 이관, 수사부서 인력 재배치, 청탁신문고, 수사관 교체제도, 수사 이의제도 활성화 등 수사제도·관행 개선 노력과 강력한 부패척결의 성공적 정착도 적극 홍보했다.

2011년 4월 1일 사개특위 전체회의 후 법원·검찰·변호사 각 소위별로 쟁점에 대한 논의가 약 2개월간 진행되었다. 4월 20일 사개특위 전체회의에서 박영선 검찰소위 위원장은 "경찰 수사권 부분에 대해 3.10 합의안대로 검찰소위에서 의견일치되었음"을 보고했다. 중수부 폐지, 특별수사청 설치, 대법관 증원 등 일부 의제에 대해서는 의원들 간 현저한 입장 차이가 있었으나 경찰수사권 부분에 대해서는 참석 의원 모두 반대 또는 이의제기가 없었다.

그러나 2011년 5월 16일 비공개로 진행된 사개특위 검찰소위에서는 (4월 20일 전체회의에서 이견 없이 여야 합의한 것으로 생각했던) 경찰수사권 부분에 대해 당시 한나라당 일부 의원이 소위 법무부안이라는 것을 들고 나와 재조정을 거론했다. 결국 검찰소위에서 조문 재조정 작업을 함으로써 4월 20일 사개특위 전체회의에 보고된 안이 무산될 위기에 처했다. 5월 16일과 19일 2차에 걸친 검찰소위에서는 검찰권을 오히려 강화하는 방향의 재논의가 이루어졌다. 이에 많은 현장경찰관들이 불만을 표출했다.

사개특위에서 2011년 6월 중 결론을 내릴 것이라는 이야기를 듣고 전 지휘관들의 관심 촉구를 위해 5월 26일 전국 지방청장 화상회의를 개최했다. 이 자리에서 "4월 20일 여야 합의안이 관철될 수 있도록 총경 이상 간부들은 몸을 던지는 헌신적인 각오를 해야 한다"고 강조했다. 그리고 "직을 건다는 자세로 임하라"고 주문했다. 수사권 조정문제가 경찰만을 위하고 국가와 국민의 이익과 배치되는 것이라면 내가 앞장서서 반대했을 것이라고도 했다.

연간 8조원이 넘는 돈을 투입해 운영하는 경찰조직은 국가와 국민을 위해 제대로 된 치안활동을 해야 한다. 경찰의 손과 발을 묶어놓고 일하라 하면 투입 대비 산출이 떨어지며 결국 국민세금을 축내는 결과를 초래한다. 세계 어느 나라 경찰보다 유능하고 헌신적인 우리 일선 경찰관들이 제대로 근무할 수 있는 여건을 만들어주는 것이 총경 이상 지휘관들의 임무와 역할이다. 주종관계, 심지어 노예관계라고도 일컬어질 정도로 극심한 사기 저하 상태에 놓여 있던 직원들이 책임과 권한에 맞게 일할 수 있는 여건을 만들어주는 것. 이것이 총경 이상 지휘관들의 임무와 역할이라 강조하면서 '직을 걸라'고 언급한 것이다.

"경찰 수사개시권 등 관철 위해 총경 이상 간부들 몸 던질 각오를" 조현오 청장 전국경찰에 지시

- 동아일보, 2011. 5. 27

조현오 경찰청장이 최근 국회 사법개혁특별위원회(사개특위)에서 논의하는 경찰 수사개시권 명문화 등 수사권 조정문제와 관련해 "경찰에 수사(개시)권 등을 주기로 한 여야 합의안이 관철될 수 있도록 총경 이상 간부들은 몸을 던지는 헌신적인 각오를 해야 한다"고 말했다.

조 청장은 26일 전국 지방청장 화상회의에서 "모든 지방청장과 경찰서장은 수사권 조정 문제에 자신의 직위를 건다는 자세로 임하라"라며 "각 지역 국회의원이나 사개특위 위원 등에게 우리의 입장과 수사권 조정의 정당성을 적극적으로 설명하라"고 지시했다.(중략)

사개특위 검찰소위는 지난달 20일 "사법경찰관은 검사의 지휘를 받아 수사해야 한다"는 기존 법안을 "사법경찰관이 범죄 혐의가 있다고 인식하는 때는 범인, 범죄사실과 증거를 수사해야 한다"고 고쳐 경찰에 수사개시권을 주기로 합의했다. 하지만 16일 사개특위 검찰소위에서 일부 여당의원이 검찰의 수사지휘권을 종전보다 강화하는 의견을 제시하자 경찰 내부에서는 "(수사권 조정을) 개악한다"는 반발이 일고 있다. 경찰 관계자는 "검찰 출신 일부 의원이 경찰이 수사 이전 내사 단계부터 검찰에 보고하도록 하는 조항을 넣었다"며 "이 경우 검사 등 법조인 비리를 수사할 때 외압의 소지가 더 커진다"고 말했다.

이에 대해 대검 관계자는 "경찰은 서민과 맞닿아 있는 1차 수사

> 기관인 만큼 임의로 수사를 개시하는 것에 대한 통제장치를 두지 않으면 서민 피해가 발생할 우려가 있다"며 "검찰은 기존에 밝힌 대로 경찰 수사개시권 명문화 등에 명백히 반대한다"고 말했다.

회의에서 '직을 걸고' 추진하라는 발언이 언론에 보도된 이후 김준규 검찰총장이 주재한 검사장급 이상 간부회의에서는 내 발언을 강도 높게 비판하는 목소리들이 나왔다. 심지어 박용석 대검 차장은 그 같은 발언을 기자들에게 전하면서 "조직을 위해 직을 건다는 것은 조폭들이나 하는 이야기"라는 막말을 했다고 했다. 이에 내부 논의를 거쳐 박종준 차장이 기자실에 가서 유감을 표명했다.

이렇게 약 2개월 동안 밀고 당기는 과정 속에서 사개특위 검찰소위는 검찰과 법무부의 강력한 반발에 부딪히면서 합의안 조문화 작업에 실패했다. 결국 2011년 5월 30일 개최된 한나라당 의총에서 "경찰 수사개시권 부여와 관련한 형소법 조문작업은 일단 총리실 주관으로 양 기관의 의견을 들어 실시한 후 이를 받아 국회에서 처리하는 것"으로 정리했다. 이 소식에 대단히 실망했다. 행정부에서 수사권 문제를 합의 조정한다는 점은 무척 어려운 일이었다. 2005년 허준영 청장 때도 실패로 끝난 경험이 있었기 때문이었다.

2011년 6월, 그 긴박했던 시간

결국 조문화 작업은 총리실로 넘어갔다. 6월 1~19일 총리실 주관으로 조정을 했으나 예상대로 난항을 겪었다. 그러던 중 6월 14일 이명박 대통령께서 김황식 국무총리, 임태희 대통령실장 등 앞에서 "경찰이 법적인 근거도 없이 수사하는 현실을 개선하라, 검찰이 양보하는 안을 만들어라, 경찰도 미흡하더라도 한꺼번에 다 얻으려 하지 마라"
며 총리실이 적극 나서서 조정을 하라고 지시했다. 이에 총리실은 6
월 14일 김황식 국무총리와 임채민 총리실장이 직접 법제화안 조정
작업에 착수했다.

6월 14일 총리실에서 만든 정부 검토안은 제196조 제1항에 사법
경찰관의 수사개시·진행권을 부여한 안으로 4월 20일 것보다 미흡
했다. 참고로 4월 20일 안에는 "사법경찰관은 범죄의 혐의가 있다고
인식하는 때는 범인, 범죄사실과 증거를 수사해야 한다. 사법경찰관
은 수사에 관해 검사의 지휘가 있는 때는 이에 따라야 한다"로 되어
있었다. 하지만 6월 14일 총리실 조정안도 '수사개시 및 진행권'을
규정해 경찰 입장에서는 상당히 진일보한 안으로 평가되었다.

법무부와 검찰은 검사만이 수사의 주체가 되어야 한다며 평검사
대책회의를 갖고 집단반발 움직임을 보였다. 6월 16일 저녁, 총리실
에서 만든 정부검토안 내용을 검찰 입장에 밀려 다시 수정했다는 내
용을 보고받았다. 무척 화가 나서 그날 저녁 못 마시는 술을 몇 잔 마
셨다. 그랬음에도 숙면을 취하지 못하고 새벽녘에 잠이 깨 뒤척였다.
총리실 단계에서 결국 조정안 도출에 실패했다.

2011년 6월 20일 사개특위에 출석하기 위해 준비하고 있는데 청
와대에서 조정회의가 있다는 연락을 받았다. 공이 청와대로 넘어간
것이다. 당시 조정회의에는 임태희 대통령실장, 권재진 민정수석, 정
진석 정무수석, 임채민 총리실장, 맹형규 행안부 장관, 경찰청장, 이
귀남 법무부장관, 김준규 검찰총장 등 8명이 참석했다. 임태희 대통
령실장이 농담 삼아 참석자들에게 "오늘 합의 못하면 못 나간다"고
했으나 강압적인 분위기는 아니었다.

김준규 검찰총장은 형사소송법 제196조 제1항은 절대 고칠 수 없

고, 경찰의 독자적 수사주체성도 인정할 수 없다는 입장을 1시간 가까이 고수했다. 임태희 대통령실장 등 다른 참석자가 김 총장을 설득했다. 내 입장에서는 합의안 초안에 제시된 제196조 제3항이 문제였다. "사법경찰관은 수사의 모든 단계에서 검사의 지휘가 있는 때는 이에 따라야 한다"는 내용이었다. 자칫 내사까지 포함할 수 있다고 판단한 것이다. 그럴 바에야 차라리 현행법대로 가고 조정안을 거부하는 것이 좋겠다는 생각이 들어 제196조 제3항을 반대했다. 그러자 이귀남 법무부 장관이 '모든 수사'의 의미는 '경찰의 수사와 검사의 수사'를 통칭하는 개념이지 경찰의 내사를 포함하는 것은 아님을 분명히 했고, 참석한 8명 모두 동의했다. 검찰 인력이 부족하기 때문에 검사 접수사건을 상당 부분 경찰에서 해주고 있는데 이것을 경찰이 못하겠다고 하면 검찰은 어떻게 하냐고 했다. 나는 '모든 수사'의 의미가 내사 사건을 포함하지 않는 의미라면 받아들이겠다고 했다. 그런 이유로 제196조 제1항에 '모든'이라는 표현이 들어가게 된 것이다.

제196조 제2항은 수사개시·진행권을 확보하는 규정으로 경찰로서는 수사주체성을 인정받는 가장 중요한 의의가 있는 조항이었다. 최종합의안 제196조 제3항에 '법무부령'이 들어가는 것에 대해서는 사법경찰관리집무규칙도 현실과 맞지 않고 경찰이 받아들일 수 없는 부당한 부분이 있기 때문에 법무부령으로 정할 수 없다고 반박했다. 그러자 검찰총장이 "지금도 법무부령인 사법경찰관리집무규칙에 그러한 내용이 규정되어 있지 않느냐"며 반박했다. 법무부령의 제정은 법무부장관과 검찰총장이 일방적으로 정하지 않고 반드시 경찰과 협의해서 제정하기로 분명히 합의해 '법무부령'이 개정 조항에 들어가게 된 것이다.

BH 최종 합의안

1. 검, 경은 국회 사법개혁특위 등에서 논의되어온 수사업무 관련 형사소송법 개정 방안에 대해 다음과 같이 합의하고, 정부는 국회가 이를 토대로 필요한 법률개정을 추진해 줄 것을 요청키로 했다.

2. 검, 경은 지난 3.10 국회 사법개혁특별위원회가 합의한 바와 같이 금번 법률 개정은 수사권을 조정하는 것이 아니며, 수사현실을 법으로 뒷받침하기 위한 것이라는 데 의견을 같이 하고, 이를 위해서는 형사소송법의 관련 조문을 다음과 같이 개정하는 것이 필요하다는 데 합의했다.

   제195조(검사의 수사) 현행과 같음

   제196조(사법경찰관리) ① 수사관, 경무관, 총경, 경정, 경감 및 경위는 사법경찰관으로서 모든 수사에 관해 검사의 지휘를 받는다.

   ② 사법경찰관은 범죄의 혐의가 있다고 인식하는 때는 범인, 범죄사실과 증거에 관해 수사를 개시·진행해야 한다.

   ③ 사법경찰관리는 검사의 지휘가 있는 때는 이에 따라야 한다. 검사의 지휘에 관한 구체적 사항은 법무부령으로 정한다.

   ④ 사법경찰관은 범죄를 수사한 때는 관계서류와 증거물을 지체없이 검사에게 송부해야 한다.

   ⑤ 경사, 경장, 순경은 사법경찰리로서 수사의 보조를 해야 한다.

   ⑥ 제1항 또는 제5항에서 규정한 자 이외에 법률로서 사법

　　　　경찰관리를 정할 수 있다.
3. 개정안 196조 3항의 법무부령을 제정함에 있어 검·경은 국민의 인권과 범죄수사의 효율성, 수사절차의 투명성에 기준을 두고 향후 6개월 내에 양 기관간 구체적 협의를 추진하기로 했다.
4. 앞으로 검·경 양 기관은 서로를 존중하고 합의된 결과를 성실히 수행해 맡은 바 책임을 다하기로 결의했다.

2011년 6월 20일
법무부장관 이귀남
행정안전부장관 맹형규
검찰총장 김준규
경찰청장 조현오

　　2011년 6월 20일 오후 2시 국회에서 개최된 사개특위 전체회의에서는 '정부조정안' 대로 따르기로 하고 법사위에 회부하기로 의결했다. 회의 중 '모든 수사'에 내사가 포함되는지에 대해 논란이 일자, 이귀남 법무부장관은 '모든 수사'에 내사는 포함되지 않는다고 답변했다. 그런데 국회에서 사개특위 전체회의를 마치고 돌아오는 중, 사이버 경찰청에 '청장이 직을 걸고 하라고 했건만 고작 결과가 이 정도인가? 청장이 사퇴해야 한다'는 내용의 글이 다수 게재되었다는 보고를 받았다. 나는 화상회의를 개최하고 성에 차지 않은 합의안이지만 분명히 의미 있는 합의인 점을 인식하고, 앞으로 본격적으로 펼쳐질 '수사권 조정' 단계에 안착하도록 전 직원의 노력을 당부했다. 앞부분에서도 언급했다시피 그날 6월 20일은 마침 결혼기념일이었다. 가족들과 저녁식사를 하던 중 일선직원들이 청장의 사퇴 요구를 한다는 이야기를 듣고 공관에 수사구조개혁팀과 주요 간부들을 긴급 호출했다. 밤 12시 30분까지 진행된 토론에서 수사구조개혁팀 직원들은 합의안이 도저히 받아들일 수 없는 내용이라며 '청장이 사퇴함으로써 합의안을 번복하는 방향'으로 수습하자며 청장 사퇴를 요구했다. 어려운 상황에서 청장 사퇴를 운운하는 것은 있을 수 없고, 현 합의안 이후에 대처를 어떻게 하는 것이 좋을지 전략과 전술을 잘 짜는 것이 중요하다는 의견도 대두되었다. 사퇴 요구를 접하고는 정말 그만두고 싶었다. 그만두더라도 정부기관 최고 결정권자들이 모여 합의한 조정안을 부정하고 국가와 국민이 아닌 경찰만의 입장에서만 언행하는 사람들을 쳐내고 사퇴하겠다는 생각까지 했다.

6월 21일 기자간담회를 자청해 "경찰 내사는 지휘 범위에 포함되지 않는다"는 8인 회의 합의 내용을 대외적으로 재확인했다. 이에 대해 대검 홍만표 기조부장과 한찬식 대변인은 언론 인터뷰를 통해 "합의문에 없는 내용을 언급하는 것은 부적절하다"며 경찰청장의 합의 내용 공식발표를 부정하는 발언을 했다. 경찰 내부 분위기는 더욱 격앙되었다. 검찰 측은 "계약서에 도장 찍은 뒤 계약서에 없는 내용을 구두 합의했다고 이를 언급하는 것은 부적절하다"고 언급했다.

검찰의 합의사항 부정 탓에 경찰 내부적으로도 반발을 도저히 수습할 수 없는 상황이 되었다. 이 문제에 대해 청와대에 강력히 항의했다. 이에 대해 청와대 임태희 대통령실장이 국회 운영위원회에 출석해 "내사는 모든 수사에 포함되지 않는다"라고 공식 확인했다. 그러나 경찰 내부 분위기는 '합의정신은 이미 깨졌다'며 입법화를 저지해야 한다고 주장하는 등 반발 수위가 높아져 갔다.

2011년 6월 23일 행안위 전체회의는 수사권 법제화와 관련한 의견서를 만장일치로 채택했다. 그것은 정부합의안 중 '모든 수사'에서 '모든'을 제외해야 한다는 것과 '법무부령'을 '대통령령'으로 바꾸어야 한다는 내용이었다. 6월 28일 법사위에 참석한 나는 "정부합의안이 나왔음에도 불구하고 바로 다음날 검찰 고위간부가 언론 인터뷰를 통해 합의안을 부정하는 발언을 함으로써 일선 경찰이 격앙되어 있다"고 밝혔다. 그리고 합의를 담보하는 보완책이 필요하다고 주장했다. '모든 수사'에 '모든'을 빼고, 법무부령도 대통령령으로 바꿔줄 것을 공식 요구한 것이다.

 오후에 속개된 회의는 여야간 합의 절충 필요에 따라 한 차례 더 정회한 뒤 결국 저녁 6시 30분 경 최종 결론을 도출했다. 우윤근 법사위원장이 발표한 여야 합의 내용은 '모든 수사'는 그대로 두되 '법무부령은 대통령령으로 변경'한다는 내용이었다. 법무부령으로 하면 검찰이 자의적인 해석을 통해 경찰에게 부당한 주장을 강요할 가능성이 열려 있는 반면, 대통령령으로 하면 경찰이 소속된 행안부의 동의 없이는 자의적인 강요 행위가 불가능하게 되는 것이다. 법사위를 마치고 많은 의원들과 참모들도 반겨 주었다. 또한 많은 직원들이 축하의 문자메시지를 보내주었다. 법사위에서 정부조정안이 수정 통과된 후 경찰 내부는 '미흡하지만 일보 전진'했다며 환영했다. 6월 30일 국회 본회의 통과를 차분히 기다리자는 분위기였다. 그러나 검찰은 강력 반발 분위기였다.

 6월 29일 홍만표 대검 기획조정부장이 검찰 내부 게시판을 통해 사의를 표명했고, 다수의 검사장급도 사의를 표했다고 언론에 보도되었다.

 형소법 개정안이 여야 합의로 법사위를 통과해 본회의 통과를 낙

관했지만 검찰의 거센 반발로 인해 국회 본회의 통과 순간까지도 긴장을 늦출 수 없었다.

국회 본회의는 법안 상정 후 한나라당 박민식 의원이 검찰 입장을 대변하며 반대토론에서 대놓고 검찰조직을 비호했다. 곧이어 한나라당 이인기 행안위원장과 민주당 유선호, 정범구 의원이 검찰을 강하게 질타하며 법사위 합의법안을 '입법권 수호'를 위해서라도 통과시켜야 함을 강조했다. 본회의 표결결과, 재석 200명 중 찬성 174, 반대 10, 기권 16의 압도적 찬성으로 개정 형사소송법이 통과되었다. 형사소송법 제196조가 1954년 제정 이후 57년 만에 처음으로 개정된 것이었다.

제196조(사법경찰관리) ① 수사관, 경무관, 총경, 경정, 경감, 경위는 사법경찰관으로서 모든 수사에 관해 검사의 지휘를 받는다.
② 사법경찰관은 범죄의 혐의가 있다고 인식하는 때는 범인, 범죄사실과 증거에 관해 수사를 개시·진행해야 한다.
③ 사법경찰관리는 검사의 지휘가 있는 때는 이에 따라야 한다. 검사의 지휘에 관한 구체적 사항은 대통령령으로 정한다.
④ 사법경찰관은 범죄를 수사한 때에는 관계 서류와 증거물을 지체 없이 검사에게 송부해야 한다.
⑤ 경사, 경장, 순경은 사법경찰리로서 수사의 보조를 해야 한다.
⑥ 제1항 또는 제5항에 규정한 자 이외에 법률로서 사법경찰관리를 정할 수 있다

안타까운 대통령령 제정 과정

국회 본회의에서 개정 형소법이 통과된 후 김준규 검찰총장이 사퇴 의사를 표명했다. 김준규 총장의 발표문에는 정부합의안이 수정 가결된 데 대한 성토와 후배 검사들에 대한 당부가 담겼다. 형소법 개정안이 통과된 후 처음 가진 기자간담회 자리에서 나는 '부패척결' 과 '인적쇄신'을 다짐하며 책임 있는 경찰로 거듭나겠다는 의지를 강력하게 밝혔다. 형소법 개정안이 국회에서 통과된 것은 경찰이 잘했기 때문이 아니며, 그런 의미에서 국민의 기대에 부응하기 위해 부정부패를 없애고 수사공정성을 강화해나가는 대대적 조치를 취하겠다고 다짐했다. 형소법 개정안에 따른 대통령령 제정은 국가와 국민을 위한 것이라야 하며, 경찰에 수사권을 줘도 되는지에 대한 의구심을 떨쳐버리기 위해서라도 부정부패와 인권보호 등 문제를 풀고 가야 한다고 강조했다.

신뢰 확보를 위한 첫 조치로 서울 강남권 형사들에 대한 인사쇄신 계획을 추진했다. 해당 직원들의 반발이 심했으나 부패 근절을 위한 고육책임을 설득하고 강행했다. 2011년 7월 13일에는 경찰청 대강당에서 전국 수사·형사과장을 모아 워크숍을 개최했다. 나는 이 자리에서 "수사 이의신청이나 수사 담당관 교체 제도 등 수사 공정성 제고 방안을 추진하고, 반부패와 인권 수준을 제고해야 국민에게 신뢰받을 수 있다"고 강조했다. 눈물 나는 노력으로 달라진 모습을 보이면 경찰에게 이 정도 수사권을 주는 것이 바람직하다는 국민 여론이 반드시 나올 것이라며 독려했다.

대통령령 제정을 앞두고 차장 직속으로 수사구조개혁단을 확대 개편했다. 대통령령 제정과 관련한 조정 업무를 맡은 국무총리실은 8월 말까지는 특이 움직임 없이 관망하는 분위기였다. 총리실에서는 대통령령 제정을 앞두고 지난 형소법 개정과 같은 경·검간 원활한 합의가 어려울 것으로 우려하는 모습이 역력했다. 차근차근 입장을 정리하면서 대통령령 제정 작업을 준비해 나갔다.

그러던 중 2011년 10월 10일 법무부·검찰은 검사의 수사지휘를 강화하는 내용으로 총 128개 조항의 대통령령 개정안을 총리실에 제출했다. 128개 조항 중, 기존 사법경찰규칙을 원용한 조항은 103개며, 경찰에서 도저히 받아들일 수 없는 조항도 25개나 신설안으로 포함되었다. 그중에는 수사사건 언론 브리핑도 검사의 승인을 받도록 하는 내용마저 포함되어 있었다. 아예 입에 재갈을 물리겠다는 심산이었다.

경찰은 형소법 개정 취지에 부합하면서 일선의 불합리한 검사 지휘를 개선할 수 있는 독자적 대통령령 안 19개 조항의 초안을 총리실에 제시했다. 그 후 몇 차례 양 기관 간 서면협의를 추가로 했으나 법무부·검찰은 형소법 개정의 입법 취지를 담는 부분에는 전혀 아랑곳하지 않았다. 2011년 10월 21일 경찰의 날 기념식에 참석한 이명박 대통령이 치사를 통해 경찰의 명실상부한 수사주체성을 인정하는 발언을 했으나 법무부·검찰의 입장은 역시 변함이 없었다.

2011년 11월 16~19일에는 총리실 주관으로 충남 천안에서 경·검 실무진 대표가 3박 4일간 '끝장 토론'을 진행했다. 양 기관이 제출한 조문별로 검토하며 논박하고, 총리실은 기관별 입장차와 논리들을 지켜보며 이미 마련된 총리실 조정안을 제한된 범위에서 수정·보완하는 방식으로 조정 과정이 진행되었다. 11월 23일 결국 총리실은 양기관 간 합의가 어렵다고 판단해 직권조정안을 만들어 입법예고를 하겠다는 입장을 통보했다. 검찰 측에서 제출한 개정안을 토대로 조정안을 만들다보니 형소법 개정 취지와는 반대로 가고 있었다.

국가기관 주요 책임자 간에 합의를 했고 국회에서 이를 확인했지만 대통령령 제정은 다른 방향으로 진행되고 있는 것이다.

상황이 급박하게 돌아가자 나는 11월 22일 김황식 총리를 직접 면담했다. 그러나 총리의 입장은 단호했다. 검사가 수사를 지휘하고 경찰이 지휘를 받는 기존의 형소법 틀 안에서는 변화가 어렵다는 입장이었다. 나는 조정안이 입법예고 된다면 이제부터 형사소송법상 검사의 수사지휘에 관한 조항(제196조 제1항)과 그 범위를 대통령령에 위임한 조항(제196조 제3항)을 삭제하는 방향으로 형소법 개정 노력을 할 수밖에 없음을 언급했다. 총리로부터 벽을 느끼고 나온 이후 책임을 지고 사표를 던져야겠다는 생각을 했다. 그만큼 나는 '모든 수사'에 내사가 포함되지 않음을 청와대 8인 회의와 국회 회의 결과를 들어 직원들에게 단언해왔던 것이다. 그런데 이제 와서 무슨 수로 직원들을 설득할 수 있을지 도저히 자신이 없었다. 이를 믿은 어리석고 무능한 내가 모든 책임을 지고 물러나는 수밖에 없었다. 자신과 의욕이 생기지 않았다. 그러나 경찰청의 차장과 참모들이 나의 뜻을 극구 만류했다. 마지막까지 최선의 노력을 다해 대통령령에 경찰 입장을 반영해 나가자고 나를 설득했다.

2011년 11월 23일 오후 2시 총리실은 마침내 강제조정안을 발표했다. 〈검사의 사법경찰관리에 대한 수사지휘 및 사법경찰관리의 수사준칙에 관한 규정〉이었다. 기존의 〈사법경찰관리 집무규칙〉(법무부령) 거의 대부분을 그대로 반영한 것이었다. 경찰 내사에 대해 검사에게 이의가 접수되거나 사건 관계인의 인권이 침해되었다고 인정할 만한 현저한 사유가 있을 때는 내사사건을 검찰에 제출하는 규정이 여기 포함되었다. 그밖에 수사중단·송치명령 등 경찰의 수사주체성을 훼손하는 내용이 다수 포함되어 있었다. 나는 '모든 수사'에 대해 검사지휘를 받아야 하니 이런 식으로 조정안을 만들 수밖에 없다는 총리실의 견해에 동의할 수 없었다. 제196조 제1항의 '모든 수사'를 들어 그렇게 해석했다면 제196조 제2항의 '수사개시 · 진행권'에 반하는 '입건 여부 지휘'나 '수사중단, 송치지휘' 같은 조항은 어떻게 설명할 수 있는 것인가? 검찰에게만 유리한 법해석을 전제한 것이라 보지 않을 수 없었다.

총리실 직권 조정안이 발표되자 당초 검찰권을 통제하려는 형사소송법의 개정 취지와는 반대로 오히려 검찰권을 강화했다는 반발이 경찰 내부는 물론 정치권 등으로부터 일었다. 언론에서는 '검찰권 견제'라는 법 개정의 취지를 살리지 못했고, '경찰의 판정패'라고 평가하면서 경찰의 반발 여론을 집중 부각했다. 경찰 내부에서도 '수사경과 포기' 등 강력한 반발 분위기가 확산되었다. 전체 수사경과자 2만 2천여 명 중 약 70%에 해당하는 1만 5천여 명이 동조했다. 사이버경찰청, 국회의원 홈페이지 등에는 '조정안 반대'를 주장하는 글이 6천여 건이나 게재되면서 한때 사이버경찰청 서버가 다운되기도 했다. 경찰의 반발 분위기는 걷잡을 수 없이 확산되고 있었다.

2011년 11월 29일 국회 대회의실에서는 이인기 행안위원장 주최로 총리실 조정안의 문제점에 대한 토론회가 개최되었다. 이 자리에 약 1,000여 명의 경찰관이 참석했다. 일선 직원들의 열망을 보여준다는 의미는 있었으나 너무 많은 인원이 참가한 것이 오히려 문제라는 생각도 들었다.

대부분이 경찰이고 검찰은 단지 몇 명에 불과한 토론회가 국민들에게 어떻게 비춰질지 우려가 되었다. 12월 5일에는 경찰청 대청마루에서 '바람직한 대통령령 제정을 위한 일선 경찰관 100인 토론회'를 개최했다. 토론회를 마친 후 참석자들은 '현장경찰관 100인 일동'

명의로 형사소송법 개정 취지에 반하는 조정안 거부, 경찰청 내 검찰 비리 전담 수사기구 신설, 경찰과 검찰의 대등 관계를 명시하는 형사소송법 재개정 추진 등을 담은 건의문을 작성해 입법예고안 의견 접수처인 법무부에 전달했다.

국회에서조차 조치가 없다면 원안대로 국무회의를 통과할 가능성이 농후했다. 그러나 국회는 FTA 문제, 선관위 홈페이지 디도스 공격 사건, 한나라당 홍준표 대표 체제 붕괴 등으로 정상화가 불투명한 상황이었다. 조정안이 그대로 통과된다면 일선 경찰관들이 나를 어떻게 볼 것인가. 나 스스로도 양심에 비추어 버틸 자신이 없었다. 그렇다고 '욱' 하는 심정으로 그만둬서는 안 된다고 생각했다. 항명의 형태로 비춰진다면 국민들이 나는 물론 경찰 전체에 등을 돌릴 것이 분명했다.

2011년 12월 22일 결국 총리실 직권조정안이 차관회의를 통과했다. 12월 23일 국회 행안위에서는 현재 검사의 수사지휘에 관한 대통령령 제정을 보류하고, 다시 검경 간의 충분한 논의를 통해 '형사소송법' 개정 취지에 맞는 대통령령을 제정할 것을 촉구하는 결의문을 채택했다. 나도 행안위에 출석해 마무리 발언에서 대통령령에 경찰의 의견이 반영되기를 강력히 촉구했다.

"검찰이 인권과 수사 공정성을 문제 삼으며 경찰을 지휘하겠다고 하는데, 직원 당 국가인권위 진정 건수가 검찰에 비해 경찰이 절반입니다. 청렴도 조사결과 14개 국가기관 중 검찰은 11위, 경찰은 5위죠. 누가 누구를 통제한다는 말입니까? 수사는 경찰이 하고 기소는 검찰이 하는 게 맞습니다. 꼭 조정되어야 합니다."

그러한 노력에도 불구하고 2011년 12월 27일 결국 국무회의에서 대통령령이 원안통과 되었다는 소식이 전해졌다. 분노와 실망감이 이루 말할 수 없었다. 그만둘 때가 되었다고 생각했다. 앞에서도 밝혔듯 청와대에 사의를 표명했으나 만류되었다.

개정 형소법과 대통령령 시행 이후

한동안 의욕이 생기지 않았다. 그러나 해야 할 일이 있었다. 비록 대통령령에 경찰 의견을 반영하는 데는 실패했지만 새로운 형소법과 대통령령 시행에 대비하지 않으면 안 되었다. 한 가지 위안은 수사주체성을 명문화했다는 점이었다. 2011년 12월 29일 수사구조개혁단에서 대통령령 시행에 대비해 수사실무지침을 하달했다. 대통령령에 규정된 제한적이지만 일부 개선된 부분을 적극 활용하는 내용이었다. 검사의 위법·부당한 수사지휘에 대한 재지휘 건의(제8조), 긴급체포 피의자 석방시 검사 사전지휘 폐지(제35조), 송치 전 수사지휘 제도 개선(제77조), 수사협의회 신설(제107조) 등이 그나마 개선된 내용이었다. 검찰에서 접수한 진정과 탄원은 수사가 아닌 내사이므로 검찰의 지휘를 받지 말도록 하는 지침 등이 담겼다.

2012년 1월 2일 대구지검에 접수된 진정을 경찰에 이첩하려 하자 대구 수성서에서 거부하는 사건이 발생했다. 언론에서는 '경찰, 검찰 내사지휘 거부'라는 제하로 일제히 보도했다. 그 후 전국의 10여 경찰서에서 유사 사례가 발생했다. 검찰에서는 직무유기로 입건하겠다고 엄포를 놓았다. 그러나 일선 경찰에서는 "경찰청 지침에 따랐을 뿐이다. 과거에는 이렇게 경찰청에서 명확하게 일선에 검찰지휘와 관련한 수사지침을 내린 적이 없다"고 했다.

연초부터 뜨거웠던 내사지휘 거부 논란은 시일이 지나면서 경찰과 검찰이 서로 자제하는 모습을 보이며 다시 수면 아래로 가라앉았다. 그러나 3개월 후 다시 부각되었다. 법무부에서 '검찰사건사무규칙'

을 개정한 것이다. 경찰에서 내사 종결한 후 검찰에 통보한 사건과 검찰에서 진정사건으로 접수한 사건을 '수사사건'이라는 새로운 이름으로 지휘할 수 있게 한 것이었다. 진정사건은 내사 단계로 수사가 아니다. 법무부와 법제처에 경찰의 의견을 강력히 주장했지만 결국 경찰 의견은 거의 반영하지 않고 3월 15일 〈관보〉에 게재해 발효시켰다. 하지만 법무부령에 불과한 검찰사건사무규칙을 통해 '수사사건'이라는 명칭으로 기존 내사 영역에 검사가 수사지휘를 한다는 것은 부당했다.

검찰청에 "수사사건은 지휘에 따를 수 없다"는 취지의 공문을 발송하고, 일선 경찰서에도 이런 지침을 하달했다. 2012년 3월 21일 서울남부지검에서 검찰이 접수한 진정사건을 '수사사건'으로 등재한 후 서울금천경찰서에 수사지휘를 했으나 금천경찰서에서 거부하는 사례가 발생했다. 그 후 유사사건이 10건에 이르렀다. 이를 두고 언론에서는 또 '검·경간 밥그릇 싸움' 용어를 써가며 비판했다. 일부 언론에서는 심지어 나를 직무유기 혐의로 형사입건하려 한다는 보도까지 내보냈다. 2011년 6월 20일 청와대 8인 회의에서 '내사는 검사 지휘 대상이 아님'을 분명히 합의했음에도 검찰은 이 합의를 잊은 듯했다. 수사구조 개혁의 성장통은 이처럼 힘겨운가 보다.

2012년 3월에는 밀양경찰서 지능팀장 정재욱 경위가 밀양 검찰지청에 근무했던 박인수(가명) 검사를 고소했다. 정재욱 경위는 사이버경찰청에 '박인수 검사를 고소합니다'라는 제하로 글을 올리고 고소장을 경찰청장 비서실로 보내왔다. 정 경위는 폐기물 업자의 불법매립 사건을 수사했다. 검찰의 기준에는 불법매립량이 500톤을 초과할 경우 구속인데, 이 업자는 2만 톤이나 불법매립했다. 이를 보고 정의감이 발동한 정 경위가 그를 구속 수사했으나 보석으로 풀려나자 횡령 및 배임에 대해 추가로 수사하려는 과정이었다. 이때 밀양지청 박 검사로부터 수사중단 압력과 모욕을 당했다. 그리하여 모욕, 강요, 협박, 직권남용의 4개 항목으로 고소를 한다는 것이었다.

나는 수사국장에게 "젊은 간부가 정의롭게 수사를 하는 과정에서 검사로부터 부당한 수사중단 압력과 모욕을 당했는데, 어떻게 대응하는 것이 합리적인지 검토"하도록 했다. 수사국에서는 자체 회의를 통해 "전직 지청장이 변호를 맡은 법조비리와 토착비리 가능성이 있으므로 지역연고가 없는 경찰청에서 수사를 하는 것이 타당하다"고 보고했다. 그래서 경찰청 지능범죄수사대에서 그 사건을 맡아 수사하도록 했다. 정재욱 경위는 말수가 적고 고집이 세긴 하지만 정의감이 뛰어나다고 들었다. 언론에서는 '검·경 검사고소 정면 충돌', '검사 고소사건…… 또 불거진 검·경 갈등' 등의 논조로 연일 보도했다. 심지어 일부 출입기자들에게 한 말이 대서특필되기도 했다. 그것은 "검찰은 문제 있는 경찰을 잡아들이고, 경찰도 문제 있는 검사를 잡아들이면 모두 깨끗해지지 않겠느냐. 정의로운 사회, 깨끗한 사회가 되면 우리 사회 발전이 얼마나 앞당겨지겠느냐"는 지극히 당연한 말이었다.

결국 이 사건은 경찰청에서 직접 수사하지 못하고 검찰의 이송지휘에 의해 박 검사의 주소지인 대구 성서경찰서로 이송되었다. 경찰청은 전국을 관할해 지금까지 그런 이송지휘는 없었고, 사건 성격도 지역 토착비리 성향이 강했기 때문에 이송이 부당하다고 생각했다. 그러나 기관 간 감정다툼으로 비쳐질 수 있다는 판단에 따라 이송을 수용했다. 대신 진실을 규명해 그에 대한 책임과 재발방지책을 강구하려는 의지는 꺾지 않았다. 경찰청 수사팀을 파견해 간접 지원하도록 조치했다. 밀양 사건은 우리나라의 전근대적 수사구조 문제점이 적나라하게 드러난 사건이다. 이러한 밀양사건을 통해 이면에 감춰진 우리나라 수사구조의 본질과 문제점, 개선 방안은 무엇인지 살펴보자.

경찰과 검찰, 그 기원과 역사

수사제도의 본질을 이해하기 위해서는 경찰과 검찰제도의 역사적 배경을 먼저 알아야 한다. 경찰이란 용어는 세계 문화유산의 발상지라 할 수 있는 고대 그리스에서 유래한다. 고대 그리스에서 폴리스(polis)는 도시라는 정치적 공동체를 의미했는데, '도시국가의 헌법과 질서가 있는 상태'를 폴리테이아(politeia)라 했다. 그리스 문화를 접한 로마인들은 이를 '폴리티아(politia)'로 불렀고, 이 단어는 중세유럽까지 이어졌다. 프랑스에서는 영주가 공동체의 원만한 질서를 보호할 권리와 의무를 갖고 경찰권(ius politia)에 근거해 필요한 조치를 취할 수 있다고 보았다. 독일에서는 15세기 후반부터 '공동체의 질서 있는 상태 또는 이를 유지하기 위한 모든 활동'을 경찰의 개념으로 파악했다.

경찰에 대한 개념을 보다 정확하게 이해하기 위해 학계의 권위자를 초청해 많은 강의를 개최했다. 2011년 10월에는 전국 경찰서장 이상 간부를 서울청 강당에 모아놓고 서울대학교 박정훈 교수의 강연을 들었다. 박 교수의 강의는 경찰의 본질과 변천 과정을 이해하는 데 많은 도움을 주었다. 박 교수에 의하면 2차 대전에서 독일이 패전한 이후 연합군은 나치 만행의 근간으로 비밀경찰(Gestapo)을 지목했다. 모든 만행의 책임을 경찰에게 전가시키면서 일종의 희생양으로 책임을 몰아갔으며 경찰을 약화시켜야 한다는 논리로 탈경찰화(Entpolizeiung) 정책을 추진하게 되었다.

탈경찰화의 집중포화를 받은 곳이 패전국인 독일과 일본인 반면 그 외의 나라는 탈경찰화의 과정이 없었다. 대표적인 국가가 프랑스다. 프랑스의 경우 파리경시청은 질서유지뿐 아니라 위생업소 허가권, 외국인의 체류권, 건축물에 대한 안전허가권 등의 권한까지 보유하고 있다. 외교부 근무 시절 유학생활을 했던 영국도 외국인 등록업무를 법무부가 아닌 경찰에서 담당했다. 독일과 일본도 2차 대전 이전에는 그러한 사무를 경찰이 했으나 패전 이후 경찰의 권한을 모두 행정기관 등에 이관한 것이다.

우리나라는 근대 경찰을 수립 못한 시기에 국권을 빼앗겼다. 일제강점기에는 오히려 경찰이 많은 행정권한을 가지고 있었다. 그러나 일본이 탈경찰화 하는 과정에서 우리 경찰도 1950년대에 별 문제의식 없이 탈경찰화의 딜레마에 빠진 것이다. 그러나 우리 〈경찰관직무집행법〉의 경찰 임무규정을 '임무가 있으므로 그에 따른 권한도 당연히 가지는 것'이라고 해석한다면, 경찰이 국민의 생명과 신체, 재산을 보호하기 위해서는 포괄적인 경찰활동을 할 수 있는 법적 근거가 될 수 있다. 최근 행정법학계에서는 이처럼 임무규정을 권한규정으로 해석하는 학자들이 증가하고 있다. 그런 측면에서 이 조항은 탈경찰화의 한계를 극복하는 근거가 될 수 있다.

그렇다면 검찰제도의 기원은 어디인가? 검사의 기원은 13세기 중세 유럽에서 국왕대관(國王代官, gens du Roi) 제도에서 유래했다. 초기에는 법원에서 국왕의 이익을 대변하는 왕의 대리인 역할을 했다. 이후 국가소추제도가 도입되면서 소추기관으로서 검찰제도가 탄생한 것이다. 사인소추주의를 유지하던 프랑스에서는 피해자가 판사에게 처벌을 고하지 않는 한 사법기관이 개입할 여지가 없었다. 그래서 범죄를 효율적으로 진압하고 국민을 보호하기 위해 국가소추제도가 도입된 것이다. 그러나 이 검사제도는 프랑스혁명 이후 변혁기마다 반대 세력을 제거하는 공포정치의 도구로 이용되었다. 또 1808년 프랑스 치죄법에서는 수사판사와 검사, 경찰 모두에게 사법경찰 기능을 수행토록 규정하면서 경검 간의 갈등이 시작되었다. 그러나 현재 프랑스에서 수사는 수사(예심)판사의 업무이며, 경찰이 이를 보조해 실질적인 수사업무를 수행한다. 반면 검사는 현행범 수사나 예심판사에게 수사를 의뢰하기 전의 예비수사에 국한된 수사 업무만 맡고 있을 뿐이다.

프랑스의 검찰제도는 이후 독일 등 유럽으로 수출되었고 우리나라에도 일본 제국주의를 통해 대륙법계 사법시스템과 함께 검사제도가 도입되었다. 일본은 한일합방 이후부터 해방 때까지 식민지 지배 및 전쟁 수행을 위해 검사의 권한을 강화했다. 특히 중요 범죄에 대한 직접 수사권을 부여하고 구속·압수수색 등 강제행위를 할 수 있도록 했다. 2차 대전 이후 일본을 점령한 연합군은 점령정책의 최우선 과제로 삼았던 일본 사회의 민주화를 실현하기 위해 비대한 검찰권을 분산시키고 미국식 형사사법제도를 이식했다. 미군정은 한국에서도 광복 이후 일제 치하의 잔재를 극복하고 민주적인 수사절차를 정착시키기 위해 일본식 수사구조의 개혁을 추진했다. 1945년 12월 29일 미군정 법무국장 메트 테일러(Matt Taylor) 소장이 공포한 '법무국 검사에 대한 훈령 제3호'가 그것이다.

이 훈령을 통해 수사 절차는 미국식으로 전환해 경찰에게 수사권을, 검사에게 공소의 제기 및 유지 권한을 각각 분배해 종래의 식민지 수사제도를 해체했다. 그러나 식민지 검찰제도를 맛본 기득권층과 대륙법계 사고방식으로 교육받은 법률가의 집요한 설득이 이어졌다. 결국 1948년 8월 '검사의 직권에 의한 수사'와 '검사의 사법경찰관에 대한 지휘감독'을 규정하는 미군정 검찰청법이 통과되었다. 그리고 1954년 조선형사령을 계수한 검사주재형 수사구조가 채택된 형사소송법이 제정되면서 현재와 같은 수사 구조가 자리 잡게 된 것이다. 이처럼 아쉽지만 우리나라에서도 해방 이후 정부 수립 때까지 미국식 형사 사법제도를 운영한 역사적 경험이 있다.

1954년 국회 공청회 속기록에 나타난 입법자들의 발언을 통해 위 조문이 채택된 배경을 살펴보면, 당시 대륙법계의 구상과 영미법계의 구상을 두고 고심한 흔적이 역력하다. 검사에게 수사지휘권을 부여할 경우 발생하게 될 '검찰팟쇼'의 위험성과, 경찰에게 독자적 수사권을 부여할 경우 발생할 '경찰팟쇼'의 위험성을 비교한 결과 -일제경찰의 쓰라린 경험을 고려해- 일단 검사에게 수사지휘권을 부여하는 것이 입법자들의 결론이었음을 알 수 있다. 당시 법사위 소위원회 엄상섭 의원과 한격만 검찰총장의 발언을 들어보자.

> "우리나라는 경찰이 중앙집권제로 되어 있는데, 경찰에다가 수사권을 전적으로 맡기면 경찰팟쇼라는 것이 나오지 않나, 검찰팟쇼보다는 경찰팟쇼의 경향이 더 세지 않을까? 이런 점을 보아가지고 소위원회나 법제사법위원회에서는 오직 우리나라에 있어서 범죄수사의 주도권은 검찰이 가지는 것이 좋다는 정도로 생각을 했던 것입니다. 그러나 장래에 있어서는 우리나라도 조만간 수사권하고, 기소권하고는 분리시키는 방향으로 나가는 것이 좋겠다는 생각을 가지고 있습니다."
>
> - 엄상섭 의원

> "이제 여러분이 말씀한 바와 마찬가지로 각국의 입법례가 경찰관과 검사가 대등한 입장으로 수사권을 가지는 그러한 예도 있고 또한 대륙법계에서는 검사의 지휘를 받아 가지고 경찰관이 수사를 하는 예도 있을 줄로 압니다. 그러나 이론적으로 말하면 아까 엄 의원이 말씀한 바와 마찬가지로 수사는 경찰에 맡기고 검사에게는 기소권만 주자는 것은 법리상으로서는 타당합니다만 앞으로 백년 후면 모르지만 검사에게 수사권을 주는 것이 타당하다고 생각합니다."
>
> – 한격만 검찰총장

    1954년 형사소송법 제정 당시의 사회 여건을 보면 6.25 직후 사회 혼란, 열악한 경제수준, 민주주의 미성숙 등으로 권력에 대한 통제기 제대로 이루어질 수 없었던 상황이었다. 그래서 미군정은 해방기 무질서에 대응하고, 6.25 동란기 전투임무 수행 등을 위해 일제강점기 경찰관을 대부분 그대로 채용할 수밖에 없었다. 그로 인해 경찰에 대한 국민의 신뢰는 매우 취약했고, 친일경찰의 잔재는 경찰에게 하나의 업보로 남게 되었다. 게다가 해방 이후 혼란한 치안질서를 바로잡기 위해 정부는 중앙집중식인 '국립경찰' 체제 유지를 필요로 했다.

    반면 검찰은 인적으로 일제 잔재를 청산하고, 해방기 엘리트들이 모여들어 긍지와 자부심을 갖춘 조직으로 부상했다. 검찰은 식민지 형사사법을 해체하고 새로운 형사사법제도를 창설하는 데 있어 주도적 역할을 담당했다. 이러한 여건으로 인해 형사소송법 제정 과정에서 수사구조에 대한 경찰 입장은 반영되지 못하고 검찰의 입장을 중심으로 수사제도가 형성되었던 것이다. 그렇게 1954년 형사소송법 제정 이후 경찰은 약 60여 년 동안 거의 모든 사건의 수사를 담당하면서도 주체적인 수사행위를 할 수 없는 검찰의 하수인으로 살아올 수밖에 없었던 것이다.

수사권 조정이 밥그릇 싸움이라고?

경검의 수사권 논쟁은 이미 1954년 국회 속기록에서 보듯 형소법의 제정과 함께 시작되었다. 수사구조를 어떻게 디자인하느냐는 한 나라의 질서를 어떻게 바로잡을 것인지, 국가발전과 사회통합의 방향을 어떻게 이룰 것인지를 결정하는 중요한 열쇠다. 국민의 인권과 편익을 위해 매우 중대한 사안이다. 그런데 이런 중대 사안을 경찰과 검찰이 서로 기득권을 고수하려는 '밥그릇 싸움'이라 치부하면서, 심지어 '지긋지긋' 하다고 외면하는 경우가 있다. 60여 년 동안 계속된 논쟁이 아무런 변화 없이 그대로 유지되고 있는데 그렇게 치부하고 외면하는 것이 과연 옳은 일일까?

사실 이와 같은 수사구조는 세계 어디에도 없다. 우리나라 역사상으로도 존재한 바가 없다. 조선시대만 해도 사헌부, 형조, 한성부, 의금부, 포도청, 정례원 등이 각기 소관 분야의 수사업무를 행사하면서 서로 견제를 했다. 만일 사헌부가 '대충' 수사를 하면 바로 사간원이 탄핵을 하고, 의금부나 형조가 재수사를 했다. 한마디로 '봐주기'란 있을 수 없는 구조였다. 적어도 수사에 있어서만은 기득권층도 특권층도 없었다 할 것이다. 그런데 지금 우리나라는 어떠한가?

국민들이 만일 경찰에게 피해를 입었다면 그 억울함을 검찰에 고발할 수 있다. 그런데 검찰에게 억울한 일을 당한 사람은 어디에 하소연할 수 있나? 청와대나 국민권익위원회와 같은 곳에 진정할 수 있다. 하지만 그런 기관들은 어디까지나 수사기관이 아니므로 처벌을 할 수 없다. 만일 처벌을 해야 한다면 그것은 다시 검찰로 넘어간다. 억울한 사람 입장에서는 너무도 황당한 일이다. 또한 누군가 검찰과의 관계만 잘 쌓아놓으면 대한민국에서 꺼릴 것이 없으니, 기득권이 되거나 특권층이 되는 것도 그리 어려운 일이 아니게 된다. 더구나 검찰이 경찰이라는 거대 조직을 수사지휘라는 이름으로 소유하고자 하면 그 폐해는 어떻게 되겠는가? 사실 경찰 입장에서는 검찰의 하수인으로 살아가면 특권층이 될 수도 있다. 그런데 왜 굳이 독립이나 조정을 운운하며 힘든 길을 선택했을까. '지긋지긋'한 '밥그릇 싸움'을 끝내고 언론의 비난도 받지 않을 수 있는데 말이다.

2010년 중하반기부터는 수차례 수사구조 개혁 관련 토론회를 열띤 분위기 속에 개최하면서 모처럼 활기를 찾았다. 나는 경찰만의 수사권 조정은 의미가 없고, 국가와 국민을 위해 어떤 수사시스템이 필요한지에 초점을 맞춘 논리로 접근해야 함을 누누이 언급했다. 뿐만 아니라 내부 자정과 수사공정성 확보, 인권문제가 반드시 선행되어야 함을 수시로 강조했다.

검찰이 수사지휘권을 통해 경찰의 인권침해적 수사 행태로부터 국민의 인권과 자유를 보호할 수 있다는 주장을 되풀이하는 것은 관념적 허구라 생각한다. 검사는 직접 수사하는 동시에 수사지휘를 통해 수사 일선에 깊숙이 발을 담그고 있기에 공정하고 객관적인 통제자의 역할 수행이 곤란한 입장이다. 검찰의 독점적 권한을 기반으로 한 수사기관 간 암묵적 묵인은 오히려 인권보장에 역행하는 결과를 초래할 가능성이 있다. 하나의 게임을 하면서 같은 편이 반칙하는 것을 시정하는 것이 쉽겠는가? 현재의 수사구조처럼 '경찰을 검찰에 예속시켜 수사상 인권침해 소지를 해소하겠다'는 것은 60여 년 전에나 통용 가능한 발상이다. 검사가 수사 · 기소권을 독점해 하나의 거대 권력체로 결합된 채 경찰 수사 단계마저 장악하는 현실이야말로 인권침해적 제도가 아닌가? 실제로 검사의 수사를 받은 후에 자살하는 사례가 생기는 것은 검찰이 인권의 사각지대라는 것을 보여주는 예가 아니던가? 수사주체에 의한 통제보다는 변호인 참여제도, 조사과정 녹화제도 등 제도적 통제가 바람직하다. 나아가 형사사법기관 이외의 시민참여를 통한 다양한 감시체제가 필요한 것이다.

경찰 수사를 검사가 지휘하는 수사구조는, 사실 수사과정에서 국민들에게 여러 가지 불편을 끼친다. 예컨대 변사사건을 처리할 때 타살이 아님이 분명한데도 검사의 지휘를 받느라 사체의 인도나 처리가 지연되기도 하고, 수사기관이 작성한 조서의 증거 능력이 다른 이유로 경찰에서 조사받은 사람이 다시 검찰에서 재조사를 받아야 하기도 한다. 또 체포나 구속된 사람에게 석방 사유가 생겼을 경우 검사의 지휘를 받아 석방해야 하므로 그만큼 구금 시간이 연장되기도 한다. 범죄자의 휴대폰 위치를 추적하기 위해서는 검사가 청구하는 영장이 필요하다. 경찰이 현장에서 법원에 바로 영장을 신청하면 그만큼 신속하게 처리할 수 있지만 검사를 경유해야 하는 이유로 신속한 처리가 어렵다. 과연 검사를 경유해 영장을 청구하는 것이 어떤 실익이 있는지 고민해야 할 때다. 이런 불편들은 사실 일일이 열거하기도 어려울 정도다.

형사사법의 선진화를 위하여

2011년 6월 30일, 국회 본회의에서 형소법 개정안이 통과되며 경찰에 수사주체성이 부여되었다. 10월 21일 경찰의 날에도 이명박 대통령께서 치사를 통해 명실상부한 경찰의 수사주체성을 인정해주었다. 경찰은 그 어느 때보다 무거운 자긍심과 책임감 속에 획기적으로 달라지자는 분위기가 고조되어왔다. 형소법 개정안은 국회 사개특위에서 촉발되었고, 검찰개혁 안건 중 중수부 폐지, 특별수사청 신설 건이 검찰 반발에 부딪혀 불발되면서 그나마 경찰에 힘을 실어주어 검찰을 견제하겠다는 취지로 형소법에 경찰수사 개시, 진행권을 명문화해 주었다.

그런데 하위 법령인 대통령령이 그나마 독자적으로 진행했던 경찰 내사마저도 검사의 광범위한 개입과 통제를 허용하고, 똑같은 국가수사기관인 검찰의 내사 영역만 아무런 통제장치 없이 방치하는 황당한 결과를 초래했다. 내사 문제는 분명히 이미 정리된 사안이었다. 6월 20일 청와대, 정부, 관계기관 8인 회의 결과 '모든 수사'에서 내사는 제외된다고 합의된 사안이었다. 입건 전 단계는 내사라고 내가 설명했고, 이귀남 법무부 장관과 김준규 검찰총장도 아무런 이의를 제기하지 않았다.

2011년 6월 30일 형소법 개정안 국회통과에 즈음해 개최된 국회 법사위, 행안위 등 각종 위원회에서도 이귀남 법무부 장관과 여러 국회의원들이 '경찰 내사는 검사의 지휘 대상이 아님'을 확인한 바 있다. 이는 국회 속기록에도 잘 나타나 있다. 형소법 개정의 핵심은 대통령께서 경찰의 날에 말씀했던 '수사개시, 진행권', 즉 경찰의 수사 주체성 부여다. 엄연히 수사개시권이 명문화되어 법적 요건에 해당하면 당연히 수사를 개시해야 하는 법적 의무가 있는데도 불구하고, 대통령령에는 사안에 따라 검사에게 수사 개시 여부를 지휘 받도록 하는 모순된 규정이 신설된 것이다.

또한 수사중단 송치지휘 명령을 통해 검사가 일방적으로 경찰수사를 중단시키고 검찰이 사건을 가져갈 수도 있게 해놓았다. 사건 가로채기를 법령화한 것이다. 이런 내용들은 대통령령을 제정하면서 6월 20일 합의정신과 검찰권 견제라는 형소법 개정 취지에 반하는 것이다. 가만히 있는 경찰을 끌어다 현실대로 법제화하겠다고 하고는, 오히려 더 묶어놓은 꼴이다. 이것이 바람직한 모습인가? 전체 사건의 97%를 실제로 처리하고 있는 경찰에게 검찰과의 협력대등 관계와 수시권을 명시해주는 것이 현실의 법제화 아닌가?

2012년 경찰의 모습이 1954년 형소법 제정 당시와 동일한지 비교할 필요도 있다. 인권문제 때문에 현행 검사지휘 체계가 필요하다는 주장은 인정할 수 없다. 국가인권위에 접수되는 직원 1천명 당 진정 건수를 보면 검찰이 경찰의 2배다. 경찰은 지역경찰과 형사활동, 집회시위 현장 등 얼마나 많은 현장을 누비고 있는가? 검찰은 수사업무만 하는 데도 경찰보다 인권진정이 2배나 많다. 검찰과 수평적으로 비교할 수 있는 부패비리 문제를 본다면, 2011년 국민권익위 청렴도 평가(전문가 집단)에서 경찰은 5위, 검찰은 11위를 차지했다. 수사공정성을 평가할 수 있는 금품수수 등 통계에서도, 경찰은 지난 5년 대비 믿기 어려운 감소 성과를 내고 있다. 2011년 정부기관 부패시책 평가 역시 39개 중앙행정 기관 중 경찰은 11위, 검찰은 29위를 차지했다.

이런 상황인데 누가 누구를 통제한다는 말인가? 우리 경찰도 이제 이만큼 성장했으니 그에 맞는 옷을 입혀달라는 것이 경찰의 주장이다. 전 세계적으로 우리나라와 같은 수사구조를 가진 나라가 어디 있는가? 세계 10대 무역국가, OECD 회원국, 원조 받는 국가에서 원조하는 국가로 세계에서 가장 빨리 발전한 21세기 대한민국에 식민지 시대를 갓 벗어나 이념의 혼란기에서 태동한 수사구조가 타당한가? 앞으로도 계속 이 제도를 밀고 가도 좋은가? 국가와 국민의 입장에서 판단할 필요가 있다.

2012년 2월 27일, 서울 팔레스호텔에서 개인적으로 아주 뜻 깊은 상을 하나 받았다. 사단법인 법률소비자연맹에서 주관하고 김철수 학술원 위원, 이만섭 전 국회의장, 이석연 변호사 등이 선정하는 대한민국 법률대상위원회의 '제4회 법률대상 사법개혁 부문'을 수상한 것이다. 2011년 수사권 조정을 하면서 사법개혁을 추진하는 모습이 너무 인상적이었고, 앞으로도 사법개혁을 위해 더욱 노력해달라는 의미의 각별한 상이었다.

그런데 사법개혁이란 무엇인가? 그것은 거창한 이론이 아니라 사법절차에서 하나의 상식(Common Sense)이 통하는 사회를 만드는 것이다. 그것은 바로 법 앞의 평등이다. 우리 헌법 제11조 제1항은 이렇다. "모든 국민은 법 앞에 평등하다. 누구든지 성별·종교 또는 사회적 신분에 의해 정치적·경제적·사회적·문화적 생활의 모든 영역에 있어 차별을 받지 아니한다." 그러나 현실은 아직 보이지 않는 성역이 존재하는 것 같다. 그런 성역을 없애기 위해서는 사법개혁이 필요한 것이다.

2011년 대통령령 제정 과정에서, 평소 국민적 신망을 받고 나 역시 개인적으로 존경하는 김황식 총리는 "검사가 수사지휘를 하고, 경찰이 수사지휘를 받는 기존의 형소법 틀 안에서는 큰 변화가 어렵다"

고 말씀했다. 또 세계 각국의 국가경쟁력 평가요소의 하나인 부패통제를 설명하면서 다니엘 앨트먼은 "프랑스와 독일의 법률제도는 관념을 따랐고 재판관의 재량에 따라 법이 자유자재로 해석될 여지가 있는 반면, 영국·미국과 같은 관습법 체제 국가들은 부패한 개인들이 법을 무시할 확률이 적었다"고 했다. 이처럼 부정부패를 줄여 정의로운 사법제도를 확립하기 위해서라도 영미법계의 수사구조를 검토할 필요가 있다. 매 5~6년마다 경찰과 검찰이 서로 갈등을 빚는 모습은 국가와 국민을 위해서도 결코 바람직하지 않다.

그렇다면 향후 형사소송법은 어떤 방향으로 재개정되어야 하는가? 수사권 조정은 경찰과 검찰 간의 소위 '밥그릇 싸움'이 아니다. 따라서 비대해진 검찰을 공소유지와 경찰에 대한 사법적 통제 기능에 충실하도록 형사절차에서 민주주의 국가기관의 작동원리인 '견제와 균형의 원리'를 실현하는 방향으로 추진되어야 한다. 그래서 수사권 조정은 주권자인 국민에게 제대로 된 수사서비스를 제공하는 헌법적 요구의 일환이라는 인식 전환이 필요하다. 국민의 입장에서 현행 수사의 독점구조를 조정해 검·경에 수사권을 분립시켜야 한다. 어느 한 기관이 전권을 행사하는 것을 방지해 민주주의의 원리를 구현시켜야 한다. 수사 능력의 향상과 보다 철저한 인권보장을 위해 수사기관 간 선의의 경쟁을 유도하고, 종국적으로 국가경쟁력을 향상시켜야 한다. 결국 검·경간 견제와 균형에 의한 상호협력 체제를 도입해야 한다.

여기에는 두 가지 프레임이 있다. 첫째, 글로벌 스탠더드에 부응하는 선진 수사구조를 만드는 것이다. 선진국은 한쪽 기능이 비대해져 남용되지 않도록 '견제와 균형'에 충실한, 그러면서도 각국의 실정에 맞는 수사구조를 채택하고 있다. 영미법계는 '수사는 경찰,

기소는 검찰, 재판은 법원'이 맡도록 해 권력을 분산·견제하고, 대륙법계는 검사의 수사지휘권을 인정하면서도 검찰 자체 수사인력을 두지 않고 경찰을 통해 수사하도록 하여 간접 견제한다. 따라서 영미법계나 대륙법계처럼 '견제와 균형 원리'가 실현되는 것이 가장 바람직하다. 그러나 이것은 장기적 안목을 가지고 추진할 필요가 있다.

둘째는 우리나라 현실을 고려해 실현 가능성이 높은 모델이다. 이미 강력한 수사기관으로 자리 잡은 검찰의 극렬한 반발과 급격한 변화에 대한 국민의 불안감 등 현실을 고려할 필요가 있다. 이미 검사 1,847명, 수사관 7,851명을 보유한 검찰이 거대한 수사기관으로 운영되고 있는 점도 고려해야 한다. 따라서 검사 수사지휘를 완전히 배제(영미식)하거나, 검찰 수사인력을 경찰로 이관(유럽식)하는 등의 급격한 제도 변화는 잠정적으로 유보하고 현실적인 대안을 검토할 필요가 있다. 현실적인 대안으로는 일본식 절충형 수사구조가 우선적으로 검토될 수 있다.

형사소송법이 재개정되어 명실상부한 수사권 조정이 되면 국민에게 어떤 혜택이 있을까? 우선 국민의 사법서비스 만족도를 제고할 수 있다. 형사사법 절차에서 견제와 균형이 이루어지고, 경찰과 검찰이 건전한 경쟁을 할 때 국민의 인권보호 및 사법서비스의 질이 높아진다. 국민으로서는 이중조사와 불요불급한 지휘로 인한 처리지연 등 불편을 해소하고, 신속한 재판을 받을 권리를 보장받을 수 있다. 무엇보다 실제 90% 이상의 수사를 담당하는 경찰조직에 우수한 인재가 영입되어 국민들이 보다 차원 높은 수사서비스를 제공받을 수 있다.

다음으로 형사사법에 있어 정의를 더 잘 구현할 수 있다. 경찰은 전문 수사기관, 검찰은 법률 전문기관이라는 인식 하에 수사권이 합리적으로 배분될 경우 검찰은 제1차적 직접수사보다 제2차적 보완수사나 공소에 중점을 둘 수 있다. 이 경우 검찰은 수사과정에서 생길 수 있는 피의자에 대한 편견이나 경찰의 입장에 기울지 않고 제3자적 입장에서 경찰수사의 오류를 바로잡아 형사사법 정의 실현에 더 충실하게 될 것이다. 경찰로서는 전문수사기관으로서의 효율성을 제고하고, 과학수사에 입각해 국민의 인권신장에 기여할 수 있다. 국가 전체로서는 수사기관의 중복 설치·운영 및 업무 중첩에 따른 인력·예산절감 등의 효과를 올릴 수 있다. 또한 법조비리와 전관예우의 폐해를 극복할 수 있다. 상호 건전한 감시와 통제를 통해 형사사법의 정의를 실현할 수 있는 것이다.

인류의 역사 발전은 권력의 분화와 궤를 같이해왔다. 이제는 전 세계를 통틀어 가장 막강한 우리 검찰의 권한을 견제하고 감시할 수 있도록 합리적으로 분배해야 한다. 이런 민주적인 전진과 발전을 이루어야만 비로소 경찰과 검찰이 제자리를 찾아 정상적인 기능을 수행하게 될 것이다. 또한 국민의 신뢰도 함께 회복해 '국민의 경찰과 검찰'로 거듭날 수 있다.

|에|필|로|그|

"조현오, 오해와 진실"

원고를 다듬는 막바지에 아내가 한 가지 제안을 했다. 책제목을 '조현오, 오해와 진실'로 하면 어떻겠느냐는 것이었다. 아내는 많은 사람들이 나를 어떻게 생각하는지 잘 알기에 이 책을 통해서라도 나에 대한 오해를 풀어주고 싶었던 모양이었다. 나도 처음에는 귀가 솔깃했지만 결국 아내의 제안은 채택되지 않았다.

이유인즉, 내가 책을 쓴다고 나에 대한 오해가 얼마나 풀리겠는가 하는 회의가 먼저 들었다. 그리고 무엇보다 조현오 '한 개인(a person)'에 대한 오해를 푸는 것보다 내가 그토록 사랑했던 '전체 경찰(the police)'에 대한 잘못된 인식을 바꾸는 것이 더 중요하다고 생각했다.

그간 경찰이 국민의 질타를 받을 만한 행동을 적지 않게 한 것은 사실이다. 때로는 부패했고, 때로는 무능했으며, 또 때로는 거짓말을 했다. 그 어느 것 하나 국민들로부터 비판을 면하기 힘들다는 것을 인정한다. 수원 살인사건, 이경백 사건 등이 대표적 예다.

그러나 경찰은 진공 속에서 살아갈 수 없다. 사람 속에서 살아간다. 특히 경찰은 10만 명이 넘는 거대한 조직이다. 이 큰 조직에 문제가 있는 경찰관이 없을 수 없다. 나는 앞에서 국민권익위원회의 설문

조사를 토대로 그런 '범죄꾼 경찰관'이 전체 경찰의 0.2%라고 주장했다.

그런데 대한민국 경찰은 이상한 명제(命題)를 숙명처럼 받아들여야 했다. 그 명제는 다름 아닌 "0.2%의 잘못은 100%의 잘못이다"라는 것. 누구 하나라도 나서서 그 명제는 잘못이라고 외쳐야 했지만 대부분은 순응해 버렸다. 이 납득할 수 없는 산수(算數) 때문에 외국인들이 보기에 유능하고 헌신적인 대한민국 경찰관들이 입는 피해는 실로 막대했다. 경찰관의 사기가 떨어지고, 여러 숙원사업들이 중단되기 일쑤였다.

하지만 가장 순도가 높다는 24K 금도 0.01%의 불순물은 들어 있는 법이다. 그래서 내가 이 책을 통해 줄기차게 주장했던 것이 바로 부패한 0.2%의 경찰관(약 200명)을 도려내면 순도 99.8%의 경찰이 된다는 것이다.

서울청장 때 이경백 사건에 연루된 69명 중 6명을 도려냈고, 그 뒤 고맙게도 검찰이 10여 명을 더 도려냈다. 앞으로 시간이 지나면서 과거에 발생한 부패 행위가 새로 발견될 수는 있겠지만 나는 그 숫자가 200명을 넘지 않으리라 본다. 찌꺼기를 걸러내면 더 깨끗해지는 것이 자연의 섭리 아닌가.

하지만 인식(認識)과 사실(事實)은 별개다. 국민들의 눈에는 아직도 0.2%의 잘못은 전체 100%의 잘못으로 비춰지고 있다. 그래서 나는 경찰제복을 벗은 후에도 기회가 있을 때마다 때로는 강의를 통해, 때로는 방송에 출연하면서 경찰의 변화된 모습을 보여주고자 노력했다. 이 책도 그런 노력의 일환이라 할 수 있다. 물론 그 과정에 나에 대한 오해도 어느 정도 풀렸다면 그것은 일종의 보너스이리라.

그 와중에 난생 처음 검찰청과 특검 사무실에 출석해 조사도 받았다. 일부 언론은 이임을 하자마자 검찰에 출석하는 모습을 보고 '전직 경찰청장의 수난'이라 보도했다. 하지만 대한민국은 법 앞에 평등한 나라다. 나는 누구처럼 수사기관의 소환을 받고도 출석을 거부하는 특권의식을 가진 사람이 아니다. 외국에 있다가도 검찰이나 특검이 부르면 출석하려 했다. 그런데 출국금지까지 시킨 것은 유감이다. 이제 검찰의 수사도 거의 끝나가고 있다. 남은 것은 사법부의 몫이다. 나는 사법부의 현명한 판단을 존중할 것이다.

어쩌면 이번 수사가 한 시민으로 돌아온 '인간 조현오'에 대한 또 하나의 위기가 될 수 있다. 하지만 지금까지 살아오면서 늘 그랬던 것처럼 이번 역경도 반드시 이겨낼 것이다. 땅 위에서 쓰러지면 땅 위에서 일어나면 된다. 초등학교를 졸업하고 2년 동안 주물공장에서 석탄을 깨면서 배운 '불굴의 투혼(鬪魂)'. 그 정신은 내게 아직도 유효하다. 그리고 내가 살아있는 한 새로운 도전은 계속될 것이다.

조현오,
도전과 혁신

지은이 | 조현오
펴낸이 | 김경태
펴낸곳 | 한국경제신문 한경BP
등록 | 제 2-315(1967. 5. 15)

제1판 1쇄 발행 | 2012년 6월 25일
제1판 5쇄 발행 | 2012년 8월 25일

주소 | 서울특별시 중구 중림동 441
홈페이지 | http://www.hankyungbp.com
전자우편 | bp@hankyungbp.com
T | @hankbp   F | www.facebook.com/hankyungbp
기획출판팀 | 02-3604-553~6
영업마케팅팀 | 02-3604-595, 583   FAX | 02-3604-599

ISBN 978-89-475-2856-6   03810
값 15,000원

파본이나 잘못된 책은 바꿔 드립니다.